Antropologia das Emoções

Dados Internacionais de Catalogação na Publicação (CIP)
(Câmara Brasileira do Livro, SP, Brasil)

Le Breton, David
Antropologia das emoções / David Le Breton ; tradução de Luís Alberto S. Peretti. – Petrópolis, RJ : Vozes, 2019.
Título original : Les passions ordinaires : anthropologie des émotions.
Bibliografia.

1ª reimpressão, 2019.

ISBN 978-85-326-6053-4
1. Antropologia filosófica 2. Emoções I. Título.

08-09536   CDD-128

Índices para catálogo sistemático:

1. Emoções : Antropologia filosófica 128

Antropologia das Emoções

DAVID LE BRETON

Tradução de
Luís Alberto S. Peretti

EDITORA VOZES

Petrópolis

© ARMAND COLIN, Paris, 2004.
ARMAND COLIN é um selo da DUNOD Editeur – 11, rue Paul Bert – 92240 MALAKOFF

Título do original francês: *Les Passions ordinaires – Anthropologie des émotions*,
by David Le Breton

Direitos de publicação em língua portuguesa – Brasil:
2009, 2019, Editora Vozes Ltda.
Rua Frei Luís, 100
25689-900 Petrópolis, RJ
www.vozes.com.br
Brasil

Todos os direitos reservados. Nenhuma parte desta obra poderá ser reproduzida ou transmitida por qualquer forma e/ou quaisquer meios (eletrônico ou mecânico, incluindo fotocópia e gravação) ou arquivada em qualquer sistema ou banco de dados sem permissão escrita da editora.

CONSELHO EDITORIAL

Diretor
Gilberto Gonçalves Garcia

Editores
Aline dos Santos Carneiro
Edrian Josué Pasini
Marilac Loraine Oleniki
Welder Lancieri Marchini

Conselheiros
Francisco Morás
Ludovico Garmus
Teobaldo Heidemann
Volney J. Berkenbrock

Secretário executivo
João Batista Kreuch

Editoração: Maria da Conceição B. de Sousa
Diagramação: Sheilandre Desenv. Gráfico
Capa: Renan Rivero

ISBN 978-85-326-6053-4 (Brasil)
ISBN 2-228-89910-0 (França)

Este livro foi publicado anteriormente com o título *As paixões ordinárias – Antropologia das emoções*.

Editado conforme o novo acordo ortográfico.

Este livro foi composto e impresso pela Editora Vozes Ltda.

Pode-se dizer que, no homem, tudo é ao mesmo tempo fabricado e natural. Cada uma de suas palavras e todas as suas condutas decorrem de certa forma de seu ser puramente biológico, embora, ao mesmo tempo, essas extrapolem a simplicidade da vida animal. Elas distorcem o sentido das condutas vitais numa forma de evasão que emprega um gênio da ambiguidade que poderia basear a própria definição do homem.

MERLEAU-PONTY, M. *Fenomenologia da percepção.*

Sumário

Introdução, 9

1. Corpo e simbolismo social, 15

2. Corpo e comunicação, 45

3. Antropologia das emoções 1, 137

4. Antropologia das emoções 2 – Crítica da razão naturalista, 225

5. Ver o Outro – Olhar e interação, 271

6. O paradoxo do ator – Esboço de uma antropologia do corpo em cena, 305

Referências, 329

Índice, 355

Introdução

Na perspectiva da dimensão simbólica, da capacidade própria ao homem de fixar o vínculo social pela criação de sentido e de valores, a unidade da condição humana implica diferenças tanto coletivas quanto individuais. De um lado, ela gera a diversidade cultural; do outro, ela acarreta a singularidade das maneiras pelas quais os indivíduos delas se apropriam. As percepções sensoriais, ou a experiência, e a expressão das emoções parecem emanar da intimidade mais secreta do sujeito; entretanto, elas também são social e culturalmente modeladas. Os gestos que sustentam a relação com o mundo e que colorem a presença não provêm nem de uma pura e simples fisiologia, nem unicamente da psicologia: ambas se incrustam a um simbolismo corporal que lhes confere sentido, nutrindo-se, ainda, da cultura afetiva que o sujeito vive à sua maneira. Eis o conteúdo deste livro.

Os sentimentos e as emoções não são estados absolutos, substâncias que se pode transpor de um indivíduo ou grupo a outro. Elas tampouco são, ao menos não exclusivamente, processos fisiológicos cujos segredos estariam contidos no corpo. Trata-se de relações. Ainda que os homens de todo o planeta disponham do mesmo aparelho fonador, eles não falam necessariamente a mesma língua. Igualmente, embora a estrutura muscular e nervosa seja idêntica, isso não pressagia os usos culturais aos quais ela se presta.

De uma sociedade humana a outra, os homens sentem afetivamente os acontecimentos de sua existência por intermédio de diferentes repertórios culturais, os quais, embora por vezes se assemelhem, não são idênticos. Cada termo do léxico afetivo de uma sociedade ou de um grupo social deve ser relacionado com o contexto local de suas aplicações concretas. Há que se evitar a confusão entre palavras e coisas, bem como a naturalização das emoções em que se incorre ao transportá-las sem precaução de uma cultura a outra mediante um sistema de tradução insensível às condições sociais de existência que envolvem a afetividade. No contexto de comparação entre culturas, o emprego de termos afetivos impõe que os mesmos sejam sempre colocados entre aspas para salientar a imprecisão que os rodeia. Também interessa empregar os próprios termos em vernáculo a fim de evidenciar a questionabilidade da aproximação e a permanência em aberto de tal seleção. O registro afetivo de uma sociedade deve necessariamente ser compreendido no contexto de suas condições reais de expressão. Toda tradução deve suportar o luto do sentido original e aceitar a criação de uma outra relação com a realidade descrita. Ela introduz um desvio mais ou menos sensível em relação ao conteúdo original, confrontando-se, por vezes, com problemas semânticos de difícil resolução, caso os sistemas linguísticos se verifiquem muito distantes. *Traduttore, traditore*. Como demonstrou E. Benveniste[1], as categorias de pensamento são tributárias das categorias linguísticas, isto é, da organização dos sinais e dos símbolos fundamentais[2]. O homem pensa por intermédio da língua, sendo igualmente pen-

---

1. E. Benveniste ilustrou sua demonstração ao indicar, notadamente, a correspondência entre as categorias linguísticas do grego clássico e as categorias que organizam a experiência de acordo com Aristóteles.
2. BENVENISTE, E. *Problèmes de linguistique générale*. T. 1. Paris: Gallimard, 1966, p. 63ss.

sado por intermédio da linguagem. Essa questão é suscitada com acuidade no ramo da antropologia do corpo[3], particularmente no ramo dedicado às emoções humanas.

A análise empreendida sem atenção ao vocabulário francês ou anglo-saxão (visto que a antropologia americana é particularmente fecunda neste ramo) cai na armadilha infantil do nominalismo, que universaliza prematuramente as emoções e as considera como estados dos quais bastaria contemplar anedoticamente algumas pequenas variações culturais. A raiva, o amor, o ciúme, a alegria, o medo, a dor etc., seriam percebidos como objetos mentais classificáveis como as mil maneiras de denominar o carvalho e o cão. Trata-se de uma maneira de naturalizar as emoções e de ocultar prontamente a questão do mosaico afetivo que anima a miríade de sociedades humanas no espaço e no tempo, sob o prisma de um vocabulário redutor. Alguns pesquisadores desejaram, inclusive, alertar sobre os limites de uma antropologia ocidental das emoções por vezes muito propensa a servir-se de seu próprio léxico e a subsumir os outros ao mesmo, mesmo que seja necessário simplificar excessivamente os modos de existência afetiva encontrados em outras sociedades. Assim, o antropólogo indiano Owen M. Lynch explicou, na introdução de uma obra coletiva sobre a construção social das emoções na Índia, que "estes ensaios apresentam o problema da compreensão ocidental das emoções, principalmente quando essa compreensão é universalizada num pensamento e projetada sobre o Outro"[4]. Imaginemos um antropólogo ifaluk ou

---

3. LE BRETON, D. *Des visages* – Essai d'anthropologie. Paris: Métailié, 1992.
4. LYNCH, M. *Divine Passions* – The Social Construction of Emotions in India. Berkeley: University of California Press, 1990, p. 3. – Ao concluir um artigo em *Terrain* sobre as emoções, Vincent Crapanzano assinalou o caráter "cultural" dos estudos realizados sobre as emoções nas Ciências Sociais: "Produto de uma sociedade de imigrantes com origens muito diferentes, de um individualismo

guayaki, inuíte ou yanomami definindo a cultura afetiva dos franceses a partir de suas próprias categorias de pensamento ou de seu próprio vocabulário. O que seria, a propósito, uma cultura afetiva "francesa"? De quem se estaria a falar? Tratar-se-ia dos bretões ou dos alsacianos, dos camponeses ou dos citadinos, dos operários ou dos médicos, dos homens ou das mulheres, dos jovens ou dos idosos etc.

Embora os sentimentos ou as emoções não sejam fenômenos unicamente fisiológicos ou psicológicos, eles não são deixados ao acaso ou à iniciativa pessoal de cada ator. Sua emergência e expressão corporal correspondem a convenções que não se distanciam da linguagem, mas que dela se distinguem, no entanto. As emoções nascem de uma avaliação mais ou menos lúcida de um acontecimento presenciado por um ator provido de sensibilidade própria. Elas são pensamentos em ação dispostas num sistema de sentidos e de valores. Enraizadas numa cultura afetiva, elas também se exprimem mediante uma linguagem gestual e de mímica, que pode, em princípio, ser reconhecida (a menos que o indivíduo dissimule seu estado afetivo) pelos integrantes de seu meio social. A cultura afetiva oferece os principais esquemas de experiência e de ação sobre os quais o indivíduo tece sua conduta de acordo com sua história pessoal, seu estilo e, notadamente, sua avaliação da situação. A emoção experimentada traduz a significação conferida

---

exuberante jamais isento de um conformismo exigente, de uma reticência a toda centralização e de uma cultura contestatória e restando sempre no limiar da violência, a antropologia americana das emoções, notadamente em sua insistência sobre as relações entre as emoções e o *self*, é necessariamente marcada por suas origens. Uma antropologia realizada por europeus sobre as emoções (europeias) também deve tomar consciência de seu enraizamento a fim de tornar possível o distanciamento em relação a assertivas psicológicas e filosóficas 'autoevidentes'" (cf. CRAPANZANO, V. Réflexions sur une antropologie des émotions. *Terrain*, n. 22, 1994, p. 117).

pelo indivíduo às circunstâncias que nele ressoam. É uma atividade de conhecimento, uma construção social e cultural, a qual se torna um fato pessoal mediante o estilo particular do indivíduo.

Assim, os sentimentos ou as emoções fazem parte de um sistema de sentidos e de valores próprios a um grupo social cujo bem-fundado, os princípios organizadores do elo social, eles confirmam. O fundo biológico universal se declina social e culturalmente de um lugar a outro do mundo segundo modos por vezes análogos, outras vezes assaz diversos. Para as abordagens naturalistas inspiradas em Darwin, as emoções apresentam-se acabadas, elas são, tanto na sua experimentação como em sua expressão, os vestígios atuais e universais das origens remotas da espécie humana. As emoções desempenham uma função de proteção contra o meio, reforçando as capacidades adaptativas da natureza humana (para os naturalistas não existe condição humana). Da perseverança nesse sentido resulta a inscrição na mesma filiação dos animais superiores e do homem. Para a antropologia, ao revés, a esfera das emoções provém da educação, ela é adquirida de acordo com as modalidades particulares da socialização da criança, não podendo ser considerada mais inata do que a própria língua. Todo ser humano é dotado da capacidade de entrar no universo simbólico que constitui a especificidade da condição humana.

Esta obra aborda também o ritual do olhar na interação, incluído na cultura afetiva, ressaltando a dimensão do contato físico que o mesmo conota. Contemplar o outro é como tocá-lo de maneira simbólica, e disso decorre o imperativo de discrição que marca, em princípio, as trocas de olhares em nossa sociedade. O olhar é, inicialmente, um comprometimento com o mundo.

Terminaremos esta obra sobre as emoções e as culturas com uma antropologia do ator em cena, pois sua arte consiste justamente num sólido conhecimento da cultura afetiva de seu grupo, conhecimento pelo corpo, que lhe permite fingir à vontade, com mais ou menos credibilidade, as emoções que não sente. A antropologia do ator é um importante meio de análise do caráter social e culturalmente construído dos sentimentos e das emoções.

A intenção primeira desta obra consistia em reescrever *Corps et sociétés*, publicado em 1985 e reeditado por diversas vezes sem que sua atualização fosse tecnicamente possível, tampouco a correção do mínimo erro de impressão. Com o tempo, a necessidade interior da pesquisa sobrepujou o intento original. Pareceu-me mais importante desenvolver a questão da ação do corpo no campo da comunicação e dedicar-me ao gestual, sobretudo aos sentimentos e às emoções. Assim, este livro se tornou uma abordagem antropológica das emoções. Retomei um punhado de análises, de *Corps et sociétés*, simplesmente as adaptando, especialmente o primeiro capítulo, sobre as crianças "selvagens". Sigo pensando que elas oferecem um formidável meio de análise sobre a inteligência antropológica do corpo, evidenciando o papel fundamental do outro na relação que todo homem desenvolve com o mundo e, principalmente, sobre a maneira como o corpo é socialmente construído.

1 Corpo e simbolismo social

> *Este meu corpo. Este corpo que não é o meu. Este corpo que é, no entanto, o meu. Este corpo estrangeiro. Minha única pátria. Minha morada. Este corpo a reconquistar.*
>
> HYVRARD, J. *La meurtritude.*

As crianças selvagens ou as metamorfoses do Outro

O estudo das crianças ditas "selvagens" oferece ensinamentos preciosos para a compreensão das modalidades sociais e culturais que presidem a construção do corpo. A análise da função fundamental do outro na aquisição, na manutenção ou na modificação da simbólica corporal pelo homem percorre vias singulares, que mostram a amplitude da relação da condição humana com o mundo.

Ao nascer e durante os primeiros anos de sua existência, o homem é o mais desprovido dos animais. Ao contrário desses últimos, que recebem por hereditariedade específica a integralidade dos instintos necessários à sobrevida e à adaptação ao meio; quando vem ao mundo, a criança parece um organismo prematuro, aberto, disponível, o qual ainda deve ser formado. Esse inacabamento não é tão somente físico, mas também psicológico, social e cultural. O filhote de homem necessita ser reconhecido pelos outros como um ser existente, para poder se estabelecer como sujeito. Ele requer a atenção e a afeição das pessoas a seu entorno para poder desenvolver-se, para descobrir o gosto de viver, e para apropriar-se dos sinais e dos símbolos que lhe permitirão compreender o mundo e comunicar com os outros. Ao nascer, o horizonte da criança é infinito, aberto a quaisquer solicitações, enquanto que as condições futuras da vida animal já estão, essencialmente, inscritas em seu programa genético, restando praticamente imutáveis no seio de uma mesma espécie. Para o homem, contrariamente, a educação se destina a suplementar as orientações genéticas, que não lhe proveem de nenhum comportamento inato nem de uma inteligência preestabelecida. A natureza do homem realiza-se somente na cultura que o acolhe. Ao contrário do animal, a criança recém-nascida enfrenta um imenso campo de possibilidades: todas as condições humanas continuam virtualmente dispostas a sua frente, visto que ela dispõe exatamente da mesma constituição física do homem do período neolítico. A criança da idade da pedra continua nascendo, a cada instante, em todos os lugares do mundo, com a mesma possibilidade de abertura, a mesma aptidão para entrar no sistema de sentidos e valores do grupo que a acolhe.

Ao fixar a criança em um sistema de sentido particular, qual seja, o do grupo social em que ela vive, a educação preenche pouco a pouco este universo de possibilidades em proveito de uma relação particular com o mundo, cujas informações a criança recolhe por intermédio de sua personalidade e história próprias. A prematuração inicial de toda criança faz dos membros do seu entorno os garantidores de sua futura inserção no meio social. "Entre os sistemas receptores e emissores próprios a qualquer espécie animal, escreve Ernst Cassirer, existe no homem um terceiro elemento, que pode ser chamado de sistema simbólico... Comparando-se com os outros animais, o homem não vive somente numa realidade mais vasta; pode-se dizer que ele vive numa nova dimensão da realidade"¹. A educação visa a garantir condições propícias à criança para a interiorização dessa ordem simbólica. Em função da cultura corporal do seu grupo, ela modela sua linguagem, seus gestos, a expressão dos seus sentimentos, suas percepções sensoriais etc. O simbolismo enforma seu corpo e lhe possibilita compreender as modalidades corporais dos outros, assim como permite-lhe compartilhar as suas próprias.

Em razão da sua prematuração inicial, caso a criança seja abandonada à própria sorte nos primeiros anos de existência, ela se destina à morte certa. Ela não dispõe nem de recursos nem, especialmente, da compreensão do mundo circundante de que necessitaria para poder defender-se dos animais ou das adversidades do ambiente, assegurando sua subsistência. No curso deste longo período de dependência biológica, a ausência do outro ocasiona a morte. É dentro do meio social que a criança satisfaz, pouco a pouco, o aprendizado da vida. Sem a mediação estruturada do outro, resta impensável uma capacidade de distinguir qualquer sentido no ambiente. Em hipótese alguma o corpo pode espontaneamente atingir a inteligência dos gestos e percepções de que necessita.

No entanto, a história conserva certo número de casos surpreendentes de crianças que sobreviveram ao teste do isolamento precoce da comunidade humana e que, com o passar do tempo, reencontraram uma posição mais ou menos feliz no seio da sociedade graças aos esforços de seus educadores. A criança dita "selvagem" causa, mesmo hoje, uma vaga inquietude no imaginário ocidental, ainda que a mudança das condições existenciais, a urbanização crescente e o intenso controle do território tenham tornado impensável tal errância. Os documentos a esse respeito

---

1. CASSINER, E. *Essai sur l'homme*. Paris: Minuit, 1975, p. 45.

continuam questionando a sociabilidade de maneira perturbadora[2]. Estas crianças, das quais a condição humana foi, de certa forma, tolhida pelo ostracismo social, procedem, historicamente, de duas origens bem diferentes.

• Por um lado, as crianças subtraídas ou acolhidas por um animal em consequência de circunstâncias excepcionais, próximas do mito, mas que são explicadas pela miséria, pelas guerras, pela presença frequente de animais nas proximidades das cidades ou fazendas. Havendo sido poupadas e vivendo junto ao animal, elas modelam seu comportamento com base naquela espécie. Assim, sua experiência corporal identifica-se *cum grano salis* à do animal. Linné conheceu em torno de trinta casos parecidos e acreditou ter encontrado uma variedade selvagem da espécie humana. Na décima edição do seu *Systema Naturae* (1758), ele tratou do *homo ferus* como uma entidade à parte, ao lado do *homo europeus*, do *homo africanus*, do *homo americanus*, do *homo asiaticus* e do *homo monstruosus*[3].

• Por outro lado, crianças relegadas à reclusão por causa da indiferença ou negligência de seus pais, repudiadas ou perdidas,

---

2. Para elucidar qualquer debate a respeito deste assunto, há os que evocam a lenda ou os que buscam os pronunciamentos de Pinel para denunciar em coro as crianças ditas "selvagens" como "débeis mentais" ou psicóticas. Kingsley Davis, para comentar o déficit de educação das crianças isoladas na sequência de maus-tratamentos ou de inoportunos concursos de circunstâncias, dá o exemplo de Edith Key, uma menina americana mantida em cativeiro durante quatro anos, dos 8 aos 12, em um quarto sombrio, a qual foi considerada como deficiente mental quando de sua descoberta. Dois anos mais tarde, tornou-se uma menina "normal". Ela reaprendeu especialmente a falar e a enxergar. Mas o exemplo é banal, pois que Edith havia sido socializada, em condições normais, até seus 8 anos, o que não é o caso das crianças presentemente estudadas, cujo déficit social é infinitamente mais precoce e durável, o que dificulta o retorno ao meio social (DAVIS, K. Extreme isolation of a child. *American Journal of Sociology*, vol. XLV, 1840).

3. TINLAND, F. *L'Homme sauvage* – Homo ferus et homo sylvestris. Paris: Payot, 1968.

desde cedo abandonadas à própria sorte, tendo por único meio de subsistência uma educação ainda tíbia; suficiente, entretanto, para garantir sua sobrevida de forma solitária mediante novas condições de existência no seio de uma natureza doravante abstraída de toda presença humana.

O denominador comum dessas categorias de crianças consiste no isolamento precoce, e na ausência de uma mediação humana suficientemente prolongada para garantir-lhes um acesso socializado ao mundo circundante. A denominação "selvagem" não passa de uma imagem excessiva, uma herança ultrapassada do Iluminismo, que remete a uma carência de educação e a uma ausência sensível do outro nos primeiros anos de suas existências.

As crianças acolhidas por animais

São raros os testemunhos dando conta de crianças acolhidas por animais, mas eles inegavelmente existem. Lucien Malson recenseou por volta de cinquenta casos de autenticidade dificilmente dubitável. Os animais que se mostram acolhedores aos filhotes de homem são, geralmente, lobos, mas também macacos, ursos, cabras, leopardos etc. Esse singular bestiário é propício a alimentar diversas fantasias ou denegações. Além das múltiplas questões suscitadas pela criança dita "selvagem" no conjunto das ciências humanas, algumas demandam particularmente a manifestação da antropologia do corpo. A partir da sua referência "animal", a experiência corporal dessas crianças inscreve-se nos confins do que o modo de agir do homem em sociedade nos ensina. A experiência constitui um meio de análise. Por extensão, ela confirma que até as nossas sensações mais íntimas, as mais inatingíveis, os limites de nossas percepções, nossos gestos mais elementares, e até a forma do nosso corpo e tantas outras características, provêm de um meio social e cultural particular. As modalidades de expressão corporal da criança abrigada por um animal mostram com eloquência a que ponto somos modelados pelo nosso meio de inserção, a despeito de nosso sentimento de autonomia e espontaneidade.

Na Índia, até a virada do século[4], centenas de crianças eram anualmente apresadas por lobos, que as devoravam. Por vezes, no entanto, algumas eram poupadas e acolhidas pelos animais. Assim, dispomos de informações precisas a respeito de uma dezena de casos de crianças-lobos, evocados por R.M. Zingg, na obra que este autor dedicou ao tema. A história de Amala e Kamala é, particularmente, a mais rica em documentação, em virtude da publicação do diário do pastor Singh que, juntamente com sua esposa, acolheu as meninas durante toda a vida das mesmas[5].

No ano de 1920, durante uma viagem à região de Midnapore, o pastor é advertido pelos indígenas da presença de "homens fantásticos" na floresta. Em companhia de alguns homens, ele vai até o local e, ao crepúsculo, avista três lobos adultos, dois filhotes de lobos e duas crianças – de aspecto irreconhecível – saírem de seu covil. Essas últimas se comportam exatamente como os lobos, primeiro mostrando suas cabeças, com alguma precaução, farejando e observando de todos os lados, antes de deixar o esconderijo. As duas meninas foram capturadas, adotadas pela família do pastor e receberam os nomes de Amala e Kamala. A constituição física das crianças verificou-se rica em ensinamentos: maxilares proeminentes, dentes comprimidos e cortantes, caninos longos e pontiagudos, olhos estranhamente brilhantes na penumbra, articulações inflexíveis nos joelhos e quadris. Espessas calosidades marcavam

---

4. O caso mais recente de menino-lobo na Índia remonta a 1927.
5. SINGH, J.A.L. & ZINGG, R. *L'Homme en friche* – De l'enfant-loup à Kaspar Hauser. Bruxelas: Complexe, 1980.

as palmas de suas mãos, cotovelos, joelhos e as plantas dos pés. Suas línguas pendiam de lábios grossos e escarlates. Elas imitam a respiração ofegante e o bocejar dos lobos, abrindo amplamente os maxilares. Elas enxergavam no escuro sem dificuldade. Durante o dia, elas se refugiavam à sombra ou permaneciam imóveis frente a um muro, por vezes emitindo um longo grito, o qual começava com uma voz rouca e terminava em numa nota estridente. Elas dormiam poucas horas numa noite, amontoadas, e acordavam ao mínimo rumor. Para pequenas distâncias, elas se deslocavam sobre as rótulas e cotovelos. Para correr, apoiavam-se sobre as mãos e os pés. Serviam-se da língua para sorver líquidos e comiam acocoradas, com a face pendendo sobre o alimento. Durante boa parte do dia, caçavam galinhas e desenterravam carcaças de animais que já haviam recebido a preparação alimentar. Faziam caretas e mostravam os dentes quando alguém delas se aproximava. Após defecarem, elas tinham "o hábito de arrastar o traseiro pelo chão"[6]. "Caso tentássemos chamar a atenção das crianças tocando-as ou apontando-lhes algo, elas apenas fitavam de modo constrangido, como se estivessem frente ao vazio, e logo desviavam o olhar"[7]. As crianças do orfanato "esforçavam-se ao máximo para que as meninas com elas brincassem, mas isso não lhes aprazia e elas logo começavam a aterrorizar as crianças, abrindo os maxilares, mostrando os dentes e por vezes lançavam-se sobre aquelas emitindo um estranho uivo rouco"[8]. "Cada vez que sentiam o cheiro de algo, para identificar o objeto, o animal ou o homem, levantavam suas narinas e procuravam reconhecer a direção, farejando"[9]. "Tinham

---

6. Ibid., p. 37.
7. Ibid.
8. Ibid., p. 38.
9. Ibid., p. 45.

o hábito de beber e comer no mesmo prato sem usar das mãos, como os cães, assim fazendo para alimentarem-se de sólidos como o arroz, a carne etc. Já os líquidos, como o leite e a água, elas bebiam como gatinhos"[10]. Esta breve lista das características corporais das meninas, uma com um ano e meio de idade e a outra com oito anos e meio, é tão chocante quanto desconfortável. Ela realça a maleabilidade do corpo humano.

A partir das observações do diário do Pastor Singh ou de vários outros documentos estudados por Malson ou Zingg referentes a diferentes casos, pode-se constatar que o comportamento do animal condicionou o das meninas. Nesse período da vida, durante o qual a criança socialmente integrada assimila a função simbólica do seu grupo; aquele que foi isolado pelas circunstâncias e posto na situação excepcional de "adoção" por um desses animais hospitaleiros ao homem, não tem alternativa senão calcar sua relação com o mundo sobre aquilo que ele observa no cotidiano. Nos primeiros anos de vida, a criança revela uma imagem fidedigna, posto que amiúde desairosa, dos comportamentos daqueles que a entornam. Neste caso, o animal vem preencher, com suas representações específicas, as potencialidades incultas em consequência do rapto do meio humano. De sua maneira, a criança torna-se a expressão das condutas do lobo, transformando-se no menino-lobo, esse personagem híbrido, quase legendário.

A diferença física é metaforicamente apagada. No caso de Amala e Kamala, por exemplo, a criança incorporada no universo do lobo educa-se e apropria-se do seu meio segundo os usos do animal: no plano sensorial (a nictalopia, o desenvolvimento do faro e da audição etc.), no plano expressivo (a língua pendente, a respiração ofegante, os bocejos prolongados etc.), no plano das técnicas cor-

---

10. Ibid., p. 48.

porais (andar sobre quatro patas, sorver os líquidos com a língua etc.), no plano das preferências alimentares (carnes e crus etc.). Esta aproximação também inclui similitudes físicas talvez ligadas a um modo de comportamento, de alimentação etc. (por exemplo, o desenvolvimento dos maxilares, dos caninos, ou até o brilho dos olhos no escuro). As características enumeradas encontram-se de maneira mais ou menos pronunciadas na maioria dos meninos-lobo com relação aos quais se dispõe de testemunhos credíveis.

Atentando-se para as observações sobre as duas crianças recolhidas por testemunhas privilegiadas logo após sua captura, há de se reconhecer o fato perturbador de que a função estruturante desempenhada, em condições ordinárias, pela presença do outro tenha sido realizada pelo animal. A criança dele tomou suas referências, de modo que esse se tornou a fonte de suas relações com o ambiente. Essas crianças acidentalmente acolhidas por animais no início de suas vidas surpreendem por sua experiência corporal. Mantidas incessantemente afastadas do meio social e submetidas a uma educação paradoxal, elas exploram, até os limites, aptidões físicas rejeitadas pela sociedade ou raríssimas. A visão noturna, por exemplo, é uma característica frequente dos meninos-lobo, os quais circulam desembaraçadamente à noite como de dia[11]. Sua acuidade olfativa também reflete a do animal, assim como a insensibilidade ao frio demonstrada pelas meninas de Midnapore, além de tantas outras.

"'Que emoções poderiam sentir?', interroga-se o Pastor Singh. Elas nunca riam. Embora Kamala tivesse um rosto sorridente, o sentimento de alegria era-lhe ausente. Eu nunca a tinha visto sorrir

---

11. Encontramos, por vezes, esta facilidade de movimentação na obscuridade relativa em profissões onde o trabalho noturno é a regra, como os mineradores, por exemplo.

ou rir no curso dos três primeiros anos... exceto pelos sinais exteriores de alegria e de satisfação que, quando estava faminta, sua aparência e atitude revelavam ao alimentar-se ou, especialmente, quando encontrava carne por acaso"[12]. Estas crianças pareciam conhecer apenas as emoções elementares: cólera ou impaciência. Elas ignoravam o riso e o sorriso. Seu retorno à sociabilidade foi, entretanto, rico em ensinamento sobre a labilidade da cultura corporal. Elas se mostraram receptivas aos esforços de seus educadores, transformando rapidamente suas antigas experiências corporais. Com o passar do tempo, elas conformaram-se relativamente às normas de seu novo grupo, mas nem sempre obtendo apagar os traços de suas histórias passadas. O período de isolamento da comunidade humana impôs um limite nesse aspecto.

No caso das meninas de Midnapore, Amala não sobreviveu a alguns meses de captura; Kamala, ao revés, assimilou um princípio de socialização graças aos esforços do Pastor Singh e de sua esposa. Ela aprendeu a ficar na posição ereta, conheceu o sentimento de pudor, o riso, a sensibilidade ao frio, um princípio de linguagem, adquiriu o controle esfincteriano e fecal, modificou os seus gestos etc. Lentamente, cercada da afeição do pastor e de sua esposa, ela adquiriu uma atitude receptiva à ritualidade social. Quando faleceu sua camarada, ela emocionou-se. Foi o primeiro pranto percebido por Singh. Durante alguns dias, ela cheirou os locais onde Amala se detinha e os objetos que ela tocava. Ela respirava sofregamente. Com a língua pendente, gritava. No dia 18 de novembro de 1921, ao brincar com cabritos, "seu rosto iluminou-se a ponto de demonstrar um princípio de sorriso"[13]. Alguns meses mais tarde, quando a Sra. Singh perguntou-lhe se tinha fome, "Kamala balan-

---

12. SINGH, J.A.L. & ZINGG, R. *L'Homme en friche...* Op. cit., p. 57.
13. Ibid., p. 74.

çou a cabeça em sinal de aprovação"[14]. Ela inclina a cabeça para dizer "sim" e a balança para dizer "não" (15 de dezembro de 1923).

Kamala adquiriu um arremedo de vocabulário, assumiu uma atitude participativa no orfanato, tornou-se sensível ao frio e demonstrou pudor. Os traços do seu rosto começaram a modelar os sinais e as mímicas próprias à condução da comunicação. "O rosto da menina iluminou-se ao saber que a Sra. Singh voltara de uma viagem de alguns dias a Ranchi. A expressão do seu rosto manifestou visivelmente um sentimento de alegria" (23 de janeiro de 1926). "O tempo passara e os hábitos de Kamala haviam mudado em relação ao dia em que fora descoberta. Em 1926, Kamala já se havia tornado uma pessoa completamente diferente. Quando falava, seu rosto sempre mostrava uma expressão acompanhada de movimentos dos membros... Segundo suas expressões e gestos, tornara-se possível compreendê-la até certo ponto..." Ou ainda "por diversas vezes, a Sra. Singh tentou persuadi-la afetuosamente, mas ela não deixou o lugar onde se encontrava. Em face das tentativas prolongadas e insistentes de persuasão, seu semblante mudou de cor, exprimindo a pressão sofrida" (20 de janeiro de 1927). Kamala progrediu rapidamente em sua aculturação nos anos seguintes, principalmente graças ao acesso à linguagem e a diversos sentimentos. Quando ela faleceu, em 1929, nove anos após sua descoberta, ela estava se familiarizando com a função simbólica. Seu percurso foi exemplar, mas está longe de ser o único nos anais das crianças ditas "selvagens".

Experimentando tais fronteiras como uma evidência, as crianças que dividem alguns anos de sua existência com animais interpelam-nos profundamente sobre o sentido do vínculo social, e, paralelamente, sobre os limites do corpo. Suas histórias fendem

---

14. Ibid., p. 81.

um abismo em certezas aparentemente inquebrantáveis. Talvez seja por esse motivo que os debates sobre o tema raramente evitam apaixonadas manifestações. Após o retorno à comunidade humana é difícil afastar a impressão de que suas histórias revelam comumente uma forma de violência contra elas exercida para recobrar seus corpos e suas inteligências às dimensões aceitáveis socialmente. A maioria das crianças "selvagens" abduzidas de seu meio de adoção morre precocemente. Um homem como o próprio Jean Itard, tutor de Victor do Aveyron, tem suas dúvidas: "Oh, como me arrependi, diz ele, de ter conhecido esta criança, e de ter condenado seriamente a estéril e desumana curiosidade dos homens que, por primeiro, arrancaram-no de uma vida inocente e feliz!"[15]

As crianças isoladas – O exemplo de Victor do Aveyron

Para as crianças isoladas por um longo período, como Victor do Aveyron, o abandono acidental ou voluntário é sempre precedido de um mínimo de tempo vivido num meio social. Estas crianças não estavam completamente desprovidas de meios de compreensão, uma base restrita que lhes confere as bases essenciais para a recomposição de sua relação com o ambiente. Previamente à vida solitária, houve uma formatação social suficiente para permitir sua sobrevida malgrado as dificuldades encontradas, mesmo que essas referências primárias tenham-se apagado lentamente por falta de um contato regular com outrem, o qual poderia fazê-las perdurar. Em suma, a história dessas crianças reproduz a de náufragos ou de marinheiros abandonados numa ilha deserta na mesma época

---

15. ITARD, J., apud MALSON, L. *Les enfants sauvages*. Paris: UGE, p. 198 [Coll. "10/18"].

e cujo extremo isolamento causou a perda do uso da palavra e a reconstrução de sua experiência corporal. Assim é o caso de Selrirk, marinheiro escocês que ficou quatro anos numa ilha e que, de tanto perseguir animais correndo, tornou-se mais rápido do que cabras selvagens. Quando foi descoberto em 1709, ele já se tornara "tão selvagem quanto os animais, ou talvez mais do que eles". Ele havia também "quase esquecido completamente o segredo da articulação de sons inteligíveis"[16].

Concentremo-nos mais um pouco em Victor do Aveyron, cuja história é conhecida em razão da pluralidade de documentos. Em janeiro de 1800, após ter sido visto pela primeira vez em 1797, Victor foi capturado por camponeses em uma pequena cidade do departamento do Aveyron, onde se aventurava. Esta criança, de aproximadamente doze anos, fora certamente abandonada havia muito tempo (Itard acredita, a partir da informação de diversas fontes, que Victor tenha sido abandonado por volta dos quatro ou cinco anos de idade), mas conseguiu sobreviver vários anos num meio hostil. Por instigação do ministro do interior, Champagny, após haver sido acolhido por algum tempo num asilo na comunidade de Saint-Affrique, próximo a Rodez, a criança foi levada a Paris e confiada a Jean Itard, médico-chefe do Instituto de surdos-mudos da Rua Saint-Jacques. Philippe Pinel, membro da comissão designada pela Sociedade dos observadores do homem e, sobretudo, médico-chefe do manicômio de Paris, escreveu um resumo crítico sobre as possibilidades de evolução pessoal da criança: "as fracas nuanças de sensibilidade que o menino do Aveyron demonstra em resposta às prescrições de seu tratamento colocam-no sem dúvida em posição superior a alguns idiotas dos hospícios, os quais parecem

---

16. DE PAUW, apud TINLAND, F. *L'Homme sauvage...* Op. cit., p. 82.

insensíveis às ameaças e aos carinhos e que não exibem qualquer sinal exterior de reconhecimento pelas boas ações que lhes são oferecidas. Outros há, porém, que manifestam uma sensibilidade mais ou menos marcada por algo que se faça em seu favor e uma delas se mostra exatamente superior neste assunto ao menino do Aveyron, por demonstrar grande afeição à moça encarregada de seus cuidados". Algumas páginas adiante, Pinel mostra-se ainda mais negativo, ele encerra a criança sob a máscara de ferro de um rótulo, do qual ela seria dificilmente libertada: "Seu discernimento, sempre limitado aos objetos ligados aos primeiros cuidados, sua atenção unicamente focada nas substâncias alimentares ou nos meios de viver no estado de independência ao qual ele se habituara, a ausência total de desenvolvimento ulterior das faculdades morais com relação a qualquer outro objeto, demonstram que ele não pode ser integrado à categoria de crianças dotadas de idiotia e de demência e que não há qualquer esperança fundada de sucesso mediante uma instrução metódica e continuada"[17]. Ele percebera a incapacidade da criança de fixar sua atenção num objeto, a insensibilidade do ouvido, a mudez, exceto os pequenos gritos guturais e uniformes, o olfato indiferente aos miasmas ou aos perfumes, a carência de meios de comunicação, a passagem sem transição da apatia ao entusiasmo etc. Outras autoridades médicas da época, Larrey por exemplo, aderiram à opinião de Pinel, confirmando o déficit intelectual inato e definitivo da criança. Também solicitado, o frenólogo Gall percebeu uma anomalia craniana que confirmava as percepções anteriores.

---

17. PINEL, P. "Le sauvage de l'Aveyron". In: COPANS, J. & JAMIN, J. *Aux origines de l'anthropologie française* – Les mémoires de la Société des Observateurs de l'Homme en l'an VIII. Paris: Le Sycomore, 1978, p. 111 e 113.

Victor foi salvo do asilo por Jean Itard, pedagogo excepcional, discípulo de Condillac, convencido de que o homem não nasce pronto, mas que a sua construção ocorre gradualmente, mediante os relacionamentos com os outros, em função da educação e tendo em vista os exemplos circundantes. Onde Pinel e muitos outros viam na criança um déficit orgânico definitivo, Itard distinguia um vazio relacionado a seu isolamento, uma deficiência de educação que ele acreditava poder resolver mediante uma atenção pedagógica particular. Victor era mudo, mas o pedagogo ambicionava ensiná-lo a falar. Em 1801, no seu primeiro contato com Victor, ele escreveu com lucidez: "se devêssemos resolver o problema metafísico de determinar quais são as gradações de inteligência e a natureza das ideias de um adolescente que, privado desde sua infância de qualquer educação, teria vivido completamente separado dos indivíduos de sua espécie, ocorreria que, salvo grosseiro engano de minha parte, a solução para o problema seria reduzida a reconhecer neste indivíduo uma inteligência relativa a suas pequenas necessidades e desprovida, por abstração, de todas as ideias simples e complexas que recebemos pela educação e que se combinam em nosso espírito de tantas formas, pelo único intermédio do conhecimento dos sinais. Pois bem, o enquadramento moral deste adolescente seria o do Selvagem do Aveyron e a solução do problema ofereceria uma avaliação e o conhecimento da causa do estado intelectual daquele"[18].

Desde logo, Itard colocara a pergunta essencial. Ele pressentiu a qual ponto as percepções sensoriais, os gestos, as técnicas do corpo, a linguagem e a relação com o mundo de maneira geral são dotadas de sentido tão somente em seu elo com um preciso estado social e cultural. Privado de ambiente humano propício a sua inserção no

---

18. ITARD, J., apud MALSON, L. *Les enfants sauvages...* Op. cit., p. 134.

seio dos simbolismos compartilhados por uma comunidade humana, ele não dispunha de qualquer alternativa para conquistá-los. No seu primeiro relato, Jean Itard retorquiu diretamente a Pinel: "pode-se concluir, da maioria de minhas observações, que a criança conhecida pelo nome de Selvagem do Aveyron é dotada do livre exercício de todos os seus sentidos, e que ela oferece contínuas provas de atenção, de reminiscência e de memória. Ele é capaz de comparar, discernir, julgar e de, enfim, aplicar todas as faculdades de sua compreensão aos objetos relacionados com sua instrução. Percebemos como um ponto essencial o aparecimento, no curto período de nove meses, de mudanças auspiciosas num sujeito que se acreditava incapaz de atenção. Assim, concluímos que a sua educação é possível, se não estiver desde já garantida pelos primeiros êxitos demonstrados"[19].

A resistência de Victor a baixas temperaturas consistiu numa primeira observação interessante no plano antropológico. Quando fora descoberto no Aveyron, a criança vivia completamente nua, mesmo durante os rigorosos invernos dos anos precedentes. Seu corpo não guardava qualquer sequela do frio. Ao contrário, Itard observou, nos jardins da Rua Saint-Jacques, a incomum capacidade de não ser importunado pelo frio. Ele observou: "por diversas vezes no curso do inverno, eu o vi atravessar o jardim dos surdos-mudos, abaixado, seminu num solo úmido e permanecer assim exposto por longas horas ao vento fresco e chuvoso"[20]. Em pleno inverno, Itard, por vezes, avistara Victor nu, rolando sobre a neve. As temperaturas mais baixas não causam incômodo ao seu corpo. Itard admirava-se com a resistência térmica da criança e com sua jubilação em face do rigor dos elementos. Longe de encarar como um privilégio, ele considerava essa característica como uma defi-

---

19. Ibid., p. 184-185.
20. Ibid., p. 143.

ciência e não desistia de forçá-lo a sentir a temperatura ambiente segundo critérios que julgava "naturais". O pedagogo então submeteu Victor a uma série de ações energéticas visando a perturbar as percepções térmicas que esse último havia inventado para si quando vivia nos planaltos do Aveyron. Ele relatou no seu diário com qual rigor infligia a Victor, diariamente, demorados banhos quentes, sucedidos por banhos gélidos, vestindo e em seguida abrigando a criança calorosamente. Um lento trabalho de erosão, de supressão e de fragilização modificou as atitudes primárias da criança, que se tornou sensível às variações climáticas. Victor começara a temer o frio, conformando assim suas percepções térmicas àquelas de seu meio. No entanto, essa assimilação tinha sua contrapartida: ele perdera as defesas de que dispunha contra doenças, tornando-se frágil, ao passo que sua saúde era antes vigorosa. Sem embargo, Itard desprezou essa consequência, glorificando-se desse primeiro resultado. A criança havia desenvolvido com robustez uma capacidade de regulação térmica inerente à condição humana, mas que o uso de roupas normalmente suplanta, dispensando o organismo da mobilização de suas capacidades naturais. A sensibilidade térmica de Victor era adaptada às condições ecológicas de sua existência num ambiente adverso.

Outras manifestações corporais de Victor suscitaram alguma surpresa: sentado ao lado do fogo, ele tomava, sem nenhuma pressa, os pedaços de carvão ardentes que caíam da lareira e nela os recolocava. Na cozinha, ele frequentemente tirava com as mãos as batatas da água fervente onde elas cozinhavam para em seguida comê-las. "E posso assegurar, escreve Itard, que nesse momento ele tinha a pele fina e aveludada"[21]. Ele manifestava aversão ao álcool, ao vinho e aos doces. Itard verificara que Victor era indiferente ao odor fétido, que não lhe aprazia dormir num leito, que era insensível

---

21. Ibid., p. 144.

ao rapé e que tinha dificuldade em distinguir o que é plano e o que tem relevo. Ademais, ele permanecia "indiferente às mulheres, mesmo às voltas com os movimentos impetuosos de sua puberdade pronunciada"[22]. Ele ignorava as lágrimas. Sua locomoção era veloz, ele corria mais do que caminhava. Por diversas vezes, Itard verificara que ele cuidava de ajustar seus passos aos de seu acompanhante. Victor preferia "o trote ou o galope". Ele farejava todos os objetos que lhe eram entregues. Sua mastigação exigia mais dos dentes incisivos do que dos demais. Pinel acreditava ter observado a insuficiência auditiva de Victor, mas os apontamentos de Itard demonstravam o caráter seletivo dos sons que despertam o interesse da criança: o som próximo de uma noz sendo quebrada, as vozes que o incomodavam e das quais ele procurava afastar-se; já o movimento da chave do quarto no qual ele brincava suscitava sua atenção. Por outro lado, ele restava apático aos estímulos sonoros que não invocavam qualquer significado curioso ou por ele conhecido. Embora lhe faltasse a linguagem oral, o mesmo não ocorria com a expressão gestual, da qual ele se servia em abundância, fazendo-se compreender pelas pessoas do seu meio. Além disso, ele se dedicava aos afazeres domésticos auxiliando eficazmente a Sra. Guérin.

Para as crianças prematuramente isoladas da comunidade social, a condição primária de sobrevida reside nas aquisições prévias, em seu começo de socialização, embora esse se apague pouco a pouco, modulando-se ao novo ambiente. Obviamente, a congruência de sua relação com o meio não tem valor comunicativo; cada criança elabora um modo pessoal de relação com o seu entorno de acordo com sua história e suas próprias predisposições.

---

22. Ibid., p. 241.

A necessidade do Outro

As crianças selvagens nos ensinam, a sua maneira, que as predisposições corporais permanecem longe de sua integral concretização no interior de uma sociedade. Cada indivíduo, herdeiro de uma história pessoal situada num tempo e lugar específicos, realiza em sua experiência corporal apenas uma ínfima parcela das diversas possibilidades. Essas crianças, havendo experimentado situações extremas, ilustram igualmente a parte fundante do meio e da educação neste campo da vida orgânica que parece escapar das influências exteriores: as percepções sensoriais, o domínio dos sentimentos e das emoções, por exemplo. Ademais, segundo a idade, as condições e a duração do isolamento, uma vez reinseridas na trama social, essas crianças conseguem, com mais ou menos sucesso e de acordo com o empenho do seu tutor, sintonizar seu sistema perceptivo e gestual ao meio, assim como sua afetividade, seu gosto alimentar etc. Victor, em consequência do rigoroso tratamento de Itard, modificou suas percepções térmicas, adaptando-as àquelas de seu novo ambiente. Após haver, por longo tempo, rejeitado os alimentos da cozinha de seu tutor, ele pôde apreciá-los. Ele passou a aceitar a espera até que estivessem prontos, enquanto que, alguns meses antes, ele não suportava aguardar e alimentava-se de legumes não completamente cozidos, subtraídos das panelas. Foi graças aos exercícios de Itard que Victor apurou sua audição e seu tato. Ele aprendeu a discriminar as formas, adaptou-se ao controle esfincteriano e à limpeza. Todavia, a despeito dos esforços reiterados de seu educador, ele jamais pôde falar. Tal déficit de linguagem ensejou uma insuficiência de pensamentos, o que pode estar na origem dos limites contra os quais Itard se debatia. Tratava-se, de fato, de ideia bem mais plausível do que uma hipotética doença mental ou um problema psicológico[23]. Seu isolamento havia durado um período extenso de sorte que sua idade permitia uma flexibilidade apenas parcial.

No seu relato de 1806, alguns anos após haver tomado os cuidados de Victor, Itard faz o balanço de suas atitudes. "Não podemos deixar de concluir que: 1) como consequência da nulidade quase absoluta dos órgãos da audição e da palavra, a educação deste adolescente ainda é, e deverá permanecer, incompleta; 2) em função de uma longa inatividade, as faculdades intelectuais se desenvolvem de forma lenta e penosa; o desenvolvimento que, nas crianças crescidas em meio à civilização, é fruto natural do tempo e das circunstâncias, mostra-se aqui o resultado tardio e laborioso de uma educação atuante, cujas iniciativas mais intensas logram efeitos mínimos; 3) aflorando com a lentidão decorrente de seu longo entorpecimento, a aplicação das faculdades afetivas permanece subordinada a um profundo sentimento de egoísmo e a puberdade, ao invés de impulsionar a expansão daquelas faculdades, parece ter aparecido apenas para provar que, se existe no homem uma relação entre as necessidades dos seus sentidos e as afeições do seu coração, este acordo simpático é, como a maioria das grandes e generosas paixões, o próspero fruto de sua educação"[24]. Apesar destas amargas constatações, Itard nota que a criança ampliou sua relação com o mundo. Ele observa, especialmente, que "o aperfeiçoamento da visão e do tato e os novos deleites do paladar, por multiplicarem as sensações e as ideias do nosso Selvagem, contribuíram fortemente com o desenvolvimento de suas

---

23. As reflexões de Harlan Lane sobre esse assunto constam de *L'Enfant sauvage de l'Aveyron*. Paris: Payot, 1979, p. 172ss. Seus comentários sobre a ação pedagógica de Jean Itard, ibid., p. 168ss.

24. ITARD, J., apud MALSON, L. *Les enfants sauvages...* Op. cit, p. 245.

faculdades intelectuais". Além de tudo, ele tem como mérito "o conhecimento do valor convencional dos sinais do pensamento e a utilidade desse conhecimento na designação dos objetos e na enunciação de suas qualidades e ações, o que explica a amplitude das relações do aluno com as pessoas do seu meio, assim como a faculdade de exprimir suas necessidades para as mesmas, receber ordens delas, praticando assim uma livre e contínua troca de pensamento". Itard apontou também os sentimentos de amor e de reconhecimento que uniam Victor às pessoas do seu entorno. Quando o Sr. Guérin adoeceu gravemente, Victor continuou colocando à mesa da família os seus talheres, como modo de atenção à Sra. Guérin, cuja aflição ele notara. A cada dia, ele retira os talheres para colocá-los novamente no dia seguinte. No dia do falecimento do Sr. Guérin, Victor manteve seu hábito, provocando uma grande dor para sua protetora. A criança retirou os talheres, arrumou-os tristemente na gaveta e nunca os recolocou.

Do início ao fim, a experiência de Jean Itard é exemplar na intuição do caráter social e cultural da educação da criança e da necessária presença de outras pessoas por perto para que ela adquira a intuição da arbitrariedade dos sinais e os incorpore. No entanto, malgrado sua boa vontade, sua ação pedagógica restava assaz mecânica. A educação dos sentidos praticada ocultou totalmente o deleite da criança, ignorou as exigências do seu ritmo próprio. Ela baseou-se num distanciamento que, apesar das qualidades do pedagogo, fracassou em permitir que a criança encontrasse seu terreno. Itard o considerava, na urgência do resultado, um objeto passivo a ser modelado e jamais como um parceiro em sua própria educação. Suas fontes de contentamento (a natureza, correr, comer, subir em árvores etc.) jamais foram utilizadas para desenvolver o prazer de aprender. Os exercícios foram impostos a Victor, com alguma violência simbólica algumas vezes[25]. Itard estava, no entanto, consciente da força exercida sobre a criança para que praticasse os exercícios cuja finalidade ela não compreendia[26]. Ele estava a par do medo que, a contragosto, provocava em algumas situações em seu aluno: "um sentimento de medo tomou o lugar da alegria extrema, e nossos exercícios tornaram-se ainda mais perturbados. Quando eu emitia um som, era necessário esperar mais de quinze minutos para receber a resposta acordada e então, mesmo que ela houvesse sido emitida de maneira exata, ele o fazia muito timoratamente. A incerteza era tamanha que caso eu eventualmente emitisse o mínimo barulho ou fizesse o mais tênue movimento, Victor, intimidado, recolheria subitamente seu dedo, temendo haver-se enganado, e erguendo em seguida um outro com a mesma lentidão e circunspeção.

---

25. Itard, em um dia de cólera contra seu aluno, agarrou-o bruscamente, abriu uma janela que dava para a rua e, no quarto andar, suspendeu-o no vazio, mesmo sabendo do pavor de Victor. Apesar da falta de interesse da criança, de suas revoltas, Itard continuava impondo-lhe durante horas fastidiosos exercícios, mesmo reconhecendo que Victor nada depreende do seu conteúdo. Em outra ocasião, visando a testar seu senso moral, Itard o confrontou com uma injustiça. Victor havia realizado um exercício com sucesso e estava feliz, mas ao invés de dar-lhe a recompensa habitual, Itard, com um olhar ameaçador, conduziu-o violentamente a um quarto escuro. A criança, atordoada, debateu-se, relutantemente, e mordeu cruelmente Itard, que conclui tranquilamente, sem compreender a perturbação que acabara de infligir à criança: "Como foi bom neste momento poder fazer-me entender por meu aluno, e dizer-lhe a que ponto a dor de sua mordida preenchia minha alma de satisfação e me libertava de todas as minhas penas! Seria possível não se rejubilar? Tratou-se de um ato de vingança legítima; foi a prova de que o sentimento de justiça e injustiça, esta base eterna da ordem social, não era mais estranho ao coração do meu aluno" (apud MALSON, L. *Les enfants sauvages*. Paris: UGE, p. 40 [Coll. "10/18"]).

26. Num dia em que havia se distanciado, Victor tomou um jogo de pinos de boliche que tanta decepção lhe havia causado e o atirou ao fogo, frente ao qual se aquecia alegremente (apud MALSON, L. *Les enfants sauvages*. Op cit., p. 152). A Sra. Guérin, a governanta, é, ao contrário, muito querida por Victor: "ele nunca se separa dela sem algum pesar, ou dela se reaproxima sem provas de contentamento" (ibid., p. 156).

Eu ainda não estava desesperado e me envaidecia pensar que o tempo, muito carinho e o incentivo terminariam por dissipar essa timidez excessiva e perturbadora. Esperei em vão, tudo foi inútil"[27]. Mesmo confrontado com esses fracassos mortificantes, Itard estava longe de duvidar de seus procedimentos. Ele preferiu adotar a cômoda e, no plano pedagógico, nociva atitude de acusar seu aluno de má vontade; ao passo que sua tarefa deveria ter consistido em analisar as reticências da criança para conseguir engajar Victor em seu processo de sua educação. Entretanto, tamanha crítica é injusta, pois faz de Itard um contemporâneo, enquanto que seus experimentos ofereceram um progresso considerável, que outros pedagogos mais tarde retomariam, demonstrando mais flexibilidade e atenção à criança.

Kaspard Hauser foi outro menino privado da presença humana, havendo sido aprisionado durante anos na torre de um castelo. Ele foi descoberto perambulando na cidade de Nuremberg dia 26 de maio de 1828 portando uma mensagem enigmática. Contando aproximadamente dezessete anos nesse momento, constatou-se em seguida que ele havia sido sequestrado para um local sombrio e estreito, alimentado de pão e água, e seguidamente maltratado por seu carcereiro. Conduzido até o posto de polícia, ele rejeitou, nauseado, a carne e a cerveja que lhe foram ofertadas, lançando-se em seguida à água e ao pão. Ele pronunciou algumas frases cujo significado ignorava. Sabia até mesmo escrever seu nome, mas não demonstrou qualquer conhecimento suplementar de escrita. Anselm von Feuerbach, famoso jurista da época, enterneceu-se pelo adolescente e o tomou a seus cuidados pouco antes de falecer. Em princípio, Kaspar manifestara aversão a todo alimento, exceto o pão, não conseguindo ingerir outro líquido além da água. Demonstrava

---

27. Ibid., p. 198-199.

uma forte sensibilidade olfativa, que o incomoda. Caminhava com dificuldade. Como muitas outras "crianças selvagens", enxergava perfeitamente à noite. Procurava o seu reflexo por detrás do espelho. Construiu laços de amizade com os filhos do guarda da prisão, Hitel, brincando e aprendendo a falar com os mesmos. Partilhou com a família os momentos à mesa e aprendeu a comportar-se como os demais, pouco a pouco assimilando os códigos de interação do seu ambiente. Quando von Feuerbach o encontrou pela primeira vez, fica espantado pela assimetria do seu rosto: "mesmo que a face tenha adquirido regularidade mais tarde, percebia-se ainda a essa época uma diferença marcante entre a metade esquerda e a metade direita. A primeira estava claramente deformada, tortuosa e acometida de frequentes espasmos convulsivos, como se fossem lampejos"[28]. Kaspar logo aprendeu a exprimir-se e a conduzir-se como os outros, demonstrando uma exacerbada sensibilidade. Ele sofria de violentas dores de cabeça e exprimia frequentemente o pesar de haver sido enjeitado por sua família, além do fato de não compreender as razões do longo aprisionamento que padeceu. Ele era penosamente perturbado pelos novos odores, pelas estimulações visuais, cujos significados buscava com dificuldade. Mais tarde, Kaspar foi conduzido aos cuidados de Daumer, um professor de ensino médio que então aperfeiçoava sua educação. Totalmente desprovido de pudor nos meses que sucedem à sua descoberta nas ruas da cidade, ele logo demonstraria uma timidez extrema. Seu caminhar tornara-se mais firme, ele habituou-se à alimentação carnívora, aprendeu a cavalgar e a cultivar o uso da língua. Ele lentamente apresentou-se como um jovem ordinário. O boato corria

---

28. O texto de Feuerbach foi publicado em SINGH, J.A.L. & ZINGG, R. *L'Homme en friche... Op. cit.*, p. 271ss. Sobre a adaptação social e cultural do rosto humano, retomos a nossa publicação: LE BRETON, D. *Des visages* – Essai d'anthropologie. Paris: Métailié, 1992.

de que ele estaria escrevendo sua história quando esquivou-se, em outubro de 1829, de uma tentativa de assassinato. No entanto, uma segunda tentativa logrou sucesso, em dezembro de 1833, e Kaspar tornou-se parte do legendário popular[29].

O homem sem o Outro

A plasticidade e a resistência do corpo encontram um campo de predileção nessas crianças ditas "selvagens". As transformações físicas, as singularidades sensoriais ou afetivas por elas reveladas estão ligadas à duração do seu isolamento à pressão do meio. Trata-se de uma consequência da própria capacidade de adaptação. O traumatismo inicial (isolamento repentino, abdução por um animal, abandono dos pais etc.) não deve podar profundamente suas defesas psicológicas. Eis a primeira condição de sobrevida do homem repentinamente mergulhado numa situação extrema, como lembra, por exemplo, Alain Bombard, que se espantou com o número de náufragos encontrados mortos em seus botes após apenas alguns dias à deriva. Fisiologicamente, mesmo nas piores condições, não há razão alguma para que faleçam tão depressa. Na verdade, eles não morrem de fome ou de sede, mas do sentimento irremediável de que são acometidos: é o desespero que os mata. Desconhecemos, por óbvio, o número de crianças que morreram em consequência de seu isolamento. Da observação dos poucos que foram encontrados, podemos concluir que, para cada Victor do Aveyron sobrevivente, muitos outros morreram pelo desgaste ou foram devorados pelos animais que habitam as florestas.

---

29. Passamos aqui sobre os aspectos surpreendentes da existência de Kaspar, que fariam de sua história uma lenda. Reenviamos notadamente à dissertação de Feuerbach e aos comentários de L. MALSON (*Les enfants sauvages...* Op. cit., p. 79ss.).

Somente uma vontade tenaz torna possível a adaptação progressiva a uma situação extrema. Foi preciso a conjunção de uma força extraordinária e um longo isolamento para que as disposições dessas crianças seguissem vias tão insólitas. A resistência à adversidade nestas condições de solidão torna difícil a ideia de debilidade mental ou de autismo[30], sobretudo se nos lembrarmos da progressão dessas crianças na socialização sob a tutela de seus educadores. É certo que poucos encontraram uma posição de atores integrais no meio social. Entretanto, para se desenvolverem descomplicadamente, algumas funções, tais como a palavra ou a inteligência, devem se concretizar num momento preciso do crescimento individual. Elas estão ligadas à reciprocidade das trocas entre a criança e as pessoas de sua relação, não são passíveis de dissociação do aprendizado global sobre o significado do mundo circundante e da sua própria posição de sujeito em meio a um largo sistema de interação. O uso da palavra implica simultaneamente a utilização do mundo de acordo com os códigos vigorantes em sociedade. Se o estímulo social intervém após esse período, a criança padece de carências aos olhos de seus pares. No que tange a certas personalidades, a condição humana requer uma cronologia para o seu desenvolvimento, sendo impossível avançar ou recuar de acordo com a própria vontade. Além dos limites hipotéticos de uma deficiência

---

30. C. Lévi-Strauss adere a esta categorização de certo modo expedita. Em *As estruturas elementares do parentesco* (Petrópolis: Vozes, 2003) ele escreve notadamente: "Mas aparece claramente, a partir das antigas relações, que a maioria dessas crianças foram anormais congênitas, e que deve-se buscar na imbecilidade, quase unanimemente nelas presente, a causa inicial do seu abandono e não, como gostaríamos, o seu resultado". A caracterização de debilidade mental ou de autismo aplicada a essas crianças, longe de resolver o problema, alarga o mistério de sua sobrevida em condições hostis e também o da socialização ulterior de que certos deles foram capazes. Notemos em Victor, no entanto, a tendência aos balanceamentos, por diversas vezes notada por Itard, e a dificuldade de suportar a mínima mudança na ordem das peças.

inata ou de um eventual problema psicótico de Victor, o escolho a ser transpassado para o retorno à vida social como ator de primeira ordem residia, sobretudo, no seu isolamento prolongado. Disso decorreu a ausência radical de outras pessoas ao momento em que a função simbólica que disponibiliza a comunicação à criança deveria haver-se estabelecido graças à educação. O afastamento de Victor da linguagem no período oportuno ao aprendizado é provavelmente a chave para sua posterior impossibilidade de superar as limitações que cerceavam seu relacionamento com o mundo. Hoje, de fato, conhece-se a importância da exuberância da linguagem no desenvolvimento do pensamento.

As crianças "selvagens" não possuem uma sociabilidade negativa, elas sofrem apenas de um desvio singular. Elas realizam, às margens da vida coletiva, variedades da possibilidade corporal que a cultura negligencia (visão noturna, resistência ao frio, locomoção quadrúpede etc.). Nem seus corpos nem suas virtualidades escapam à "humanidade". Todas as modalidades físicas de que se utilizam para sobreviver, longe de demonstrar sua "idiotia congênita" como imaginava Pinel, ilustram, ao contrário, o assustador poder de adaptação de que dispõe o homem, mesmo sob situações extremas. Essa força de resistência decorre da flexibilidade de sua condição corpórea. A educação das crianças ditas "selvagens" apresenta, em sinais crescentes, o processo de aquisição que faz de cada criança um indivíduo conforme, em sua própria singularidade, à cultura perceptiva e gestual do seu grupo. No entanto, uma necessidade antropológica preside ao desenvolvimento desta faculdade: a marca que o Outro deixou nas fibras do corpo. O homem não existe sem a educação que modela a sua relação com o mundo e com os outros, seu acesso à linguagem e que simultaneamente molda as mais íntimas aplicações de seu corpo.

A criança selvagem ensina que, se a socialização da simbologia corporal, ou melhor, da simbologia aferente ao relacionamento com o mundo, exige a presença de outras pessoas, ela implica sua posterior permanência. Se a figura global do outro é geradora do nascimento social da criança, ela se torna a garantia da sua manutenção em meio à comunicação. Ela continua a fundar as ações do indivíduo. Cada um é um indutor de socialidade para o outro, como demonstram perfeitamente os efeitos de desaculturação que o isolamento provoca no homem, quando ele se prolonga. A simbologia corporal é uma memória que deve ser cultivada amiúde e alimentada no espelho do comportamento e das palavras dos outros. Abandonado a referências cada vez mais subjetivas enquanto que aos poucos nele se apaga a função simbólica, o homem submetido a um isolamento duradouro recria sua experiência do mundo. A sociabilidade é precária, ela reclama incessantemente a permanência de um elo elementar entre os homens para que se mantenha sem profundas modificações. Na origem de toda existência humana, o outro é a condição de sentido: ele é fundador da diferença e, assim, do elo social. Um mundo sem outras pessoas é um mundo sem elo social, destinado à dispersão e à solidão.

Michel Tournier faz uma ilustração sob a forma de uma ficção em *Sexta-Feira ou os limbos do Pacífico*. Submetido ao isolamento infinito da Ilha de *Speranza*, Robinson descobre pouco a pouco que sua percepção enfraquece. Sua única segurança assenta no ambiente próximo. Onde ele não está "reina uma noite insondável". O possível ponto de vista do Outro faz falta para manter a coerência de sua visão das coisas. A ausência do outro é garantia fundamental de que o universo do sentido continua a reger a ordem do mundo. Ao mesmo tempo em que o antigo simbolismo de Robinson se decompõe, a realidade da ilha se modifica como um jardim que não é mais cuidado e logo cede espaço ao matagal. A ausência de outras pessoas transforma a percepção e a afetividade de Robinson. Seu corpo perde as referências fundamentais, abrindo uma outra dimensão. Ele vive um desvio e uma recomposição de suas referências de sentido e de valor. A ausência leva (antropo) logicamente à *ab-sentia*. Um dia Robinson descobre que não sabe mais sorrir, seu rosto esqueceu as marcas do sorriso e ele fracassa em tentar renovar sua memória corporal. Por não poder despertar ou descobrir no rosto de outro um mesmo sorriso, privado deste espelho, sem reflexo social, ele perde os usos familiares de seu rosto e corpo. "Robinson compreendeu, nota Michel Tournier, que nosso rosto é esta parte da carne que modela e remodela, esquenta e anima incessantemente a presença de nossos semelhantes. Um homem que acabou de ter uma conversa animada com alguém guarda em seu semblante, por algum tempo, uma vivacidade remanescente, que somente irá apagar-se pouco a pouco, e que se manifestará com a vinda de outro interlocutor. Na verdade, havia algo de congelado em seu semblante, de sorte que longos e jocosos reencontros com as pessoas próximas seriam necessários para provocar um degelo. Somente o sorriso de um amigo poderia trazer à sua face outro sorriso"[31]. A imagem que faz Tournier é muito justa, ela encontra confirmação na inaptidão inicial de diversas crianças "selvagens" a sorrir e a rir. Para desenvolver plenamente seu relacionamento com o mundo, o homem demanda que a presença dos outros sobre ele reverbere.

Assim, o outro não é somente o "transformador" do homem da qualidade de *infans* para a de ator social, ele é também a condição de perpetuidade do simbolismo que o atravessa e do qual ele se serve para comunicar-se com os outros. O outro é a estrutura

---

31. TOURNIER, M. *Robinson ou les limbes du Pacifique*. Paris: Gallimard, 1972, p. 90 [Coll. "Folio"].

que organiza a ordem de significado do mundo. "Ele relativiza o não saber e o não perceber, pois o outro, para mim, introduz o sinal do não perceber naquilo que eu percebo, determinando-me a compreender o que eu não percebo, mas que é perceptível pelo outro. Em todos esses sentidos, é sempre pelo outro que passa o meu desejo, e que o meu desejo recebe um objeto. O que eu desejo é o que é visto, pensado, possuído por um possível outro. Eis o fundamento do meu desejo. É sempre o outro que pondera o meu desejo sobre um objeto"[32]. A partir do comportamento desta ordem de significação, nunca estamos sozinhos em nosso próprio corpo. Esse se revela uma superfície e uma espessura de inscrição cuja forma e sentido são delineadas somente pelas injunções culturais que sobre ela se apõem. Estamos em nosso corpo "como numa encruzilhada habitada por todos", escreve raivosamente Artaud, que viveu, numa forma de despojamento e de alienação, a fidelidade do seu corpo contra todo simbolismo exterior. Meu corpo é meu por carregar traços de minha história pessoal, de uma sensibilidade que é a minha, mas contém igualmente uma dimensão que em parte me escapa, remetendo aos simbolismos que conferem substância ao elo social, sem os quais eu não seria.

---

32. DELEUZE, G. *Logique du sens*. Paris: Minuit, 1969. – Gilles Deleuze faz neste texto uma longa reflexão sobre o Outro como estrutura, apoiando-se no romance de M. Tournier.

2 Corpo e comunicação

> *Perto da igreja, nós cruzamos com Legrandin que, em sentido inverso, conduzia a mesma senhora em seu carro. Ele passou por nós sem cessar de conversar com sua acompanhante e nos ofereceu, do canto de seu olho azul, um pequeno sinal encerrado em suas pálpebras que, por não implicar os músculos do rosto, pôde passar perfeitamente despercebido de sua interlocutora. Sem embargo, para contrabalançar com intensidade a estreiteza do campo onde circunscreveu sua expressão, ele pôs a borbulhar nesse canto de azul toda uma jocosidade graciosa que, ultrapassando a satisfação, aflorava a malícia. Ele enriqueceu essa amabilidade de tanta sutileza que nos tornou cúmplices numa relação à qual aproveitam os piscares de olhos coniventes, as meias-palavras e os subentendidos. Assim, ele logrou oferecer-nos uma garantia exaltada de amizade, comparável a um protesto de ternura ou a uma declaração de amor. Ele havia então iluminado exclusivamente para nosso conhecimento uma languidez secreta e invisível à castelã, uma pupila enamorada incrustada num rosto glacial.*
>
> PROUST. *No caminho de Swann.*

Linguagem e simbolismo corporal

Os inumeráveis movimentos corporais empregados nas interações (gestos, mímicas, posturas, deslocamentos etc.) enraízam-se na afetividade individual. Da mesma forma que a pronúncia de uma palavra ou o silêncio numa conversa, eles nunca são neutros ou indiferentes, manifestando uma atitude moral em relação ao mundo e oferecendo ao discurso ou ao encontro uma corporeidade que lhes acrescenta ulteriores significações. Ainda que esse processo requeira igualmente a voz, o ritmo e a elocução, os jogos de olhares etc., nenhuma parte do homem escapa à afirmação de sua afetividade nos momentos em que fala ou se cala. Contudo, por escrúpulo de clareza, reservaremos para os capítulos seguintes o imenso domínio do sentimento e da emoção para ora nos determos especialmente sobre a vertente do corpo na comunicação, sobre a repartição gestual e mímica que corporifica a relação com os outros. Não é apenas a palavra, mas o corpo, as atitudes e as posturas que primeiramente evidenciam a presença do outro na interação. "Diz-se que a gravação fiel de uma conversação, inicialmente considerada brilhante, pode a seguir parecer deplorável, escreveu Merleau-Ponty. Ela pode carecer da presença dos falantes, de seus gestos, das fisionomias, do sentimento de que o evento estava surgindo, de que se tratava de uma improvisação contínua"[1]. Daquela troca, restam apenas palavras desencarnadas, sem rosto, nas quais desaparece o ar livre envolvente, que é substituído por um croqui. Compreender a comunicação é também compreender a maneira como o sujeito, de corpo inteiro, nela participa.

Etimologicamente *gestus* provém da mesma raiz que gerir, significando "fazer" e "carregar". Quando se diz que alguém "fez um gesto" em favor de um adversário ou de uma causa particular, entende-se que este gesto não se reduz a uma pura gesticulação desprovida de sentido, entende-se que ele desempenha uma função significativa, participando do efeito simbólico que preside qualquer ação: mover o mundo mediante os símbolos. O gesto é uma

---

1. MERLEAU-PONTY, M. Signes. Paris: Gallimard, 1960, p. 70.

figura da ação, ele não é um simples acompanhamento decorativo da palavra. A educação dá forma ao corpo, modela os movimentos e o rosto, ensina as maneiras físicas de enunciar um idioma, ela faz das atuações do homem o equivalente de uma criação de sentido perante os demais. Ela suscita a obviedade daquilo que é, no entanto, socialmente construído. Assim, nos movimentos de comunicação, o indivíduo esquece que as palavras e os gestos que inconscientemente produz foram modelados mediante suas relações com os demais. Imediatamente, o indivíduo exprime e corporifica suas palavras e gestos, compreendendo desde logo o conteúdo da fala e dos movimentos dos outros, caso pertençam a um mesmo grupo, ainda que ele nem sempre consiga analisar objetivamente seus próprios gestos, nem explicar por que pode sentir um desacordo entre o enunciado e a expressão corporal de um interlocutor. Por óbvio, ele pode se enganar nesse ponto, pode vivenciar mal-entendidos, porque a comunicação jamais logra transparência, ela implica ambiguidade e ambivalência.

Todo o sistema simbólico associa no indivíduo uma capacidade de decodificação a uma capacidade de ação sobre o mundo. Os simbolismos de uma sociedade confundem-se, conferindo sentido e valor às iniciativas humanas e aos eventos diários ocorridos em certo ambiente. Eles instalam o homem na posição de ator sobre um espaço e um tempo prenhes de significados. As mímicas, os gestos, as posturas, a distância ao outro, a maneira de tocá-lo ou de conversar para evitar tal contato, assim como os olhares, consistem em linguagem inscrita no espaço e no tempo, as quais se referem a uma ordem de significados. Com suas indicações preciosas, eles (eles quem) estendem o conteúdo inicialmente conferido pela voz. Sem embargo, calando-se a palavra, ainda restariam os movimentos faciais e corporais, que testemunham os significados inerentes ao enfrentamento ou à situação. Eles participam de uma ordem simbólica, como signos de uma expressividade que se faz perceber, compreender, ou melhor, que se deixa supor, pois sua significação nunca se revela perfeitamente transparente. A ambiguidade veiculada pelos movimentos do corpo os torna uma tela de projeção imaginária sobre a qual se revela a mútua afetividade dos parceiros confrontados. No seio de uma mesma comunidade cultural, os atores dispõem de um registro somático comum, o qual mistura tanto as percepções sensoriais quanto as percepções gestuais, as mímicas e as posturas. A simbólica corporal traduz a especificidade da relação com o mundo de certo grupo num vínculo singular e impalpável, mas eminentemente cogente, o qual apresenta inumeráveis nuanças de acordo com as filiações sociais, culturais ou regionais, ou segundo com as gerações etc. O indivíduo habita seu corpo em consonância com as orientações sociais e culturais que se impõem, mas ele as remaneja de acordo com seu temperamento e história pessoais.

A comunicação implica tanto a palavra quanto os movimentos do corpo e a utilização pelos atores tanto do espaço quanto do tempo. Tratar o enraizamento físico da palavra pronunciada, ou seja, a série de signos corporais que as acompanham como "comportamento não verbal", seria tão natural quanto referir-se à noite como o "não dia". Nada obstante, um julgamento de valor nisso se exprime: trata-se do desprezo da simbólica corporal, tida por subalterna em consequência de sua associação a uma simples e superficial glosa da palavra emitida, a qual seria preeminente na hierarquia do sentido. O termo de "comunicação não verbal" carece de qualificação por pretender associar, por eliminação, dimensões assaz díspares: escrita, linguagem de sinais, posturas, gestos, mímicas etc. Contudo, a atual reivindicação da eminência do "não verbal" na interação é tão absurda quanto sua negação. "Tratar de comunicação não verbal, escreve ironicamente R. Vird-Whistell, faz tanto sentido quanto discorrer sobre fisiologia não cardíaca". Designar dessa maneira o conjunto de processos simbólicos independentes da palavra nos intercâmbios sociais faz prova de tanto rigor quanto de alcunhar "não peixe vermelho" o conjunto dos peixes ou pássaros coloridos diferentemente. Também seria possível compará-la a uma eventual referência à "não terra" para descrever aquilo que provém da água ou do ar. Essa definição carece de sentido por descrever aquilo que não é seu objeto (o infinito), ao invés daquilo que o compõe. O corpo não é o primo pobre da língua, mas seu parceiro homogêneo na permanente circulação de sentido, a qual consiste na própria razão de ser do vínculo social. Nenhuma palavra existe independentemente da corporeidade que a envolve e lhe confere substância. "Os gestos são os tambores d'água da palavra", diz um provérbio tuaregue.

Os sinais do rosto e do corpo inserem o indivíduo no mundo, mas, tratando-se invariavelmente do compartilhamento de uma comunidade social, eles o transcendem. Um imenso domínio de expressão está apto a acolher uma gama de emoções e a traduzi-las aos olhos dos demais, tornando-as compreensíveis e comunicáveis. Os movimentos do rosto e do corpo formam o terreno de metamorfoses espetaculares e permanentes que, no entanto, empregam modificações ínfimas de disposição. Eles se tornam facilmente uma cena na medida em que oferecem à leitura os sinais que revelam a emoção e o papel desempenhado na interação. Ambos dão margem a ambivalências, pois o homem jamais se resume à expressão pura de seu *cogito*. Não há natureza que se exprima por seu intermédio, apenas certa maneira de revelar e de dissimular num jogo de sinais. Dividido pelo inconsciente, o homem jamais controla totalmente aquilo que suas feições ou atitudes demonstram. O olhar alheio tampouco tende a separar o joio do trigo: a verdade expressiva que o indivíduo deixou escapar. Esse se expõe à ambiguidade, aos mal-entendidos suscitados pela projeção imaginária dos demais sobre os sentimentos que esses pensam que o sujeito revelou involuntariamente ou que tenha pretendido dissimular. "O sentido dos gestos não é dado, mas compreendido, ou seja, retomado num ato do espectador [...] escreveu Merleau-Ponty. A comunicação ou a compreensão dos gestos obtém-se mediante a reciprocidade de minhas intenções e dos gestos dos demais, de meus gestos e das intenções legíveis na conduta alheia... O gesto apresenta-se ao sujeito como uma interrogação. Ele indica certos pontos sensíveis no mundo, convidando-o a unir-se aos mesmos"[2].

A fantasia segundo a qual o corpo exprime uma verdade fugidia ao controle individual, desnudando-o, é uma ilusão corriqueira de onipotência sobre o outro propícia a manipulações[3]. Um mundo imaginário se interpõe entre as mímicas e os movimentos do corpo, dando espessura à vida social e completando a cena com significados próprios ao espectador. Os gestos, as mímicas, as posturas, os deslocamentos exprimem emoções, desempenham atos, acentuam ou nuançam um discurso, manifestando significações em permanência, para si e para os demais. O rosto e o corpo entregam-se à compreensão daqueles que os percebem mediante sinais que os atravessam. Assim, é tentador comparar a simbólica com a língua. Alguns pesquisadores engajaram-se com rigor e obstinação nessa tarefa. Com efeito, uma aproximação fértil impunha-se entre estes dois eixos simbólicos: a língua, de um lado, e o simbolismo corporal, do outro. Ambos se inserem numa relação estruturalmente próxima perante o mundo. Indissociáveis durante a intera-

---

2. MERLEAU-PONTY, M. *Phénoménologie de l'expression*. Paris: Gallimard, 1945, p. 216.

3. Nós denunciamos as ilusões da fisiognomonia e da morfopsicologia em in *Des visages* – Essai d'anthropologie. Paris: Métailié, 1992.

ção, eles formam dois sistemas de sinais que concorrem simultaneamente para a transmissão de sentido. Todo discurso mobiliza corpo e linguagem de forma mutuamente necessária, implicando um vínculo poderoso e convencional entre as ocorrências dos dois.

Uma vez adquirida, a língua é utilizada num modo de consciência livre, olvidando-se as regras de gramática ou de concordância de tempos. Ela jorra da fonte. As palavras e as frases encadeiam-se logicamente no objetivo de construir de forma mais ou menos apropriada os significados propostos. Ocorre o mesmo com o corpo, o qual escapa à atenção e responde aos estímulos do ambiente de uma maneira de certa forma evidente. Existe uma inteligência do corpo da mesma forma que existe uma corporeidade do pensamento; entretanto, isso apenas demonstra a existência de um sujeito, o qual pertence a sua carne da mesma forma que essa lhe pertence numa relação ambígua que é a própria condição humana[4]. Quando o homem deambula pelo mundo, ele jamais se apresenta como pura consciência; o corpo é sua interface permanente, confundindo-se indissociavelmente com o mesmo. O corpo é "o hábito primordial que condiciona todos os demais e mediante o qual esses podem ser compreendidos"[5]. O corpo é um "projeto inscrito no mundo": seu movimento também é conhecimento e sentido prático. Percepção, intenção e ação entrelaçam-se de forma óbvia nas relações prosaicas com os outros, sem que isso possa permitir o olvide da educação da qual se originam e da familiaridade que os guia. O corpo não é, portanto, uma matéria passiva, submetida ao controle da vontade ou um obstáculo à comunicação; ao revés, ele primeiramente se verifica, por seus próprios mecanismos, uma inteligência do mundo, uma teoria viva aplicada ao

---

4. LE BRETON, D. *Anthropologie du corps et modernité*. Paris: PUF, 1990.
5. MERLEAU-PONTY, M. *Phénoménologie de l'expression*. Op. cit., p. 107.

ambiente social. Esse conhecimento sensível inscreve o corpo na continuidade das intenções do indivíduo confrontado ao mundo circundante; ele orienta seus movimentos e ações sem necessidade de reflexão prévia, em princípio. Com efeito, na vida quotidiana, os mil movimentos e ações que se bordam sobre o período de um dia são realizados independentemente da mediação aprofundada do *cogito*. Eles se encadeiam como que naturalmente na evidência da relação com o mundo. Existe certa continuidade entre o corpo e o mundo e, enquanto os mal-entendidos ou incompreensões não prevalecem, a conivência se prolonga. Eis o monismo da vida quotidiana. No entanto, num meio insólito, o sujeito deve confrontar dualidades. Ele controla seus gestos com atenção aguçada. Ocorre o mesmo caso ele se esforce para falar uma língua da qual não domina todos os dados. Então, cada frase pronunciada custar-lhe-á esforço, reflexão prévia. Porém, na vida costumeira o homem emocionado não se interroga sobre suas emoções, essas compõem seu corpo e os demais poderão eventualmente lê-la em sua atitude; se alguém lhe estende a mão para cumprimentá-lo, ele não se interroga sobre a atitude a adotar, exceto no caso de se tratar de seu inimigo íntimo.

Ainda que o simbolismo corporal desenhe um sistema de comunicação, um vínculo entre o eu e o mundo ou entre o eu e a consciência própria, ela se distingue da língua, pois seu funcionamento não solicita a dupla articulação característica da linguagem. A língua se constrói mediante a metódica combinação de sons e de significado de acordo com regras estritas de composição tanto para sua enformação quanto para sua pronúncia. Em sua trama elementar, os monemas constituem uma unidade de forma e de significado comutáveis com outras. "Repartamos", por exemplo, compõe-se de três monemas: "re" (o oposto de zero, que produziria "partamos"), "part" (que se opõe, por exemplo, a unir ou permanecer); "amos" (opondo-se a "am", como em repartam ou diferenciando-se de "e", como em "reparte"). Cada unidade significativa mínima é assim oponível à outra, construindo dessa forma a compreensibilidade da mensagem para o companheiro e a própria construção do pensamento do locutor, que assim dispõe dos instrumentos propícios a organizar sua relação com o mundo. A segunda articulação da linguagem provém da forma sonora como emergem os monemas. Os fonemas constituem as menores unidades de som, também oponíveis foneticamente aos que não foram pronunciados. Quando de uma interação, o sentido se constrói na medida em que a frase avança, em função do contexto e mediante as relações de diferenciação estabelecidas entre os mesmos pelos monemas e fonemas. Isso se dá de acordo com as regras da gramática: a complexidade do processo incrementa na medida em que se salta da palavra à frase e, enfim, ao discurso. Porém, também se deve considerar a influência das mil nuanças introduzidas pelas modulações vocais, pelas mímicas, pelos gestos ou pelos silêncios etc. Os elementos distintivos, semânticos e fonéticos tornam a linguagem um sistema de comunicação específica, o qual – ainda que por vezes falhe em transmitir a complexidade ou a ambivalência da relação do homem com o mundo – faz prova de uma precisão, de uma transmissibilidade ou de uma fidelidade ao conteúdo que não se observa no simbolismo corporal. A substância semântica do corpo não é o som, mas os gestos, mímicas, posturas, olhares, deslocamentos e os distanciamentos do outro ou de um objeto, ou seja: o corpo transmite significados por intermédio de manifestações impregnadas de ambiguidade. A semelhança entre o funcionamento da linguagem e do corpo é uma falsa pista, induzida da percepção de que ambos se tratam de sistemas simbólicos. No entanto, a natureza dos dois não é idêntica, eles não significam da mesma forma. O corpo não é linguagem, ressalvada a aposta na confusão corrente entre linguagem e sistema simbólico. Embora a linguagem seja de fato um sistema simbólico, o mesmo não ocorre com os movimentos corporais. O encaminhamento do indivíduo através das sinuosidades de sua existência e a multiplicidade de suas relações com os outros e com o ambiente fundamenta-se tanto nas capacidades significantes do corpo quanto na linguagem. "A pobreza daquilo que se chama linguagem gestual *stricto sensu* parece proveniente da impossibilidade de realizar o sincretismo entre o sujeito da enunciação e o sujeito do enunciado. O código da comunicação gestual impede a criação de enunciados e o código da práxis gestual pode tão somente manifestar o indivíduo como o sujeito da ação descrita. Assim, não impressiona que, para erigirem-se em linguagem, os códigos visuais artificiais tenham-se configurado como construções compósitas, nas quais os elementos constitutivos dos enunciados são obtidos mediante processos de descrição imitativa"[6].

Entretanto, as atuações do corpo numa interação participam de uma sistematicidade de gestos e de mímicas e de uma organização precisa do espaço. O ritualismo social da comunicação implica igualmente os movimentos do rosto[7] e do corpo. Cada língua funciona de acordo com uma gestualidade que lhe é própria. Ademais, os movimentos do corpo não se diferenciam apenas de acordo com as condições sociais e culturais, eles são marcados pelo *status* conferido ao masculino e ao feminino segundo os grupos e de acordo com distinções frequentemente ligadas à idade. Ray Birdwhistell[8], notadamente, demonstrou a fidelidade

---

6. GREIMAS, A. "Conditions d'une sémiotique du monde naturel". *Langages*, n. 10, 1968, p. 17.

7. LE BRETON, D. *Des visages...* Op. cit.

8. WINKIN, Y. em *La nouvelle communication* (Paris: Seuil, 1981 p. 61s.), oferece uma admirável apresentação das teses de Birdwhistell. Na mesma obra figura uma tradução de um de seus artigos: *"Um exercice de kinésique et de linguistique*: la scène de la cigarette" (p. 159-190).

da língua às mímicas ou aos gestos que pontuam a interação, acompanhando ou nuançando as palavras pronunciadas. Assim, ele observou que os Kutendi, indígenas do sudoeste do Canadá, modificavam seu gestuário cada vez que deixavam sua língua tradicional para se exprimir em inglês. Cada língua drena para seu sulco certos gestuários e certas mímicas particulares que a tornam viva e rapidamente compreensível aos praticantes. Exibindo filmes dedicados a um político, F. La Guardia, o antigo prefeito de Nova York, fluente em italiano, ídiche e inglês americano, Birdwhistell demonstrou que esse mesmo homem modificava suas mímicas de acordo com a língua que empregava. Retirando o som das imagens e observando apenas a maneira com a qual ele usa seu corpo, ele podia identificar facilmente o idioma no qual La Guardia se exprimia[9]. Aliás, são exatamente as diferenças na aplicação dessa trama simbólica que designam o estrangeiro no seio de um grupo, ainda que fale fluentemente a língua. Na amplitude dos movimentos, em sua forma, na distância que os separa dos interlocutores ao falar, na forma de exprimir as emoções, nas posturas etc. de mil maneiras transparecem os sinais de sua pertença original a outro simbolismo corporal. Essa solidariedade cultural entre línguas e usos do corpo, esse entrelaçamento da palavra e do gesto, que se verifica ao mesmo tempo sutil (codificado) e confuso (rico em possíveis mal-entendidos), mostra que o aprendizado de uma língua não demanda tão somente a memória linguística ou a capacidade a gerar frases. Ele requer concomitantemente a encenação da palavra, a qual requer, por sua vez, ritmo, tonalidade da voz, movimentos do corpo, do rosto, posturas específicas etc. A apropriação de uma língua impõe o ingresso nas maneiras físicas de

---

9. BIRDWHISTELL, R. *Kinesics and Context*. Harmondsworth: Penguin Books, 1973.

lê-la e compreendê-la[10]. Do contrário, um sotaque corporal assinalará o estrangeiro, uma postura insólita decorrente do descompasso entre corpo e linguagem. Contudo, talvez seja mais simples acomodar-se em relação às sutilezas de pronúncia de uma língua estrangeira do que com aquelas decorrentes dos movimentos do corpo. Da mesma forma que existe uma língua materna, há uma corporeidade materna, aquela de acordo com a qual o sujeito está mais acostumado a viver sua relação física com o mundo.

Em sua cinésica[11], Birdwhistell parte da hipótese segundo a qual os gestos recorrentes e dessemelhantes que acompanham os intercâmbios orais distribuem-se de forma regular no interior de um sistema de oposição. Em tal sistema, cada gesto e cada mímica são providos de significado apenas por oposição aos demais gestos e mímicas que igualmente poderiam haver sido empregados na mesma interação. Como, no interior de uma língua ou no sistema gestual de uma sociedade, tudo pode estar contido, o método da linguística estrutural pretende analisar os movimentos do corpo

---

10. HAYES, A.S. Paralinguistics and kinesics – A pedagogical perspective. In: SEBEOK, T.A.; HAYES, A.S.; BATESON, M.C. *Approaches to semiotics*. Haia: Mouton, 1964.

11. Para prolongar o debate acerca da aproximação entre corpo e linguagem, veja-se, por exemplo: EFRON, D. *Gesture and Environment*. Nova York: King's Crown Press, 1941. • Os artigos de GREIMAS, A.; KRISTEVA, J.; KOECHLIN, B.; CRESSWELL, R. na revista *Langages*, n. 10, 1968. • ECKMAN, P. & FRIESEN, W. "The repertoir of non-verbal behavior – Categories, origins, usages and coting". *Semiotica*, n. 1, 1969. • CALAME-GRIAULE, G. "Pour une étude des gestes narratifs". In: *Langages et cultures africaines*. Paris: Maspero, 1977. • ARGYLE, M. *Bodily Communication*. Londres: Methuen, 1975. • BERNARD, M. *Le corps*. Paris: Delarge, 1976. • FEYREISEN, P. & DE LANNOY, J.D. *Psychologie du geste*. Bruxelas: Mardaga, 1985. • COSNIER, J.; BERRENDONER, A.; COULON, J.; ORECCHIONI, C. *Décrire la conversation*. Lyon: Presses Universitaires de Lyon, 1987. • KOECHLIN, B. "La réalité gestuelle des sociétés humaines". In: *Histoires des mœurs*, t. 2. Paris: Gallimard, 1991 [Col. "La Pléiade"]. • PIETTE, A. *Ethnologie de l'action*. Paris: Métailié, 1996 etc.

durante as interações como uma forma de linguagem que exige outra utilização conceitual, mas que mantém um modelo comum: os movimentos do corpo são considerados a forma física da palavra. Birdwhistell estendeu essa hipótese de trabalho a seus recônditos mais inacessíveis. "Quando nossa pesquisa coletiva abordou o estudo das cenas da interação, escreveu Birdwhistell, tornou-se evidente que uma série de movimentos outrora assimilados a artefatos do esforço de locução apresentava características de ordem, de regularidade, de previsibilidade. Tornou-se então possível isolar do fluxo cinésico no qual estavam englobados os movimentos verticais e laterais da cabeça, os piscares de pálpebras, os fugazes movimentos do queixo e dos lábios, as variações na posição dos ombros e do tórax, assim como certa atividade das mãos, dos braços, dos dedos e, enfim, os movimentos verticais das pernas e dos pés"[12]. Ele acreditava poder dessa forma encontrar, na série de gestos e de mímicas da interação, um equivalente da dupla articulação da linguagem articulada aplicável aos movimentos do corpo. Da mesma forma que a linguística estrutural distingue os fonemas como classes particulares de sons próprios a uma língua, ou unidades formais da linguagem, Birdwhistell sugere a existência de "cinemas", unidades formais da gestualidade do homem na interação. O cinema é o mínimo movimento suficiente para modificar a forma do conjunto do corpo em que se inscreve; ele não é, entretanto, portador de significado nele mesmo (inclinação da cabeça, abaixamento de uma pálpebra, movimento vertical da cabeça, de uma sobrancelha, de um braço etc.). Os cinemas apresentam vários traços tratados de "qualificadores de movimento" por Birdwhistell[13]. Ele descreve três: as variações cinésicas em intensi-

---

12. BIRDWHISTELL, R. "L'analyse kinésique". *Langages,* n. 10, 1968, p. 103.
13. Ibid., p. 106.

dade traduzem o grau de tensão muscular implicado na execução do cinema (muito tenso, tenso, normal, relaxado, muito relaxado); as variações de amplitude e de velocidade estão relacionadas com a extensão do movimento (estreito, limitado, normal, estendido, amplo); por fim, ele qualifica o movimento segundo a duração da execução (*staccato*, normal, *allegro*). Os cinemas, movimentos ínfimos e desprovidos de sentido quando tomados isoladamente, combinam-se da mesma forma que os morfemas da linguística. Já o cinemorfema corresponde a uma unidade significante (um aceno de cabeça, um piscar de olhos, por exemplo). Os fonemas de uma língua provêm da seleção operada entre os milhares de sons que poderiam haver sido associados numa composição. Por sua vez, os cinemas decorrem de uma seleção análoga realizada entre os milhares de movimentos, faciais e corporais, humanamente realizáveis. Nos Estados Unidos, Birdwhistell arrolou cerca de sessenta[14]. Fonemas e cinemas constituem a matéria-prima cuja combinação – em morfemas para a língua ou em cinemorfemas para o corpo – delineia a sucessão dos conteúdos submetidos à apreciação recíproca dos locutores no contexto do intercâmbio. Os cinemorfemas se assemelham às palavras e às construções cinemorfêmicas complexas, às proposições, frases ou parágrafos. Sua formulação física se entrelaça estreitamente com a linguagem.

Durante anos, Birdwhistell estudou uma sequência de nove segundos obtida da gravação em vídeo de uma psicoterapia familiar conduzida por Gregory Bateson. Nessa gravação, esse último aparece acendendo o cigarro de uma moça. Graças aos recursos técnicos (supressão do som, aceleração ou retardamento da velocidade

---

14. BIRDWHISTELL, R. "Un exercice de kinésique et de linguistique: la scène de la cigarette". In: WINKIN, Y. *La nouvelle communication*. Paris: Seuil, 1981, p. 259.

de projeção etc.) e à composição de tabelas, a análise cinésica proposta por Birdwhistell resultou digna de um beneditino. Ele mostrou o entrançamento das atitudes da jovem mulher com as de Bateson e a sutil coreografia por eles executada no seio de um sistema de interações onde os participantes se incorporavam como elementos interdependentes. Assim, numa situação ritualística, os atos de cada um deles se tornavam "o contexto do outro". Birdwhistell distinguiu então três formas diferentes de sequências corporais: os comportamentos instrumentais, demonstrativos e de interação. Os *comportamentos instrumentais* são momentos de distração suscetíveis de funcionar como signos no seio do intercâmbio, pois são dotados de capacidade continente. Eles podem consistir numa forma de retomar aleno, de relaxar, de ampliar o conforto da relação. Simultaneamente, eles organizam uma breve pausa na discussão. Os *comportamentos demonstrativos* explicam mediante gestos as atividades como a realização de consertos domésticos, de pesca, episódios esportivos etc. Os *comportamentos de interação* unem-se àqueles estudados por Hall em sua proxêmica: tratam-se de movimentos de avanço, de retirada, de manutenção da distância em relação ao outro etc. Os *marcadores cinésicos* desenham outra série de gestos arraigados às formas sintáticas da linguagem verbal: "eles se reproduzem normalmente, posto que de forma irregular, em elocuções contendo formas pronominais ambíguas, nas quais o lexema não define claramente o tempo, a posição, a posse e a pluralidade, ou nas quais as proposições adverbiais parecem exigir um reforço ou uma modificação"[15]. Outros gestos (Birdwhistell interpreta os gestos como "morfos ligados") conferem um ritmo, uma pontuação ou acentuam o discurso (cinemas de acentuação

---

15. BIRDWHISTELL, R. *Un exercice de kinésique et de linguistique*. Op. cit., p. 171.

ou de junção). Assim, por exemplo, o locutor marca uma curta pausa ao fim de uma frase para tomar alento, restituir seu discurso etc., efetuando um movimento descendente (cabeça, olhos, mãos). A passagem de uma sequência de palavras a outra (junção) não decorre exclusivamente da oralidade, mas também da gestualidade, ela não somente se escuta como também se vê.

A. Scheflen, por sua vez, trabalhou com extrema minúcia durante cerca de uma década sobre uma sequência de aproximadamente trinta minutos, no curso dos quais uma jovem mulher esquizofrênica dialoga com sua mãe sob a supervisão de dois terapeutas. Ele descreveu em detalhe o código gestual dos quatro participantes da interação, unindo-se às análises de Birdwhistell e estendendo-as. Ele sugeriu fossem distinguidos três níveis cinésicos: o ponto, a posição e a apresentação. O *ponto* consiste na postura conservada durante a exposição ou a escuta de determinado "ponto" (alguns segundos numa interação oral). Ele observou a regularidade do retorno dos diferentes pontos aplicados, entre três e cinco de acordo com os indivíduos. A *posição* conjuga uma série de pontos e designa a postura do indivíduo durante a escuta de um ponto de vista (alguns minutos). A *apresentação* traduz o conjunto da prestação oferecida na interação[16], podendo durar entre alguns minutos e várias horas. Na entrada e na saída do ponto e da posição, Scheflen discerniu o jogo dos marcadores cinésicos evidenciados por Birdwhistell.

Numa análise cinésica, nem as gestualidades, nem as mímicas ou tampouco as posturas de movimentação são isoláveis do sistema global de comunicação, o qual igualmente inclui a língua, os silêncios, a tonalidade da voz, a distância da interação, a relação com o espaço e com o tempo etc. Não existe significado próprio a um

---

16. WINKIN, Y. *La nouvelle communication*. Op. cit., p. 80-81.

gesto ou movimento. O indivíduo não encarna o princípio analítico, mas sua relação com outrem, ou seja: a comunicação como sistema ao qual cada um contribui sem que o comportamento individual possa ser compreendido isoladamente. A comunicação é um processo dotado de canais múltiplos, cujas regalias não se reduzem à linguagem. Ainda que a palavra transmita a intenção do conteúdo de forma mais profusa e mesmo que ela beneficie da atenção do ator, os movimentos do corpo contribuem de forma essencial ao intercâmbio.

Posto que seja possível formar analogias entre esses dois grandes sistemas de signos, a língua e a simbólica corporal, as diferenças permanecem essenciais. Os signos traçados pelo corpo são menos precisos, são polissêmicos, e se revelam mais ambíguos do que a linguagem articulada. Como observaram Feyereisen e De Lannoy, não há, no campo dos movimentos corporais de interação, equivalente exato do fonema. Sendo esse desprovido de sentido, ele vive apenas de sua articulação com outros para a constituição de morfemas. No entanto, esses gestos mínimos, indutores de uma diferença no sistema gestual global (como dar de ombros ou piscar os olhos, por exemplo) estão longe de serem insignificantes, embora seu conteúdo permaneça equívoco. A dupla articulação dos sistemas formal e sonoro, rigorosa em sua estrutura conjunta, não se aplica sem retoques ou simplificações. Eis o escolho que Birdwhistell encontrou em seu caminho. Suas hipóteses esbarravam em dificuldades que o levaram finalmente a nuançar suas posições iniciais, as quais identificavam em demasia o corpo a uma linguagem, criando um risco de dissolução da dimensão simbólica dos movimentos corporais. Apagando-se a especificidade desses últimos e aproximando-os da linguagem, restaria apenas um simulacro de linguagem, distante das sinuosidades da vida quotidiana. Tal seria um belo modelo formal, o qual restaria, entretanto, desprovido de utilidade para penetrar os mistérios da existência. Assim sendo, convém deter-se no caminho, como Birdwhistell soube fazer. "Durante anos, esperei que uma pesquisa sistemática mostrasse um desenvolvimento hierárquico estrito, no qual os cinemas seriam derivados das articulações, os cinemorfemas construídos no seio de uma gramática considerada como uma frase cinésica. Malgrado alguns avanços encorajadores, eu me vi constrangido a admitir que, até então, eu não havia conseguido descobrir tal gramática. Da mesma forma, eu simplesmente não consegui isolar a hierarquia que buscava"[17]. A semiótica dos movimentos do corpo e do rosto, ou aquela que atenta para as posturas, não pode ser tributária das formas de abordagem da linguística estrutural. A análise de contexto que sempre se impõe, tratando-se da simbólica corporal, é avessa às tradições de análise linguística centradas sobre um conteúdo verbal formal, o qual pode ser transposto para além das condições concretas do intercâmbio. Mantida nesse contexto, ela oferece resultados um tanto decepcionantes em relação aos detalhes, embora, no que tange à forma, possam ser obtidas algumas indicações interessantes.

O gesto como marcador cultural

A cada instante, mesmo sozinhos, os indivíduos difundem informações suscetíveis de serem recolhidas e analisadas. Não se pode não comunicar, ou seja, cessar a produção de signos dotados de sentido para aqueles que os recebem. Mesmo calando-se, desviando o olhar ou fingindo não haver entendido um convite[18], o rosto e

---

17. BIRDWHISTELL,R. *Un exercice de kinésique et de linguistique*. Op. cit., p. 197.
18. LE BRETON, D. *Du silence*. Paris: Métailié, 1997.

o corpo propagam mímicas de nervosismo, de enfado, de desprezo, de cólera, gestos de impaciência etc. Eles fazem sentido para o interlocutor sensível e atento, mesmo que nenhuma palavra seja trocada. Dirigindo-se a outrem, o indivíduo manipula múltiplos signos e códigos que lhe fazem corpo: o uso correto da língua, o recurso a um estilo de linguagem compreensível para o parceiro, a atenção àquilo que se pode dizer e ao que interessa calar, o emprego de um discurso congruente com a situação, a alternância dos turnos e dos tempos da palavra, os usos do silêncio etc. Regras não menos estritas regem o comportamento físico dos indivíduos no momento de suas trocas de palavras, organizando os gestos, mímicas, olhares, a distância etc. Também nutrem a comunicação outros sistemas simbólicos, paralelos à linguagem articulada. Inseridos numa interação, os locutores acordam sobre uma trama de regras. Uma gramática dos comportamentos indica aos atores a maneira conveniente de situar-se frente ao outro.

Assim, é dificilmente concebível isolar cada componente do sistema geral da comunicação no fito de discernir as "chaves de gestos" ou de "linguagem corporal". Tampouco se concebe a criação de tabelas de equivalência entre significados e gestos, entre uma psicologia e uma atitude, entre um caráter e uma mímica ou uma forma particular do rosto. Nós retomaremos mais detalhadamente essa questão no próximo capítulo, servindo-nos do exemplo das lágrimas, do sorriso e da projeção da saliva. O movimento de uma mão da esquerda para a direita ou o arquear das sobrancelhas, por exemplo, transmitem significados diferentes consoante o contexto: caso o indivíduo esteja caminhando tranquilamente com um amigo, caso ele esteja a argumentar vigorosamente contra um adversário, caso ele esteja refletindo ou caso esteja a falar. Assim, tal gesto tanto pode traduzir sua indecisão quanto sua irritação, bem como sua atitude contemplativa ou algo mais. Um aceno da cabeça remete à aprovação do enunciado e assinala a atenção conferida ao interlocutor. Ele pode consistir num convite a que o mesmo prossiga na exposição ou no comentário ou numa reação a um anúncio surpreendente ("É mesmo? Eu não teria acreditado!"). Nenhum gesto, postura ou mímica reenvia a um significado simples e imutável cuja razão de ser decorre da própria história natural. Além das variações sociais e culturais, até as diferenças individuais de estilo adquirem neste ponto uma importância decisiva. O significado de um gesto ou de uma postura deduz-se no contexto preciso da interação. Mesmo nessas circunstâncias, a decifração amiúde se verifica incômoda, pois as manifestações corporais jamais são transparentes. A palavra tampouco o é (também ela pode decorrer de uma manobra, de um lapso, de uma exposição indiferente ou sincera), pois que as palavras remetem à história individual, a suas intenções nessa relação ou a sua conexão com o inconsciente. Caso contradiga um discurso pronunciado, ela pode indicar uma direção ou ensejar uma presunção, mas raramente passa disso. A arbitrariedade do signo – característica da linguagem em sua relação entre som e significado – novamente se encontra neste ponto na medida em que um mesmo gesto ou uma mesma mímica, intrinsecamente polissêmicos, traduzem diferentes significados, ou melhor, diferentes indicações de sentido, de acordo com as diversas sociedades humanas. No entanto, dentro de um mesmo grupo, a compreensão mútua ou o entrelaçamento coerente e familiar das atuações do corpo é regido por "um código secreto e complicado, em lugar algum escrito, desconhecido, entendido por todos" e "independente dos aspectos orgânicos"[19].

Os movimentos significantes do corpo não estão evidentemente enraizados numa matéria natural. Em sua globalidade, no seio do mesmo grupo, trata-se de marcadores sociais que assinalam a

---

19. SAPIR, E. *Anthropologie*. Paris: Seuil, 1967, p. 46 [Coll. "Points"].

pertença cultural ou uma vontade de integração. Um signo não remete a uma significação se não for através de uma convencionalidade cultural. Destarte, o mugido da vaca ou o latido canino traduzem-se diferentemente numa e noutra língua. Os sons da língua, os gestos ou as mímicas do corpo mantêm uma relação convencional com os significados, a qual não é isenta de mal-entendidos, mesmo para aqueles que com elas estão familiarizados. A língua é uma fronteira cultural rígida, um sistema de significados manipulável apenas desastradamente por aqueles que a ignoram. A experiência mostra que o obstáculo por ela oposto pode, por vezes, ser superado por intermédio de mensagens simples, pelo recurso aos gestos e às mímicas. Os movimentos do corpo são amiúde compreensíveis além das fronteiras culturais, eles gozam de uma amplitude de compreensão mais extensa do que as diferentes línguas orais graças à proximidade geográfica dessas sociedades, aos intercâmbios interculturais e à difusão de uma forma de *língua franca* gestual realizada por intermédio do turismo e da mídia. Lembremo-nos nesse tocante da sustentação que Zorba fez a seu companheiro (talvez demasiado simples no fim das contas) da dança como linguagem superadora das barreiras linguísticas: "Pudera ter você visto como me escutava aquele russo e como ele tudo compreendia! Dançando, eu lhe descrevia todas as minhas amarguras, minhas viagens, quantas vezes eu me casara, as profissões que aprendi: transportador, mineiro, mascate, ceramista, membro do comitê revolucionário, tocador de címbalo, vendedor de passatempos, ferreiro forjador e contrabandista. Contei-lhe como fui atirado na prisão, como eu havia escapado e como cheguei à Rússia... Tudo, ele compreendia tudo, embora tenha ficado retraído. Meus pés e mãos falavam, assim como meus cabelos e minhas roupas. O canivete que pendia de minha cintura falava também"[20].

---

20. KAZANTZAKI, Nikos. *Alexis Zorba*. Paris: Livre de Poche, p. 107.

Um estudo de David Efron[21] publicado nos Estados Unidos em 1941 marcou a abordagem sociológica e antropológica da gestualidade e da interação. Ele mostrou os limites restritos dos "dicionários gestuais" com os quais se pensa poder superar as diferenças sociais e culturais, naturalizando as expressões corporais e fixando-as como se consistissem num destino genético inscrito numa perspectiva racista. D. Efron opôs-se às teses nazistas que fizeram da noção de "raça" uma máquina de guerra, afirmando a superioridade ariana mesmo no domínio dos gestos (sobriedade, rigor, beleza etc.) e estigmatizando as populações judias e mediterrâneas (afetação, infantilismo, gesticulação etc.). Ele se posicionou em terreno científico para estudar comparativamente – em condições reais e não na bolha laboratorial – os gestos vigentes entre os imigrantes judeus originários da Europa Oriental e entre imigrantes originários do sul da Itália. A identificação das diferenças culturais nas atuações do corpo se estabelece segundo três eixos: a dimensão espaçotemporal (amplitude dos gestos, forma, plano de sua realização, membros empregados e ritmo), a dimensão interativa (tipo de relação com o interlocutor, com o espaço ou com os objetos do ambiente) e a dimensão linguística (gestos cujo significado independe do conteúdo da fala ou que, ao revés, duplicam-nos). A metodologia implica simultaneamente a observação direta dos atores, o recurso a numerosos croquis tomados ao vivo, um estudo detalhado do número de gestos, de sua frequência etc. D. Efron igualmente se serve de uma câmera que lhe permite solicitar a análise de observadores estrangeiros a seu trabalho sobre as tomadas registradas.

A pesquisa envolveu uma população considerável de judeus "tradicionais" (850 indivíduos) e de italianos tradicionais (700 indivíduos). D. Efron não teve qualquer dificuldade em mostrar as

---

21. EFRON, D. *Gesture, race and culture*. Haia: Mouton, 1972.

diferenças culturais que diferenciam os conjuntos de gestos empregados por essas duas populações, provenientes de uma primeira geração de imigrantes. Os "judeus tradicionais" executam em média gestos de amplitude inferior aos dos "italianos tradicionais". Seu ritmo é menos regular e sua forma menos diversificada. Tais gestos são executados tão somente no plano vertical e frontal, enquanto que os italianos se concentram sobremodo no plano lateral. A distância em suas interações também é relativamente curta, impondo numerosos contatos físicos. Os italianos põem-se ligeiramente mais distantes, servindo-se do espaço ambiente. Os gestos dos imigrantes judeus acompanham o encaminhamento de seus pensamentos, enquanto que os italianos se empenham na descrição de dados reais, traçando-os metaforicamente no espaço. Após, Efron observou com o mesmo método uma população "americanizada" de imigrantes de origem judia (600 indivíduos) e italiana (400 indivíduos) de segunda geração. Os gestos próprios aos judeus "tradicionais" e "americanizados" diferem entre si, da mesma forma que os gestos dos italianos "tradicionais" são distintos daqueles executados pelos italianos "americanizados". Inversamente, os gestos das duas populações "assimiladas" de segunda geração, judia e italiana, tendem a assemelhar-se entre si e a aparentar-se com aqueles executados pelos americanos. As condições de socialização modificaram em profundidade as culturas originais desses grupos sociais no curto período de uma geração. As gerações nascidas e educadas nos Estados Unidos exibem um sincretismo em sua expressão corporal, aproximando-se de seus homólogos americanos, mas conservando ainda alguns traços tradicionais. No curso da interação, aparecem gestos híbridos. Os movimentos do corpo não mais parecem arraigados a uma biologia inelutável; a educação, os modelos e suas formas, a socialização os transforma. As análises de D. Efron mostram a ficção da noção de raça utilizada pelos nazistas, cuja característica metafísica e arbitrária ele não tem dificuldade em denunciar. Ao encontro das teses genéticas ou raciais, a gestualidade humana se revela um fato social e cultural ligado à educação, e não algo de congênito ou biológico destinado a impor-se a seus autores. Os racistas visavam fazer dos comportamentos humanos um puro produto de seus genes, ao passo que a Sociologia evidencia que o homem é socialmente criador dos movimentos de seu corpo. O trabalho de D. Efron permanece atual em nossas sociedades, onde o imaginário da hereditariedade ou da raça, ainda hoje, está longe de desaparecer, embora traje disfarces menos grosseiros para tentar ser admitido.

Os gestos são sensíveis à aculturação. A partir do momento em que a primeira geração se socializa num novo ambiente cultural, eles tendem a se conformar aos gestos vigentes na sociedade de recepção, embora os gestos de maior relevo cultural persistam provisoriamente. Numa mesma trama social, percorrida pela história, alguns gestos provêm de raízes antigas. Pode-se reconhecê-los sobre muitas telas[22], em descrições de romances ou narrativas de viagens. Uma experiência italiana relatada por Koechlin[23] oferece uma significativa demonstração. O antropólogo D. Carpitella, auxiliado por um comediante, apresentou a escolares napolitanos um espetáculo sobre Pulcinella com base numa trintena de gestos extraídos dos 250 gestos descritos pelo cônego Di Jorio na Nápoles de 1832. Um século e meio depois, os alunos identificam-nos sem dificuldade. O leitor facilmente reconheceria diversos gestos, como o do indicador colocado sobre a boca para intimar a se calar,

---

22. Consoante às análises de Françoise Loux acerca das telas de Millet (*Le corps dans la société traditionnelle*. Paris: Berger-Levrault, 1979).
23. KOECHLIN, B. "La réalité gestuelle des sociétés humaines". Art. cit., p. 204-206.

o nariz de palmo e meio[24] (*pied de nez*), ou o indicador apontado para o olho para traduzir uma desconfiança.

Entretanto, os gestos não são imutáveis. Efron ofereceu uma saborosa ilustração ao citar um punhado de observadores da vida pública na Inglaterra que assinalam curiosamente a tendência dos ingleses do século XVII a gesticular enquanto falavam. Decorrido um século, o estereótipo do inglês fleumático instalou-se e os tratados vitorianos de boas maneiras opuseram-nos "aos estrangeiros que falam com suas mãos e braços como auxiliares da voz... o que nós, calmos ingleses, consideramos como vulgar"[25]. Na França, durante o século XVI, H. Estienne podia escrever que "os franceses não são fazedores naturais de gestos, não lhes aprazendo as gesticulações". Porém, ele simultaneamente denuncia com vigor a influência florentina que incitava, numa busca de excelência, os cortesãos franceses a "italianizar" seus gestos e a, segundo Estienne, gesticular sem propósito.

Classificar os gestos?

O conjunto dos movimentos corporais foi objeto de numerosas tentativas de classificação, notadamente no que tange ao significado que imprimem a uma interação.

• D. Efron[26] denominou de *emblemáticos* os gestos ou mímicas que, em outras circunstâncias, poderiam ser traduzidos em mensagens verbais. Eles são unívocos em seu significado, assemelhando-se à precisão da linguagem oral. O indicador sobre a boca para

---

24. Gesto realizado perfilando-se uma ou ambas as mãos espalmadas à frente do nariz (N.T.).
25. EFRON, D. *Gesture, race and culture*. Op. cit., p. 44.
26. EFRON, D. *Gesture and environment*. Op. cit.

requerer silêncio, a mão com a palma voltada ao solo e efetuando breves movimentos de cima para baixo para intimar a reduzir a velocidade ou a acalmar-se, a mão erguida com a palma voltada ao exterior para marcar uma parada, todos são exemplos de gestos emblemáticos vigentes em nossas sociedades ocidentais. Existe mesmo um repertório, mais trivial, de gestos que dispensam um enunciado oral por serem dotados de significado preciso: passar o indicador sob as narinas significa "isso aconteceu embaixo do meu nariz", descrever um traço à altura da cintura para dizer que será preciso "apertar o cinto", o indicador apontado sobre a têmpora num movimento de broca para dizer que "ele é louco". O indicador teso e agitado à altura dos olhos ou o punho brandido ao nível do rosto atestam, na França, uma ameaça: naquele, ela ainda está nuançada, nesse último, a ameaça é manifesta. Cada sociedade requer um repertório próprio de gestos que nem sempre são compreendidos além de sua esfera de influência. Assim, em Madagascar, para avisar a uma pessoa durante um diálogo que ela está sofrendo uma prática de bruxaria, sem indicar aos demais presentes, fricciona-se o indicador contra a palma da outra mão. Assim, tal informação é transmitida discretamente, sem que se necessite recorrer à linguagem[27]. O gesto de tocar a própria orelha, na Itália, pode se referir a um homem tido por efeminado ou homossexual. Assaz específico, ele abre certa margem de manobra: a orelha pode ser aflorada, puxada, balançada ou receber um piparote etc. Segundo D. Morris, sua origem relaciona-se com os brincos femininos. O gesto então evoca alusivamente um traço feminino. A arbitrariedade dos sinais faz com que um gesto mude radicalmente de significado em outro contexto cultural. Assim, tocar a própria orelha significa "na Argentina, adulador, bajulador...; no Uruguai,

---

27. KOECHLIN, B. "La réalité gestuelle des sociétés humaines". Art. cit., p. 233.

festejar um aniversário; no Paraguai, estar encarcerado; na América Central, indica a polícia; na Venezuela e alhures, uma ameaça de puxar a orelha das crianças; no Brasil, algo de belo, bem feito, bem-acabado"[28]. Para os Bambara, o anúncio de um nascimento gemelar pode ser feito "apresentando-se os indicadores esquerdo e direito erguidos, de forma calada", para não prejudicar os recém-nascidos[29]. O polegar levantado sobre um punho cerrado, acompanhado de um ligeiro movimento do braço (*thumbs up* dos ingleses) é um gesto aprobatório vindo dos Estados Unidos e popularizado durante a Segunda Guerra Mundial pelos GIs. Originalmente, ele procede de um código próprio aos pilotos de avião, significando que as condições estão satisfatórias, que o motor funciona bem etc. No Brasil, ele assinala que tudo corre bem. Na França, ele se efetua para demonstrar admiração em relação a alguém: "eis um campeão"! Ele se acompanha de um aceno da cabeça e de uma contorção dos lábios. Se um americano quer dizer que tudo vai a contento, ele ergue a mão e forma um círculo com o indicador e polegar. No entanto, esse gesto designa o dinheiro no Japão; na França, significa "zero". Em Malta, ele se refere a um homossexual, e na Sardenha ou na Grécia, um atributo obsceno próprio ao homem ou à mulher[30]. Onde era desconhecido, como na Grã-Bretanha, ele fez sua incursão sem causar danos, misturando-se a outros gestos que significam a mesma coisa. Na França, onde ele concorre com o sinal "zero", os dois gestos coexistem, carregando significados diferentes segundo os contextos. A. Carénini observa que esse gesto simboliza o patrão ou ainda o macho no Japão. Morder o

---

28. MEO ZILIO, G. "Structuralisme, phonologie, gestologie". *Geste et image*, n. 8-9, 1991, p. 52.
29. DIETERLEN, G. *Essai sur la religion Bambara*. Paris: PUF, 1951.
30. MORRIS, D. *La clé des gestes*. Paris: Grasset, 1978.

próprio polegar foi um sinal de cólera e de desafio durante a Idade Média, uma provocação ao duelo. O "V" da vitória de Churchill, mostrando-se o indicador e dedo médio erguidos e afastados com os demais dobrados, foi de início intimamente ligado ao contexto social, havendo atingido atualmente uma dimensão quase universal. Contudo, atribui-se a esse gesto uma conotação obscena na própria Grã-Bretanha. O "V", ao invés de ser executado com a palma na direção do destinatário, é então realizado com o dorso da mão voltado para o mesmo a fim de evitar toda e qualquer confusão. O mesmo procedimento é encontrado no Líbano, na Síria e na Arábia Saudita[31]. Comportamentos sociais por excelência, e recebendo forte conotação cultural, esses gestos superam as distâncias ou o rumor que torna a voz inoperante. Ele também pode servir à discrição, conforme as circunstâncias. Seria então conveniente inventariar as milhares de formas, identificando-se as zonas culturais onde são empregadas e compreendidas. Um mesmo movimento corporal por vezes traduz significados culturalmente divergentes, ao passo que movimentos distintos podem remeter a mensagens particulares. O gesto de ofensa de uma sociedade pode consistir no gesto de aprovação ou de cumplicidade de uma outra em consequência da arbitrariedade dos sinais e da limitação-registro dos movimentos faciais[32]. A propósito dos mesmos, J. Cosnier discorre sobre os "gestos quase linguísticos"[33].

O emblema é o equivalente gestual e postural da linguagem no que concerne certo número de significados. Ele está intimamente

---

31. CARÉNINI, A. "La symbolique manuelle". In: *Histoires des mœurs*, t. 2. Paris: Gallimard, 1991 [Coll. "La Pléiade"].
32. A. Carénini oferece um vasto inventário e uma análise circunstanciada de seu simbolismo.
33. COSNIER, J.; KERBRAT-ORECCHIONI, C. (org.). *Décrire la conversation*. Lyon: Presses Universitaires de Lyon, 1987.

associado a uma utilização cultural própria de um grupo. O sim e o não requerem movimentos da cabeça e do corpo próprios a induzir quem ignora o caráter arbitrário do sinal em mal-entendidos. Na Índia, por exemplo, a anuência se traduz por um ligeiro movimento circular da cabeça, o qual é facilmente decodificado como uma negação por um europeu. Para os Afnu do Japão, a mão direita avançando na direção da mão esquerda significa negação; por sua vez, a afirmação se faz trazendo ambas as mãos sobre o peito e estendendo-se ambas para a frente com as palmas invertidas[34]. Os índios Ayores exprimem a negação dobrando os lábios e enrugando o nariz[35]; os Maori ou os Dayak de Bornéu jogam a cabeça para traz. Os Ovimbundu balançam a mão com o indicador teso na frente do rosto em sinal de afirmação[36]. Jakobson evocou as dificuldades dos soldados russos estacionados na Bulgária durante a guerra contra a Turquia de 1877-1878. Os modos mímicos dos búlgaros de anuir ou de discordar eram exatamente contrários aos daqueles, o que provocou numerosos mal-entendidos. Tais dificuldades eram reforçadas pelo fato de que, conhecedores dessa particularidade dos búlgaros e visando evitar incompreensões, os russos se enredavam ainda mais ao adotar o código mímico do outro, o que provocava uma nova série de quiprocós[37]. De fato, se o "sim" mímico búlgaro parece próximo do "não" mímico russo, Jakobson

---

34. LA BARRE, W. "The cultural basis of emotion and gesture." In: POLHEMUS, T. (org.). *Social aspect of the human body*. Nova York: Pantheon, 1978, p. 52.
35. EIBL-EIBELSFELDT, I. *Biologie du comportement*. Paris: Ophrys, 1984, p. 556.
36. LA BARRE, W. "Paralinguistics, kinesics and cultural anthropology". In: SEBEOK, T.A.; HAYES, A.S.; BATESON, M.C. *Approaches to semiotics*. Haia: Mouton, 1964, p. 198.
37. JAKOBSON, R. "Le 'Oui' et le 'Non' mimiques". In: *Essais de linguistique générale*, 2 t. Paris: Minuit, 1973, p. 114.

observa sem embargo que o aceno da cabeça afirmativo dos russos é executado apenas uma vez e que ele se limita ao abaixamento da cabeça para a frente, após o que se retornando a mesma à posição inicial. A negação búlgara consiste em deitar a cabeça para trás e reconduzi-la novamente à primeira posição. Na Europa, uma terceira variante mímica existe na Grécia e em certas regiões italianas onde se pende a cabeça para a frente para afirmar e para trás para traduzir a negação.

• Outra categoria é a dos gestos descritivos que acompanham um discurso, aperfeiçoando o sentido sem acrescentar suplementos, comentando a palavra ou mimicando uma ação. São os *illustrators* de Ekman e Friesen[38], como no caso do pescador que evoca seu pescado ou que narra os episódios causadores de sua ventura ao traçar no espaço, simultaneamente à narrativa, os diferentes episódios de tal proeza, indicando com um movimento das mãos o tamanho do peixe e sua vitalidade etc. Discorrendo-se sobre o caráter rígido de uma pessoa, a mão traça no ar um gesto talhante; referindo-se a uma personalidade esquiva, o enrugar do rosto acompanha um movimento oscilatório da mão etc. Para dizer que tal personagem foi executado, a mão espalmada faz um movimento rápido em direção ao pescoço. Também se incluem nessa categoria o mecânico que explica a um leigo o funcionamento de um motor ou o cliente que informa ao instalador a disposição dos objetos que prefere. Comentário gestual e mímica da palavra, eles amplificam, ilustram ou nuançam os discursos. Eles descrevem o encaminhamento do pensamento. Os gestos da contagem entram nessa categoria, acompanhando amiúde a palavra que enuncia as cifras. A mão é o instrumento da enumeração. Começa-se pelo po-

---

38. EKMAN, P. & FRIESEN, W. "The repertoir of non-verbal behavior – Categories, origins, usages and coting. *Semiotica*, n. 1, 1969.

legar, ou pelo dedo mínimo. Alguns estendem os dedos, outros os mantêm cerrados ou dobram e desdobram o dedo utilizado. Muitas sociedades utilizam esse modo manual para realizar cálculos. A numeração decimal resulta do hábito de contar com os dez dedos[39]. Os grafismos romanos são a transcrição de diversas posturas dos dedos da mão[40]. Pertencem aos gestos ilustrativos as mímicas que conferem uma informação por meio do recurso a um sinal esquemático que reproduz alusivamente uma ação ou objeto. Por exemplo, pedir uma bebida ao levar à boca aberta um copo imaginário, apresentar dois dedos separados e assoprar para pedir um cigarro, mendigar comida ao imitar a ação de levar comida à boca etc. São formas de compensar a dificuldade de comunicar com quem não compreende, ignora ou está demasiado distante da língua. Gestos elementares, eles são frequentemente compreensíveis de forma intercultural, o que pode criar a ilusão de que a linguagem do corpo é simples e universal. Todavia, também há variantes desses gestos. Assim, para designar um cavalo, os ameríndios sobrepõem dois dedos de uma mão montados sobre dois dedos da outra, um monge cisterciense abaixa a cabeça repelindo uma mecha de cabelos imaginária sobre sua fronte, um europeu imita o fato de segurar um par de rédeas entre as mãos[41] etc.

• Dezenas de movimentos das mãos, braços, ombros, mímicas e posturas acompanham o discurso. São gestos *rítmicos* que pontuam o enunciado com sua cadência sem acrescentar sentido, mas que alimentam sua presença no mundo, tornando viva a palavra, incrementando a capacidade do locutor de transmitir conteúdo.

---

39. VENDRYES, J. "Langage oral et langage par geste". *Journal de Psychologie Normale et Pathologique*, n. 1, jan.-mar., 1950, p. 50.
40. CARÉNINI, A. "La symbolique manuelle". Op. cit., p. 119.
41. MORRIS, D. *La clé des gestes*. Op. cit., p. 29-30.

• Gestos *dêiticos* designam uma pessoa ("O cara ali!"), um objeto, um nível ("Mais pra baixo!") ou uma direção. O camponês traça um semicírculo com as duas palmas abertas para falar de suas terras: "Aqui, minha casa"; o dedo teso, ressaltando um ligeiro movimento da cabeça para indicar um destino ou lugar etc. O passante a quem se pergunta o caminho para a estação ferroviária ("Você pega a primeira à esquerda..."). Ainda, para sinalizar um espaço mítico (o céu: dedo apontado para as alturas; o inferno: o indicador apontando para o solo) ou indeciso ("Ele se foi", erguendo-se a mão num gesto amplo e vago). Emprega-se também um movimento de cabeça, ou do cotovelo, ou dos olhos. Esses gestos, totalmente funcionais na aparência, não deixam de ser estritamente culturais. La Barre, ao começar um estudo etnológico numa vila Kiowa procurava debalde um lugar. Ele então interrogou uma senhora idosa que evidentemente o estava escutando e compreendendo, mas que continuou imperturbavelmente seu trabalho sem se preocupar com o mesmo. Pasmado, La Barre crê num mal-entendido e renova sua pergunta. Irritada, a senhora se volta a ele. Nesse mesmo instante, o etnólogo entendeu que ela lhe havia mostrado por diversas vezes o caminho, ao modo Kiowa, com um imperceptível movimento labial[42]. Na Melanésia, e notadamente nas Ilhas Salomão, o uso de um movimento do lábio inferior para apontar uma direção é fato banal (Firth), percebido, em sua época, por M. Leenhardt, que estudou a variedade de itinerários e distâncias suscetíveis de serem traduzidas pelos lábios. O mesmo acontece na África Subsaariana ou na América Central, assim como dentre os Cuna, dos quais Sherzer descreve toda uma série de empregos correntes do *lip pointing*. Para os índios Navarro, o lábio é utilizado apenas se a pessoa está próxima; se ela está distante, recorre-se, mormente, ao

---

42. LA BARRE, W. "The cultural basis of emotion and gesture". Art. cit., p. 53.

indicador[43]. Pode por vezes ser malsoante designar uma pessoa ou coisa com o dedo. Consoante a sociedade, isso pode atrair infortúnio para a pessoa assim visada. Pode ainda demonstrar desprezo em relação à mesma por assimilá-la a uma coisa, como se compreende na Turquia. As crianças francesas a miúdo escutam que se lhes diga: "Não se aponta uma pessoa com o dedo!"

• Os gestos *simbólicos* excedem o quadro estrito da integração. Ainda que com ela por vezes se misturem, eles remetem a uma outra ordem de significação, enraizada num ritualismo notadamente religioso. Incluem-se nesse gênero os gestos de bendição, de prece, um sinal da cruz propiciatório, um gesto de conjuração do mau-olhado, "bater na madeira", "cruzar os dedos", a predicação de um sermão. Também são gestos simbólicos o encerramento de uma tratativa com a batida das palmas das mãos num movimento amplo dos braços ou ainda a conclusão de um acordo dando-se com a mão direita na destra do parceiro que tão logo apresenta sua mão para um gesto recíproco.

• Os gestos *expressivos* traduzem a afetividade do sujeito enquanto fala ou escuta; eles compõem uma categoria maior, mas nós trataremos em profundidade nos próximos capítulos (capítulos 4 e 5).

• Os gestos de *regulação* desenham a dimensão fática da interação. Eles contribuem para a manutenção do contato entre os parceiros, reforçando sua assiduidade nas trocas mediante a emissão de símbolos de mútuo reconhecimento, como tocar ligeiramente o braço do parceiro, tocar com os dedos numa superfície, dar-se os braços, apoiar uma mão sobre o ombro, segurar-se pela cintura, os sinais de aprovação, os abraços ou estreitamentos dos torcedores em torno do campo esportivo, pancadas nas costelas etc. A partilha cultural de uma mesma ordem expressiva coloca rostos e

---

43. CARÉNINI, A. "La symbolique manuelle". Art. cit., p. 112.

corpos no espelho e assinala com relativa clareza (restando possível o engodo ou a interpretação abusiva) a mútua ressonância dos corpos e da interação em geral. Cada movimento do rosto ou do corpo, cada mudança de postura é um comentário sobre o desenrolar da troca e o grau de engajamento dos atores. Podemos perceber no comportamento de outrem, mediante signos quase imperceptíveis (controlados, em todo o caso, pelo cuidado de não magoar e de permanecer discreto), o fastio, a impaciência, a vontade de terminar, o embaraço etc. Disso decorre um efeito de contágio relativo dos estados emocionais que pode tornar imprevisível o desenrolar de uma interação.

Os gestos de desprezo ou de insulto abundam e seu recenseamento extravasaria amplamente o contexto desta obra. Há os que conhecem uma difusão cultural, outros permanecem próprios a uma sociedade. O gesto de "fazer os cornos", o dedo médio estendido dos países latinos, é um exemplo. Na Grécia, um gesto específico de insulto é o moutza, que consiste em lançar a mão aberta na direção do rosto do interlocutor, sinal do qual se conhece uma sucessão de variantes proporcionais à gravidade do ataque simbólico. Dois dedos quando o agressor resta comedido, a palma da mão aberta quando sua cólera é viva, e as duas mãos quando ele está fora de si. Na França, esse gesto mais significa: "Pare! Não se aproxime!" No Líbano, ele neutraliza o mau-olhado. O fato de mostrar a língua para as crianças é um sinal de troça ou reprovação. A "figa" é um símbolo difundido, consistindo em inserir a primeira falange do polegar entre o indicador e o dedo médio, cerrando-se o punho, mas a significação do gesto difere amiúde. Símbolo de ultraje, ele se encontra entre as ofensas dirigidas ao Cristo nas telas representando a *via crucis* ou a crucifixão. Dante e Rabelais, ambos, invocam-no como um gesto de desprezo. Mas esse mesmo sinal paradoxalmente protege das influências nefastas provenientes dos feiticeiros ou mesmo do diabo. Ele esconjura o mau-olhado[44]. Com o tempo, segundo Carénini, o gesto perdeu sua força tanto propiciatória quanto depreciativa, tornando-se um gesto obsceno simbolizando a união sexual, o polegar simbolizando, de acordo com as sociedades, tais vezes o sexo feminino, tais vezes o sexo masculino ereto. Para os ameríndios, avançar a mão assim figurada é um sinal de desafio. Num grupo banto, essa postura da mão é uma condenação capital simbólica para quem é assim apontado, sobretudo se o gesto emana de um convalescente. Reencontra-se esse gesto, mas sem essa conotação insultante ou mortífera, na brincadeira infantil do "nariz cortado". O nariz de palmo e meio é outra figura gestual muito difundida. Carénini notou sua aparição na França do século XVI, após o que ele se disseminou por toda a Europa e alhures com a colonização. Rabelais o evocou durante o suculento debate em linguagem gestual entre Panurge e Thaumaste. Ele é representado numa gravura de Brueghel, o Velho, intitulada "A Festa dos Loucos". Esse gesto de deboche é bastante utilizado pelas crianças. Em 1956, o inglês Taylor consagrou-lhe um estudo, encontrando dezessete denominações diferentes na Inglaterra, inclusive aquela que lhe conferiu um título para o artigo: *o gesto de Xangai*.

De acordo com a natureza da relação entre os parceiros, os gestos de regulação podem conduzir à intimidade ou manter a distância. Alguns traços quase imperceptíveis imprimem uma sensível influência nas relações. Frey observou dessa forma o poder expressivo da flexão lateral da cabeça quando ela é dirigida a outrem. As representações picturais do poder, ou da autoridade, apoiam-se

---

44. Da mesma forma, o "manguito" (banana de braço) e os "cornos" não são apenas sinais de provocação ou de desprezo; em outras circunstâncias, eles podem transformar-se em gestos de conjuração do mau-olhado.

sobre personagens cujos corpos são marcados pela hirsutez, representada, justamente, por uma cabeça bastante vertical. Inversamente, as *Virgens acalentando o menino* acentuam a flexão lateral da cabeça, não somente a de Maria, voltada a Jesus, mas também em todos os personagens circundantes. Mediante uma montagem fotográfica, Frey e sua equipe ofereceram vinte e oito pinturas e fotografias à apreciação de cerca de vinte estudantes, nas quais eles fizeram variar apenas a flexão lateral da cabeça. O impacto dessa última revelou-se decisivo para a percepção da figura. "Os mesmos personagens, percebidos inicialmente como orgulhosos, distantes, autoconfiantes, impiedosos, austeros, fugidios etc., quando a posição da cabeça era ligeiramente inclinada, tornaram-se aos olhos dos observadores humildes, benevolentes, tristes, brandos, previdentes, sonhadores, receptivos, afetuosos etc."[45] A inclinação da cabeça na direção do parceiro sugere abandono, ternura, benevolência, humildade, honestidade etc. A verticalidade propicia imagens de reserva, de altaneria, de arrogância, de intimidade, de potência, de centralização sobre si etc.

Um dos parceiros pode emitir sinais de enfado, de impaciência, de desinteresse ou de embaraço, traduzindo a maneira como reage à interação ou às enunciações que lhe são pronunciadas. Igualmente, os gestos de regulação assinalam o início, os diversos episódios e o fim do uso da palavra. Eles incitam prosseguir no discurso ou reagir. Eles asseguram o mútuo ajuste dos atores presentes. Nisso participam igualmente os *back channels behaviors*[46], os acenos com a cabeça, os sorrisos, os olhares, as mímicas que expri-

---

45. FREY, S. et al. "Analyse intégrée du comportement non verbal et verbal dans le domaine de la communication". In: COSNIER, J. & BROSSARD, A. (dir.). *La communication non verbale*. Neuchâtel: Delachaux et Niestlé, 1984, p. 195

46. DUNCAN, S.D. & FISKE, D.W. *Face-to-face interaction*. New York: John Wiley, 1977.

mem a recepção pelo interlocutor. Muitos desses gestos se realizam em espelho, provocando um eco, uma réplica do companheiro: um sorriso atrai um outro. Eles também podem ensejar um movimento complementar: uma carícia convida ao abandono, uma ameaça, à submissão ou ao enfrentamento etc. Esses comportamentos traduzem a natureza da relação entre os indivíduos relacionados, eles indicam seu grau de familiaridade ou de conivência. Eles são associados à função fática da linguagem[47].

• Outros movimentos são centrados na situação, tratam-se de gestos de *acomodação*. Eles servem a suscitar um melhor conforto, uma melhor escuta, uma melhor visão, a possibilidade de sentar-se comodamente, a mudança de posição ou de postura etc. Alguns são centrados sobre o indivíduo, como o fato de tamborilar sobre a bochecha, de movimentar as pernas, passar a mão sobre a barba, roer as unhas, alisar os cabelos sem necessidade, raspar a poeira imaginária da lapela etc. Outros concernem um objeto que o indivíduo manipula ao falar ou ao escutar. Extrair um cigarro, manipulá-lo, pegar uma taça de café e tomar um gole de vez em quando, abrir ou cerrar novamente o fecho de uma bolsa ou de um relógio, levar à boca a armação dos óculos etc., todos entram no mesmo processo de apoio (anaclítico) do sujeito na situação. Eles também oferecem oportunidades de descarregar uma tensão, de mudar a vez de falar ou o tema de discussão etc. Esses gestos repetitivos podem sobrevir em situações indefinidas ou estressantes. O indivíduo encontra-se embaraçado por seu corpo e seu mal-estar se traduz nesses gestos parasitários que cessam assim que ele se acalma novamente. Ele pode fechar ou esconder seus olhos por detrás da tela que formam suas mãos, empregando um "paraenvolvimento" (Goffman) provisório, como para se retirar um ins-

---

47. JAKOBSON, R. Le "Oui" et le "Non" mimiques. Art. cit.

tante da troca, retomar alento, dissimular um incômodo, um rubor repentino, uma emoção inesperada. É uma forma de buscar um limite continente ou de tentar controlar a afetividade.

• O *metassinal*[48] é um gesto que se destaca dos demais, pois oferece a real significação de uma conduta quando, por exemplo, um indivíduo insulta um outro numa praça pública, ele mira sua vítima com força, assinalando aos demais passantes que eles não estão concernidos. Malhando-se de brincadeira, as crianças desferem murros imaginários acompanhados de caretas raivosas e de gargalhadas que indicam o contexto dessa relação. Há uma metacomunicação na mensagem que orienta a recepção: a aparente crueldade pode se revelar envolvimento lúdico; inversamente, a pilhéria também pode dissimular a cólera verdadeira.

A interação solicita múltiplos canais que cada ator explora de acordo com suas particularidades pessoais, com seu estilo, com a natureza de seus vínculos com os parceiros etc. O movimento do corpo metaforiza a palavra, confere-lhe certo relevo que a torna mais viva e mais compreensível, tolhendo as ambiguidades. Ele adiciona precisão à palavra e, sobretudo, autoriza o locutor a habitar fisicamente um enunciado, esclarecendo-o aos ouvintes. Disso decorre o tédio ou a dificuldade que se experimenta ao tentar acompanhar o discurso de um conferencista que, quase inerte, lê seu texto, mal alçando o olhar para indagar a reação de seu auditório. A palavra distribui seus signos inteligíveis por intermédio dos gestos e olhares, os quais facilitam sua recepção. Diversos gestos, posturas ou movimentos se engastam durante a interação. Malgrado a comodidade que poderia resultar, é empresa abstrata distingui-los como tentamos fazer, conscientes da imperfeição do objetivo. A mesma expressão vincula-se a registros simultâneos. Um aceno da cabeça pode se revelar ao mesmo tempo uma aprovação, um signo fáti-

---

48. MORRIS, D. *La clé des gestes*. Op. cit., p. 272.

co de anuência com o locutor, exercendo uma função reguladora ao sinalizar que o locutor pode conservar a palavra etc. O "espírito geométrico" que incitaria a uma bela classificação formal dos gestos vai de encontro ao "espírito de fineza" que requer a interpretação de todos os matizes e do sombreado transmissíveis pelos movimentos corporais durante uma interação concreta. Fugazes, polissêmicos, ambíguos, os gestos e as mímicas não se deixam comodamente apreender em categorias transparentes. Quando o pesquisador examina a classificação que acabou de estabelecer, ele amarga a constatação de que muita transparência forma uma nova opacidade. Ademais, o fato de ser homem ou mulher induz a uma diferença entre os regimes dos gestos e dos comportamentos. O ritualismo feminino ou masculino imprimem um estilo próprio à presença, redobrado igualmente pelas diferenças de condições sociais, ou mesmo geracionais, que induzem por sua vez a novas declinações particulares. A descrição meticulosa dos gestos, o cuidado em classificá-los em rubricas distintas, defronta-se com a fugacidade dos mesmos e com sua complexidade. Com efeito, esses não aplicam a uma dada ação apenas olhares ou mímicas, mas também movimentos das mãos, do busto. Eles conferem certa tonalidade à presença, assim como diferentes temporalidades e ritmos.

Em 1936, G. Bateson apontou para um dilema aparentemente anódino, mas cuja resolução, malgrado as numerosas tentativas de resposta, ainda não foi alcançada. Ele escrevera: "enquanto não dispusermos de técnicas adequadas de descrição e de análise das posturas humanas, dos gestos, da entonação, do riso etc., teremos de nos contentar com os esboços impressionistas da 'tonalidade' dos comportamentos"[49]. Não há consenso em relação à categorização

---

49. BATESON, G. *La ceremonie du Naven*. Paris: Le Livre de Poche, 1986, p. 318 [Coll. "Biblio-Esais"].

da gestualidade humana, apenas um questionamento ininterrupto (embora divergente) e um campo constantemente reiniciado. Essa flutuação leva cada pesquisador a abandonar as classificações prévias e a propor as suas, criando uma obsolescência teórica ilustrativa dessas dificuldades. O dilema paradoxal consiste em fazer do gesto, essencialmente diverso da palavra, um fato descritível pela linguagem, ou seja, trata-se de transferi-lo de um registro físico a um registro verbal, no contexto do qual ele perde sua especificidade: a característica de ser diferente da linguagem. Os escolhos da transposição da gestualidade ao domínio escrito decorrem exatamente da ausência de um código igualmente rigoroso para os movimentos do corpo como é o alfabeto para a linguagem. "Todo pesquisador desejoso de estudar o comportamento não verbal, escreve Frey[50], encontra-se na mesma situação de um analfabeto que se põe a analisar o comportamento verbal. Da mesma forma que esse último escuta perfeitamente o que dizem os interlocutores, o pesquisador vê os movimentos dos sujeitos. Contudo, ambos carecem de instrumentos adequados para protocolar o que ouvem ou veem." Nenhuma fonologia visual está disponível para abordar a classificação das inumeráveis unidades gestuais, que "são adequadas a significar, não a comunicar", escreveu talvez de forma mais severa Greimas[51]. Esse último ressaltou essa questão da conotação simbólica dos gestos, a qual abriria caminho não apenas à semiótica do mundo natural, mas que, mais amplamente, ofereceria um formidável amparo ao conjunto da empresa semiótica. Os meios modernos de gravação, como a fotografia, o filme e o vídeo, substituíram-se ao croqui, ao desenho e talvez à pintura, deixando indene a amplitude do desafio.

---

50. FREY, S. et al. Analyse intégrée du comportement non verbal... Art. cit., p. 146.
51. GREIMAS, A. "Conditions d'une sémiotique du monde naturel". Art. cit., p. 28.

As finas inscrições dos ritos gestuais oferecidas em vídeo revelaram-se preciosas para fazer a triagem dos dados superabundantes, mas elas acabam por engendrar, por intermédio de um material de análise por vezes de grande complexidade, uma recensão infinita de traços mesmo nas mínimas cenas.

Ekman e Friesen[52] ofereceram uma descrição anatomofisiológica da gestualidade, apostando no estudo dos movimentos musculares a fim de evitar a projeção de uma significação *a priori* sobre o comportamento, tal como ocorreu, por exemplo, quando Birdwhistell discorreu sobre um sorriso "meio figo, meio grão de uva". O mesmo autor, como visto, fundava-se nos movimentos significantes do processo de comunicação entre os atores. Frey pretende "soletrar um movimento em sequências de posições no tempo"[53]. Ele distingue oito partes do corpo: cabeça, busto, ombros, braço, mãos, pernas e pés, isolando igualmente as partes esquerda e direita, a dimensão influenciada (para a cabeça, por exemplo, sagital ou em rotação lateral), assim como o tipo de posição, como as cinco unidades ordinais para a rotação da cabeça. A observação de uma nuvem de dados levou-o a diagramas absconsos, os quais olvidaram completamente a dinâmica significante dos gestos e sua inter-relação com o contexto do intercâmbio. A dissolução do sentido alcançou seu ápice e conduziu à abstração, a não ser que o leitor use de uma paciência de beneditino para decifrar cada termo. Assim, o sorriso é descrito por Ekmam e Friesen: "cantos do lábio erguendo-se em direção oblíqua, que alça o triângulo suborbicular"[54]. Birdwhistell oscila de acordo com cada trabalho entre um

---

52. EKMAN, P. & FRIESEN, W. "La mesure des mouvements faciaux". In: COSNIER, J. & BROSSARD, A. (org.), *La communication non verbale*. Op. cit.
53. FREY, S. et al. Analyse intégrée du comportement non verbal... Art. cit., p. 148.
54. EKMAN, P. & FRIESEN, W. La mesure des mouvements faciaux. Art. cit. p. 108.

estilo narrativo e o uso dos signos cinésicos, o que igualmente ensina uma sólida paciência ao pesquisador. Outros, como Kendon, descrevem meticulosamente cada fragmento gestual, mas com uma impensável exaustividade, que gera igualmente o problema da legibilidade do texto em função do sistema descritivo escolhido. Na França, nos anos de 1980, um punhado de pesquisadores, reunidos sob a insígnia da revista *Geste et Image*, propuseram cada um suas soluções particulares para a observação dos gestos. Resultou um trabalho apaixonante de redescoberta dos trabalhos fundadores na matéria, ou de novas sugestões organizadas pelo animador B. Koechlin[55]. A obra de M. Mead e de G. Bateson, *Balinese Character*, permanece um modelo da fiel restituição dos gestos de uma comunidade social. Resultado de uma pesquisa iniciada em Bali em junho de 1936 e terminada durante 1938, essa obra, publicada em Nova York, em 1942, mistura uma análise etnográfica do povo balinês com 759 fotografias escolhidas dentre as 25.000 imagens tomadas ao vivo por Bateson. Elas capturam homens e mulheres nos movimentos e nas interações que pontuam a vida quotidiana e particularmente a educação das crianças, suas brincadeiras etc. Mead e Bateson estavam lúcidos sobre os riscos de projeções culturais inerentes ao uso de noções tomadas por empréstimo à cultura americana, cujos valores e modos de vida são bastante estrangeiros ao *etos* observado no vilarejo de Bajoeng Gede, seu campo de pesquisa. "Nesta monografia, escrevem eles, nós tentaremos utilizar um novo método de apresentação das relações entre os diferentes

---

55. B. Koechlin oferece o exemplo das fichas de arquivamento do material gestual, centradas mormente nas técnicas corporais segundo o conceito clássico de Mauss, tais como tirar água do poço (Maldivas) ou, apoiando-se no vernáculo, as diferentes técnicas pesqueiras dos Vezo de Madagascar. A dificuldade da descrição dos gestos também foi abordada por Piette em sua obra *Ethnographie de l'action*.

tipos de condutas culturalmente padronizadas, justapondo uma série de fotografias mutuamente significativas. Os elementos de conduta originados de contextos e de lugares diferentes – um dançarino em transe durante uma procissão, um homem erguendo os olhos na direção de um avião, um servo saudando seu mestre, a representação pictórica de um sonho – podem estar relacionados: um mesmo fio emocional os atravessa." Mas como relatar com fidelidade, sem reduzir o outro à própria imagem, nem fazer um exemplar de exotismo, digno de um museu de curiosidades? "Apresentar essas situações mediante palavras, continuam M. Mead e G. Bateson, exige que se recorra a expedientes inevitavelmente literários ou procedam da dissecação das cenas vivas... Graças à fotografia, a totalidade dos elementos de conduta pode ser observada, enquanto que as correlações esperadas são evidenciadas mediante a justaposição das fotografias em exame numa mesma página." Cada exemplar foi introduzido por uma curta anotação situando os momentos selecionados no seio do tecido cultural onde se trama a vida quotidiana. Os comentários alternam-se com as imagens de forma bem-sucedida. Um longo texto de M. Mead esboça desde o início uma etnologia da existência balinesa que contribui igualmente a corporificar as fotografias. Rostos, gestos, rituais, cenas familiares ou de educação infantil, as relações com os orifícios corporais (comer, beber, urinar, defecar, purificar-se etc.) desfilam a cada página e concedem a essa obra um valor científico e humano excepcionais.

O laconismo corporal

Tomemos por empréstimo a J. Ruiz, escritor espanhol do século XIV, "uma saborosa anedota oriunda da ficção que ilustra maravilhosamente as ambiguidades da gestualidade"[56]. Os romanos pretendiam servir-se das leis dos gregos e a eles se dirigiram nesse fito. Ocorre que os últimos estavam dubitativos da inteligência daqueles e tiveram então por bem submetê-los a uma prova, condicionando seu auxílio ao resultado de um debate que oporia um sábio de cada uma das partes à disputa. Em decorrência da diferença de idiomas, a justa dar-se-ia unicamente por intermédio de gestos. Os romanos procuraram debalde um homem à altura da situação. Ninguém parecia suficientemente culto para defender sua sorte. Na véspera do dia fixado, alguém sugeriu, em desespero de causa, fosse convocado um bandido notório e que o mesmo pudesse improvisar livremente, apostando-se assim em seu espírito ardiloso. O bandido envergava uma toga e foi escoltado com toda pompa ao local onde os gregos o aguardavam com seu maior sábio. Os dois homens se saudaram e tomaram seus lugares. O grego se levanta, mostra o indicador a seu adversário e senta-se calmamente. O romano responde-lhe erguendo três dedos, imitando a forma de um gancho. O grego então alça uma palma aberta e o romano mostra-lhe em resposta um punho cerrado. O sábio grego conclui então que os romanos merecem as leis que vieram demandar. Comentaram os protagonistas, o grego, primeiramente: "eu lhe disse que havia apenas um Deus, e ele assinalou que se trata de um Deus em três pessoas. Eu lhe disse que tudo depende de sua vontade e ele respondeu que Deus tudo encerra em seu poder. Quando percebi que ele compreendia tão bem a Trindade, eu soube que eles mereciam nossas leis com toda justiça". O romano oferece uma versão muito diversa: "ele começou dizendo-me que furar-me-ia um olho

---

56. ALMEIDA, I. "Un corps devenu récit". In: REICHLER, C. (org.). *Le corps et ses fictions*. Paris: Minuit, 1983, p. 12-13. – Em seu Pantagruel (cap. XIX), Rabelais imaginara uma justa, bem-humorada aos olhos do leitor, entre Panurge e o inglês Thomaste durante a qual podem ser empregados apenas gestos.

com seu dedo. Isso muito me irritou, eu então lhe respondi com raiva que eu furar-lhe-ia todos os olhos e que o faria na presença de todos. Isso não o satisfez e ele ameaçou insolentemente de esbofetear-me o rosto. Eu respondi que lhe desferiria um murro inesquecível. Quando ele percebeu que a luta era desigual, ele cessou de me ameaçar e nada mais me recusou"[57].

Um outro mal-entendido conhecido releva tanto a diferença entre as culturas como a das psicologias singulares dos protagonistas. Madame de Staël viajou pela Alemanha e visitou particularmente Schiller. Ela escreveu que, meros cinco minutos após seu encontro, o escritor lhe declarava a chama de sua paixão, tomando-lhe as mãos fervorosamente. Ocorre que Schiller narrou a uma amiga uma versão muito diversa do evento. Aborrecido por essa senhora que lhe falava sem trégua e que não lhe permitia concluir nenhuma frase, ele tomou suas mãos para acalmá-la e a fim de rematar seu discurso. Em sua obra *Em busca do tempo perdido*, Proust ofereceu numerosos exemplos dessas ambiguidades, geradas pelo laconismo corporal. Quando Swann é apresentado aos Verdurin, ele também faz contato com os fiéis, mas a falsa familiaridade do Doutor Cottard o inquieta. Vendo esse piscar um olho e sorrir com um ar ambíguo (mímica que Cottard denominava "pressentir a chegada"), "Swann acreditou que o doutor o conhecia por tê-lo encontrado em algum lupanar, ainda que esse os frequentasse raramente, jamais tendo realmente ingressado na vida dos ambientes noturnos. Considerando a alusão de mau gosto, sobretudo na presença de Odette, que poderia fazer-se uma imagem ruim dele, ele afetou-se de um ar glacial. Mas quando descobriu que a dama que próxima a ele se encontrava era Madame Cottard, ele entendeu que um marido tão jovem não poderia ter feito, aos olhos de sua

---

57. Ibid., p. 13.

esposa, alusão a tais divertimentos, e ele não mais deu ao feitio entendedor do doutor o significado que ele receava"[58].

Além da inarredável ambiguidade de sinais corporais e de sua decorrente polissemia, outra divergência com a palavra decorre da ausência de controle individual sobre o conjunto dos dados transmitidos pela gestualidade. O indivíduo é mais lúcido sobre o que diz do que sobre aquilo que seu corpo realiza. Esse último não é um suporte de significado tão controlável quanto a linguagem. Vêm glosar o discurso do indivíduo as mímicas, a tonalidade do olhar ou da voz, os movimentos das mãos e dos pés, os gestos inconscientes, ou seja: mil ocorrências do corpo concorrem com o discurso verbal. Freud o exprimiu energicamente: "aquele que tem dois olhos para ver, e duas orelhas para ouvir, constata que os mortais não conseguem esconder nenhum segredo. Aquele cujos lábios se calam conversa por meio das pontas dos dedos, traindo-se por todos os poros. Por essa razão, a tarefa de tornar conscientes as partes mais dissimuladas da alma humana é perfeitamente realizável"[59]. Ofereçamos a palavra novamente a Proust. Swann se indagava se Odette teve uma aventura com Madame Verdurin ou com outra mulher. Devorado por ciúmes, ele finalmente lho perguntou. "Ela balançou a cabeça enrugando a boca, sinal frequentemente oferecido a fim de responder que não se quer responder, que incomoda fazê-lo, a alguém que tivesse perguntado: 'Você vem conosco ver passar a cavalgada'? 'Você quer assistir ao espetáculo'? Mas este balançar da cabeça vinculado normalmente a um evento por acontecer induz certo grau de incerteza na negação de um evento passado. Ademais, ele invoca apenas razões de conveniência individual ao invés de uma reprovação ou de uma impossibilidade

---

58. PROUST, M. *Du côté de chez Swann*. Paris: Le Livre de Poche, p. 242.
59. FREUD, S. *Cinq psychanalyses*. Paris: PUF, 1954, p. 57.

moral. Notando Odette também sinalizar que não era verdade, Swann compreendeu que talvez fosse verdade"[60]. A linguagem articulada pode ser duplicada em qualquer instante ou denunciada por um desmentido ou ainda uma nuança infligida por um movimento quase imperceptível da cabeça ou do corpo ou ainda por um uso inabitual das mãos, uma agitação particular, gestos repetidos de autoapalpamento, olhos mais fugidios etc. As fugas de sentido escapam à lucidez do sujeito, elas afetam a tonalidade emocional da relação, mesmo que o indivíduo pense controlá-las. Eles traduzem a dissimulação, a hostilidade, a benevolência ou o tormento do locutor cuja mensagem poderá ser sentida pela pessoa que o encara sem que essa possa formular sua impressão de maneira precisa. O silêncio revela-se ainda mais explícito, oferecendo significados dos quais apenas o corpo possui as chaves[61]. A gestualidade não envolve apenas comunicação, ela também requer "produção" como ressalta J. Kristeva[62], ela também oferece revelações, como um espelho pessoal emaranhado na relação com o inconsciente. Acrescentemos que, mesmo se os movimentos corporais do indivíduo extraem elementos de um fundo social e cultural comum ao grupo a que pertence, ele os produz de forma deveras personalizada, tornando ainda mais ambígua sua significação.

As relações entre a língua e o corpo são tecidas de vínculos contraditórios. Rousseau já havia intuído a diferença entre a "língua dos gestos" e a palavra e a impossibilidade para a primeira de representar a infinita complexidade da condição humana que apenas a linguagem aproxima, sem alcançá-la integralmente. "Se nós jamais

---

60. PROUST, M. *Du côté de chez Swann*. Op. cit., p. 432-433.
61. LE BRETON, D. *Du silence*. Op. cit.
62. KRISTEVA, J. "Le geste, pratique ou communication?" *Langages*, n. 10, 1968.

tivéssemos passado necessidades diferentes daquelas físicas, escreve Rousseau, ter-nos-ia sido possível dispensar a fala, de sorte que nós atualmente empregaríamos perfeita e tão somente a língua dos gestos. Haveria sido possível estabelecer sociedades pouco diferentes das atuais, senão melhores em relação a seus propósitos. Haveria sido possível constituir leis, escolher chefes, inventar artes e estabelecer o comércio, realizando, em resumo, quase a mesma gama de atividades que executamos com recurso à palavra"[63]. Entretanto, o homem não vive num ambiente meramente físico, mas num universo de sentido. Se o corpo se evade tão facilmente ao controle da vontade, isso decorre de seu enraizamento mais profundo no inconsciente. Além das raras falhas da linguagem (lapsos, hesitações etc.), é no corpo que as grandes figuras do inconsciente se inscrevem com preeminência. De fato, quando comparada à palavra, a simbólica corporal oferece indicações de sentido e raramente mais do que isso. "Em outros termos, escreve J. Kristeva, o problema da significação é secundário e pode ser colocado entre parênteses num estudo da gestualidade enquanto prática. Isso vale dizer que uma ciência do gesto, visando a uma semiótica geral, não deve ser necessariamente conforme aos modelos linguísticos. Ela deve transgredi-los, alargá-los, começando por considerar o 'sentido' como indicação e o 'sinal' como 'anáfora'"[64].

As línguas gestuais

Para o indivíduo e para os demais, o corpo confere sentido graças à simbólica que encarna, mas seu funcionamento difere daquele da linguagem. A polissemia dos sinais do corpo desaconselha

---

63. ROUSSEAU, J.J. *Essai sur l'origine des langues*. Paris: Garnier-Flammarion, 1990.
64. KRISTEVA, J. Le geste... Art. cit., p. 54.

qualquer aproximação demasiadamente meticulosa. Entretanto, existem as exceções das línguas gestuais que dispensam radicalmente a palavra, substituindo-se de forma eficaz àquela, embora o façam num registro limitado ao caso em que as circunstâncias (barulho, distância etc.) impossibilitam o recurso à oralidade. Assim, as crianças numa sala de estudo, onde não estão autorizadas a falar, empregam um punhado de signos que estabelecem um nível mínimo de discussão. Há pescadores que trocam informações preciosas sobre os cardumes de peixes que cobiçam fazendo gestos codificados de um barco a outro. Os empregados da Bolsa recorrem a um repertório mais elaborado de signos gestuais, mas esses são pouco numerosos e sua funcionalidade reduz as ambiguidades. A linguagem dos monges da Idade Média permitia por vezes o diálogo dentro do respeito à regra do silêncio. Os sinais traçados pelo corpo aparecem em Cluny aproximadamente na metade do século X. A mais antiga das listas foi encontrada ainda nos idos de 1075, contendo 118 sinais. Após, ela se estendeu com o decorrer do tempo, na medida em que o intento de alargar as possibilidades de comunicação se fazia sentir. No fim do século XI, a lista de Guilherme de Hirsau compreendia 359 sinais. Esses se referem a objetos (alimentos, vestimentas, instrumentos litúrgicos etc.), a pessoas (incluindo os anjos, santos etc.), a ações (falar, calar-se, comer, negar, afirmar etc.) e às noções morais (bem, mal, belo etc.). De acordo com J.-C. Schmitt, que os estudou de forma detalhada, os gestos se apoiam sobre a mimese (assim, a designação do peixe se faz por meio de uma ondulação da mão) ou sobre a convenção (para significar o Bem, desliza-se o polegar e os dois dedos mais próximos sobre a mandíbula; o mal é figurado pela colocação de dois dedos sobre o rosto)[65]. A associação de signos não possibilita

---

65. SCHMITT, J.-C. *La raison des gestes dans l'Occident Médiéval*. Paris: Gallimard, 1990, p. 255-256.

a constituição de frases como imitação da linguagem, ela sobrepõe os significantes como pérolas justapostas, deixando ao interlocutor o cuidado de preencher suas relações de um significado preciso. O refinamento dessa linguagem gestual é tamanho que os homens da Igreja denunciam a partir do século XII a "tagarelice" da qual os monges se tornam culpados por deturparem maliciosamente com seus corpos o espírito da regra do silêncio. A desqualificação dos gestos monásticos se efetua por meio de sua assimilação à pantomima, uma referência negativa aos comediantes. Schmitt evoca um *exemplum* amiúde retomado na cátedra pelos predicadores e que se tornaria uma sátira: uma mulher não cessa de contradizer o marido, obstinando-se a dizer que o pasto deve ser "aparado" e não ceifado. Desalentado, o marido corta-lhe a língua para que ela se cale, mas a mulher continua a fazer com seus dedos o sinal de cortar com uma tesoura, ou seja, de aparar o pasto. "Assim fazem certos monges, escreve Jacques de Vitry, quando o silêncio lhes é imposto"[66].

A língua dos índios das planícies americanas, dotada de mil sinais, permite a comunicação gestual dos diferentes grupos em que pese as diferenças de linguagem[67]. As mulheres de certas sociedades tradicionais, especialmente as Warramunda, na Austrália, eram constrangidas a calarem-se caso se tornassem viúvas, isso podia durar vários anos, mas também elas se comunicavam com outras mulheres mediante gestos codificados. Elas mostravam tamanha habilidade que seu silêncio impunha uma diminuição de sua capacidade de comunicação. Assim elas perseveravam nessa forma de expressão mesmo quando já não mais eram obrigadas a calar, mantendo longas conversas por meio de seus dedos, mãos e braços.

---

66. Ibid., p. 257.
67. TOMKINS, W. *Indian signs language*. Nova York: Dover Publications, 1969.

A precisão e o rigor da linguagem dos sinais emitidos pelos surdos-mudos são equivalentes aos da língua falada. De forma "espontânea", de fato, cada comunidade de surdos desenvolve uma linguagem própria, apoiada num gestual muito elaborado. O recurso aos sinais substitui-se à linguagem em sua função antropológica, ele dá forma e conteúdo ao pensamento, mesmo que ele não passe pela voz. Ele favorece na pessoa surda a integração das regras inerentes à língua de sua sociedade e, assim, sua plena cidadania. Pode acontecer que, em certas regiões, o número de surdos congênitos imponha à comunidade o uso simultâneo da língua oral e da língua de sinais, misturando os atores indiscriminadamente no seio das relações sociais[68]. A língua dos sinais dos surdos-mudos, ainda que não tome o mesmo caminho que a atividade vocal, é comparável em sua organização e rigor às outras línguas orais, dispondo mesmo da dupla articulação. Tratando-se da ASG (*American Sign Language*) W. Stokoe mostrou as unidades significativas em operação: os cinemas (unidade de sentido) e sua expressão gestual formada de "queremas" (unidade formal). Stokoe repertoriou cinquenta e cinco, classificando-os em três modalidades: a configuração da mão (dezenove queremas ligados a diferentes posições), seu posicionamento em relação ao corpo (doze queremas consoante a posição da mão em relação à altura comparada com a testa, nariz, queixo, pescoço etc.), seu movimento (vinte e quatro queremas segundo o movimento efetuado pela mão dirige-se para o alto, baixo, direita, esquerda etc.) e a orientação da palma. A expressão do rosto acompanhando o traçado dos sinais é igualmente um dado significativo da comunicação[69]. A língua dos sinais

---

68. GROCE, N.E. *Everyone here spoke sign language* – Hereditary deafness on Martha's Vineyard. Cambridge: Harvard University Press, 1985.
69. STOKOE, W.C. *Semiotics and human sign language*. Paris/Haia: Mouton, 1972.

é organizada por regras gramaticais, ela repousa sobre uma sintaxe própria. Ela constitui nesse ponto uma verdadeira língua, de sorte que os sinalizadores estão sujeitos a lapsos em sua utilização. Sua particularidade reside no fundamento visual e não auditivo: ela emprega exclusivamente o corpo e, sobretudo, as mãos. Ela nada tem de mímica, por mais elaborada que seja; quem não está familiarizado com sua utilização não teria maior facilidade para apreender o sentido da mensagem do que estaria caso se tratasse de uma língua estrangeira.

Etiquetas corporais de integração

Toda interação abre-se e encerra-se numa série ritual de gestos e de palavras que colocam os atores em posição propícia para engajar ou concluir uma troca. A entrada no assunto solicita certas formas de saudação, social e culturalmente variáveis: as saudações lacrimosas, o aperto de mão, as mãos juntas sobre o peito do namastê indiano, o toque nasal dos lapônios, esquimós ou dos maori, que associam essas saudações ao fato de farejar o odor do outro. Nos Tikopia, premer o nariz sobre certa parte do corpo do outro é o primeiro gesto de tomada de contato entre iguais, devendo ser acompanhado de uma suave inalação e de uma fungação. Pressiona-se o nariz contra o pulso de um ancião ou contra o joelho de um chefe em sinal de submissão e de respeito. Esse também é o gesto realizado pelos membros parentais próximos ao noivo aos parentes masculinos da noiva como pedido de escusas por haverem subtraído uma mulher de seu grupo[70]. No Kuwait, as saudações ou as marcas de sujeição de um subordinado para com seu superior

---

70. FIRTH, R. "Postures and gestures of respect". In: POLHEMUS, T. (org.). *Social aspect of the human body*. Op. cit., p. 100-101.

realizam-se tomando o interlocutor nos braços e beijando-lhe o nariz. Assim, no momento da apresentação de votos ao presidente do país, os notáveis enlaçam o chefe de Estado, beijando-lhe o nariz. Esse gesto não é recíproco e assinala a desigualdade de *status*. Os beduínos do Kuwait, ao se saudarem, tomam-se nos braços e roçam duas vezes as pontas dos narizes, ao mesmo tempo em que seus lábios esboçam um beijo no vazio[71]. Esse gesto é unicamente masculino e não é efetuado com um não beduíno. Ele remete a um simbolismo corporal que associa o nariz à honra e à virilidade[72]. Um indivíduo de classe inferior deve em princípio inclinar-se à frente de um superior; se está sentado, ele deve levantar-se: a posição confortável pertence àquele. Os xeiques drusos cingem as pontas dos dedos, beijando as mãos e trocando palavras amistosas[73]. Os drusos beijam-se duas vezes sobre a bochecha e, após, sobre o ombro esquerdo como sinal de amizade. Antigamente, na alta sociedade europeia, os homens beijavam a mão das mulheres. No ambiente da corte, a reverência se impunha em relação aos soberanos. Saúda-se tirando o chapéu ou o quepe, ou apenas com um gesto da mão, com a palma voltada ao receptor caso se esteja com pressa ou se ele está distante etc. Beija-se as bochechas uma vez, duas vezes, ou outras mais. Os homens por vezes dão-se abraços. Amigos ou membros de uma mesma família se cingem emocionadamente quando se encontram. Confrontados a tal variedade de

---

71. GHARIB ALI, M. "Symbolique des gestes koweïtiens de la tête, des yeux et du nez". *Geste et Image*, n. 8-9, 1991, p. 152-153.

72. Um dos sinais gestuais de manifestação da cólera, executado pelos homens, consiste em apontar o próprio nariz, símbolo de virilidade: "Eu estou por aqui!" (GHARIB, M. "*Symbolique des gestes kuweïtiens de la tête, des yeux et du nez*", p. 158).

73. SRAGE, M.N. "La communication gestuelle illustrant la variétés des strates sociales au Liban". *Geste et Image*, n. 8-9, 1991, p. 168.

formas de saudações, o viajante poderia se enganar. Assim, Cândido prudentemente pede o conselho de um grande oficial antes de se aventurar na corte do rei de Eldorado, não sabendo como proceder para saudar Sua Majestade, indagando-se sobre a necessidade de "pôr-se de joelhos ou colar o ventre ao solo, colocar as mãos sobre a cabeça ou sobre o traseiro, ou mesmo de lamber a poeira da sala". De modo algum, respondeu o grande oficial, "o costume é de abraçar o rei e beijá-lo nos dois lados da face"[74].

As fases particulares da conversação podem ser anunciadas por uma ruptura de entonação caso ocorra uma mudança do registro do discurso. Essas rupturas podem se revelar mediante uma voz que abaixa ou que se torna risonha ou por intermédio de uma repentina gravidade etc. Contudo, além das indicações oferecidas pela palavra, a mímica do rosto e os gestos também demarcam o terreno e assinalam aos interlocutores a entrada numa nova dimensão da discussão. O anúncio de um evento doloroso faz-se em nossas sociedades com a adoção de um "ar de circunstância", tão sincero quanto convencional. Para introduzir a graça de uma piada, e para evitar que ela caia no vazio, o locutor marca uma ruptura com seu regime verbal anterior, se ele falava de coisas mais neutras. Ainda que os indícios linguísticos já anunciem a cor, eles são então redobrados por uma expressão do rosto que antecipa o riso vindouro. Ele se agita e toca um de seus interlocutores num ligeiro gesto, como se quisesse melhor mobilizar sua atenção. Ele também sói levantar a mão com um sorriso de conivência para requerer a devida atenção. Existe certo condicionamento que prepara o efeito por vir. Assim, Saniette, duvidando de seu sucesso, "não começava história alguma sem rir de seu humor, temendo que um ar demasiadamente

---

74. VOLTAIRE. *Candide ou l"optimiste in Romans*. Paris: Le Livre de Poche, p. 194

sério impedisse os demais de conferirem valor suficiente a sua mercadoria"⁷⁵. Por óbvio, o humor tira frequentemente partido da continuidade com a modalidade anterior de discurso, mas, nesse caso, ele aposta na perspicácia da plateia, o que é considerado por alguns como a aceitação muito delicada de um risco.

Durante a interação, após as saudações costumeiras e o derradeiro sorriso ou gesto da mão, os atores abandonam sua atitude anterior. Eles deitam fora a radiante expressividade que acompanhava suas enunciações, reencontrando uma espécie de neutralidade que, por sua vez, não é menos ritualizada, remetendo a uma maneira ordinária de comportar-se, de oferecer à vista o próprio rosto quando se está só e submetido a um imperativo de apresentação menos exigente. O indivíduo relaxa e aparece com outro rosto, outro corpo; não está indiferente, mas em repouso, ainda que outro encontro possa, alguns minutos mais tarde, despertar novamente a série de gestos e mímicas que caracterizam o estilo da interação e seus protagonistas. O narrador de *Em busca do tempo perdido* surpreendeu assim Monsieur de Charlus, que não o viu: "nesse momento, quando ele pensava não estar sendo observado, com as pálpebras arriadas contra o sol, o Monsieur de Charlus tinha liberado seu rosto da tensão, fazendo esmorecer aquela vitalidade afetada que lhe imprimiam a animação das conversas e a força de vontade"⁷⁶. A vacância do simbólico não existe de fato, pois, mesmo na solidão, o corpo continua impregnado de sinais sociais. Entretanto, o ator se torna menos vigilante. Ele não deixa verter com tanta vazão uma afetividade circunstancial, restando temporariamente liberado do imperativo expressivo que abastece o vínculo social de suas marcas familiares.

---

75. PROUST, M. *Sodome et Gomorrhe*. Paris: Gallimard, p. 309 [Coll. "Folio"].
76. Ibid., p. 10.

As interações da vida quotidiana (cumprimentar, despedir-se, sentar-se no terraço de um café, entrar numa sala de espetáculo, participar de uma reunião, fazer compras, conversar com amigos, reencontrar a família etc.) implicam gestualidades e mímicas específicas. Elas não se desenrolam espontaneamente, a distância ou a profusão subsumem-se à ordem ritual e ao simbolismo cultural, que todos querem ver respeitado. Um "dialeto do envolvimento"[77] determina o conteúdo das palavras pronunciadas, seu ritmo, tom, influenciando os movimentos do corpo e o jogo sutil de olhares, as mímicas, os gestos e posturas. Ele indica as zonas corporais de contato e aquelas onde o mesmo é proibido sob pena de provocar um mal-estar ou de suscitar uma reação violenta. No encontro com o outro, seja um familiar ou estranho, nada é deixado ao acaso de uma improvisação suscetível de criar embaraços. Essa coerência de sinais trocados, sua preparação, sua forma e ritmo, provêm de uma ordem simbólica própria a uma condição social e cultural nuançada pelas particularidades de cada participante. Os ritos de interação constituem primeiramente encenações ordenadas e inteligíveis das condutas individuais, sugerindo um modo de emprego do corpo e da palavra na relação com o outro, uma definição do lícito e do ilícito no acesso ao corpo segundo as circunstâncias. A mútua lealdade a tais sinais permite a imediata associação de uma derrogação a essas normas de conduta a um significado particular, que apenas pode ser interpretado segundo o contexto. Por exemplo, em nossas sociedades, se um homem toma a mão de uma mulher que recém-conheceu, ele traduz sua intenção de avançar e testa a reação dessa última de acordo com a atitude de recuo ou de adesão que ela manifesta em sua resposta. Ela pode recolher sua mão sorrindo, mostrando assim que o interlocutor se precipita, sem, no entanto,

---

77. GOFFMAN, E. *Les rites d'interaction*. Paris: Minuit, 1974.

romper o vínculo. Ela pode igualmente demonstrar sua reprovação. Nos modos, a ruptura tem valor indicativo. De acordo com a resposta do outro, ela inaugura ou deixa de abrir uma nova dimensão na relação. Porém, para um casal já constituído, o mesmo gesto pode se revelar uma forma íntima de mostrar ternura. O significado dos atos é enunciado apenas na situação em que estão inseridos.

Rito de intimidade – O exemplo do beijo[78]

A aproximação dos rostos é lícita apenas em circunstâncias muito precisas. Além das ternas carícias amorosas feitas sobre as bochechas ou sobre o queixo, ou ainda das relações com as crianças, o beijo é um costume corriqueiro, mas meticulosamente codificado para que não se distribua em profusão. Três modalidades do beijo se demarcam socialmente, abrindo-o a formas e significações muito diversas: sinal de afeição, rito de entrada ou de saída de uma troca e forma de congratulação.

Marca de afeição

Embora os contatos físicos sejam influenciados em nossas sociedades pela tendência à esquiva, pelo cuidado de preservação do invólucro íntimo, dá-se o movimento contrário em relação à criança[79]. Ela pode ser tocada, acariciada, mimada, coberta de beijos. A criança atrai a ternura sobretudo das mulheres, que se apressam para tomá-la às mãos, abraçá-la e apalpar seu rosto. Ela é coberta de solicitudes quando tropeça e vai ao chão, quando está chorando

---

78. Uma primeira versão deste parágrafo foi publicada no volume *Le Baiser*. Paris: Autrement, 1997 [CPHEN, G. (org.)].
79. LE BRETON, D. *Anthropologie du corps et modernité*. Paris: PUF, 1990.

ou quando recebe os cuidados de enfermeiros ou médicos. O seu rosto é o local privilegiado da ternura: beijam-se as bochechas, a testa etc. E espera-se que ela também beije como reconhecimento de um presente ou de um sinal de atenção que acaba de receber.

Ao despertar-se ou à noite, antes de dormir, antes de ir à creche ou à escola, ao retorno a criança requer carinho ou o "beijinho" que inicia ou encerra uma breve separação. "Meu único consolo, quando subia para me deitar, escreve Proust, era que mamãe viria me beijar quando eu estivesse na cama. Mas esse boa-noite durava tão pouco e ela descia tão rapidamente que para mim era um momento doloroso ouvi-la subindo e passando através das duas portas do corredor, com o leve rumor de seu vestido de jardineira feito de musselina azul do qual pendiam miúdos cordões de palha trançada"[80]. Durante as noites em que Swann se demora ao lado de seus pais, a criança se desespera por antecipação com a ruptura do ritual que lhe priva da posse integral do amor de sua mãe – o momento metonímico do beijo. "Eu precisava transportar, da sala de jantar até meu quarto, guardando-o enquanto me despia, esse beijo frágil que mamãe habitualmente me confiava ao leito na hora de dormir, cuidando para que não se rompesse sua doçura nem que se evaporasse sua virtude volátil. Porém, exatamente nas noites em que eu precisava recebê-los com cura, eu sentia o ímpeto de tomá-los, de roubá-los abrupta e publicamente, renunciando ao tempo e à liberdade de espírito necessários para prestar ao que fazia essa atenção típica dos maníacos..."[81] Os leitores de *Em busca do tempo perdido* recordar-se-ão dos ardis do pequeno Marcel para, a despeito da hora tardia, beneficiar-se do beijo maternal sem o qual sua noite era impensável, mesmo que lhe custasse irritar seu

---

80. PROUST, M. *Du côté de chez Swann*. Op. cit., p. 16-17.
81. Ibid.

pai ou mesmo importunar sua mãe. Proust afirma corretamente a dimensão de segurança, de reconhecimento de si no olhar do outro (este "outro" soberano que é a mãe), contida simbolicamente no beijo. O medo de uma noite assombrada pela solidão no sono é assim apaziguado pelo gesto transicional da mãe, que ritualiza a angústia e conforta a criança em relação a um mundo carente de amparos e dominado pelas criaturas oníricas. O beijo maternal é igualmente um viático em face das turbulências do dia que se inicia ou dos difíceis despertares da infância. Porém, em torno dos sete ou oito anos, a criança se revolta, proclamando que não é mais um bebê, ou tampouco um gato para ser mimado dessa forma. As proibições sociais se anunciam na medida em que a puberdade se aproxima. Em seguida, essas marcas de afeição tornam-se duvidosas aos olhos das testemunhas, mormente, é claro, caso se trate de um homem a prodigá-las. A relação com a criança é sempre compreendida entre essas duas suspeitas de violência física a seu encontro ou de uma ternura interesseira que dissimula a sedução e o abuso sexual.

O beijo é um gesto simbólico de afirmação da ligação com o outro. Se ele não é dado quando esperado, sua carência abre uma chaga viva, da qual mesmo os adultos podem se lembrar. Terrível prova da indiferença de uma mãe mais preocupada consigo do que com seu filho ou filha. Como o beijo jamais conferiu consolação, a dor continua a irrigar o presente e a alimentar a repreensão de uma insuficiência de amor. Longos anos depois, homem e mulher lembram-se em prantos da criança ferida quando, certo dia, não obteve um ato de ternura materna e que disso ainda padece.

Numa relação amorosa, o acesso ao corpo do outro não impõe nenhuma reticência. O erotismo ou a ternura não dosam as carícias, os beijos na boca, nas bochechas, no pescoço e em outras partes do corpo. O prazer partilhado da oralidade se desenrola não apenas no gozo do rosto, mas de toda parte onde se aplicam os lábios, pois, no desejo de outrem, tudo é ao mesmo tempo desejo e jubilação. "Teus lábios, minha esposa, destilam o virgem mel. O mel e o leite sob tua língua" (III-4), diz o amante no Cântico dos Cânticos, respondendo ao chamado de sua bem-amada: "Que me beije na boca. Teus amores são mais deliciosos que o vinho" (I-1). O beijo na boca, que comprime os lábios e confunde os corpos, é o traço dos amantes: ele não se encontra em nenhum outro momento dos rituais da vida quotidiana. "Cada beijo clama por um novo beijo, escreveu Proust. Ah, nos primeiros momentos em que se ama, os beijos aparecem tão naturalmente! Eles se amalgamam de tal forma uns com os outros, que se torna tão difícil contar os beijos que trocamos durante uma hora quanto seria contar as flores do campo no mês de maio"[82]. Albert Cohen brandiu sua pluma com a mesma emoção: "Ah, os inícios, dois desconhecidos repentina e maravilhosamente se conhecendo, os lábios à obra, línguas temerárias, línguas jamais satisfeitas, línguas procurando-se e confundindo-se, línguas combatendo, embaralhadas no terno respirar, santo trabalho do homem e da mulher, sorvendo a boca, bocas que se nutrem uma da outra, sustento da juventude..."[83] Os beijos

---

82. PROUST, M. *Un amour de Swann*. Paris: Gallimard, p. 284 [Coll. "Folio"]. – Proust ofereceu uma admirável descrição do primeiro beijo entre Swann e Odette: "Mas foi Swann quem, antes que ela o deixasse cair, como que indiferente, sobre seus lábios, a reteve entre suas mãos a uma certa distância por um instante. Ele quis deixar a seu pensamento o tempo de acorrer e de reconhecer o sonho que ela por tanto tempo acalentou e de assistir a sua realização, como um parente convocado para tomar conhecimento do sucesso de uma criança por ela muito amada" (*Un amour de Swann*, p. 279).

83. COHEN, A. *Belle du seigneur*. Paris: Gallimard, p. 351 [Coll. "Folio"]. – Recordemos que o beijo na boca pode ser visto em outras culturas como o cúmulo do despudor. Tomemos o exemplo da Índia, referente à reação a uma cena de beijo inserida num filme ocidental: "O beijo à 'americana', interminável e com os lábios comprimidos, desperta uma grande hilariedade a cada vez que aparece

ritualmente trocados quando são colocadas as alianças nos dedos dos jovens casados e na saída da cerimônia são uma forma de engajamento simbólico e de confirmação oficial da comum afeição.

Um primeiro beijo dado no fogo da mútua ternura pode parecer como um engajamento no sentido de uma relação mais duradoura ou como um simples flerte destinado a avaliar a intenção do outro de seguir avante. O beijo na boca corresponde de fato a significados muito diferentes de uma cultura a outra. Lembremos então os mal-entendidos apontados por Margaret Mead e Ray Birdwhistell quando os GIs estacionados na Inglaterra flertavam com as jovens inglesas. Segundo as últimas, os soldados americanos eram grosseirões; ao passo que, para os americanos, eram as inglesas que se mostravam moças fáceis. Essa divergência de opinião se explica pela diferença dos rituais amorosos para uns e outros. Na Inglaterra, o beijo na boca aparece ao fim de uma longa aproximação, traduzindo um grau de confiança e afeição avizinhando o ato sexual. Ao revés, nos Estados Unidos o beijo na boca aparece rapidamente e não implica nenhum compromisso. O soldado americano ao beijar uma jovem inglesa a constrangia desde cedo a uma escolha difícil: partir e talvez arrepender-se desse gesto em seguida ou entregar-se numa relação mais profunda, convencida que tal é o intento de seu companheiro[84]. Kendon filmou secreta-

---

sobre a tela. O beijo à 'francesa', no qual os amantes 'devoram-se' suas bocas reciprocamente, também provoca risos nas salas de cinema, mas ele geralmente incomoda os espectadores, como pude constatar diversas vezes. Os jovens ficam seja muito rumorosos, seja muito silentes. Eles podem até cuspir no chão. Os mais velhos prendem a respiração, molestados. Há os que escondem o rosto entre os joelhos para não mais padecer a sequência" (GOLISH, V. L'Inde impudique des maharâjahs (Paris: Laffont, 1976), apud Jacques DUPUIS, J. L'Inde – Une introduction à la connaissance du monde indien. Paris: Kailash, 1992).

84. WINKIN, Y. *La nouvelle communication*. Op. cit., p. 63.

mente um casal de namorados sentados ao parque. Cada vez que o homem beijava a mulher, ele inicialmente se aproximava dela; mas, antes do contato, ele buscava a aprovação de sua companheira aguardando que ela dele se aproximasse ligeiramente, dando assim licença para que o homem completasse o gesto. Uma série de sinais que atravessam o rosto da mulher indicam ao homem se ele pode beijá-la e de que forma[85].

Sinal da paixão (ou sua mímica), o beijo está reservado ao domínio privado, sob pena de suscitar olhares ultrajados ou embaraçados, ou ainda sorrisos indulgentes na rua, por exemplo, visto que jamais deixa os transeuntes indiferentes. Algumas vezes, pungidos pelos olhares, as bocas abandonam-se pesarosamente e o casal marca com uma risada a alegria da transgressão. A mulher traduz seu constrangimento num sorriso acanhado ou tenta displicentemente afastar a boca voraz de seu companheiro. Entretanto, o lugar da "provocação" pode ser mais ou menos diluído na banalidade quando cada banco de uma praça pública é ocupado por um casal de namorados, como na canção de Georges Brassens. A complacência de que beneficia o beijo na boca reunindo um homem e uma mulher não se estende aos casais de mulheres ou de homens, os quais suscitam um mal-estar tangível, expondo-os ao escárnio, a muitos olhares espantados ou à galhofa afrontosa dos passantes. O beijo na boca é o atributo de uma intimidade amorosa, tanto mais quando se trata de beijos sobre outras partes do corpo de conotação sexual mais explícita.

A meio caminho entre o sinal de afeição e o rito de entrada na vida comum, aperitivo da sexualidade vindoura, a tradição do *ma-*

---

85. KENDON, A. "The role of visible behavior in the organization of social interaction". In: VON CRANACH, M. & VINE, I. (org.). *Social communication and movement*. Londres: Academic Press, 1973.

raîchinage estava ainda em vigor na região do Marais-du-Mont, na Vandeia, ao fim do século XIX. Os jovens solteiros com idade para se casar encontravam-se livremente durante certas épocas do ano, embora o fizessem sob os olhos da comunidade e no respeito das formas do ritual. O moço abordava a moça que desejava esticando seu vestido e tomando-lhe o guarda-chuva; caso essa aceitasse o convite, ela o acompanhava ao restaurante ou ao largo de uma encosta, pois sempre se escolhia um ambiente exposto ao controle do grupo. Encobertos pelo guarda-chuva, "os jovens passam longas horas somente a trocar profusos beijos", ou conversas lacônicas e relativamente cruas: "põe tua língua na minha boca e diz que me ama"[86]. O *maraîchinage* reunia a porção da juventude em idade de cortejar, uma dezena de casais se entregava então a longos beijos e a carícias que podiam ir deveras longe. Eles estavam de toda forma prometidos a casar. "Os moços e moças se põem à mesa num canto, à frente de uma taça de licor, ou de café... e ali, uns ao lado dos outros, eles permanecem longas horas entregues ao *maraîchinage*, sem abrir a boca, nem para pronunciar ao menos uma palavra! Eles agem no recolhimento... ou até mesmo em plena rua, à vista de todos, em pé entre a multidão matutina da feira ou na quermesse durante a tarde... Outras vezes, retornando à fazenda..., eles se instalam à vista e no conhecimento geral à beira de uma vala da estrada principal, domingo à tarde principalmente"[87]. O *maraîchinage* não se tratava de uma licença sexual tolerada pela comunidade, pois valia apenas entre os jovens solteiros e seus prometidos a casamento. O costume visa a iniciar com preceito o relacionamen-

---

86. SEGALEN, M. *Amours et mariages dans l'ancienne.* Paris: Berger-Levrault, 1981, p. 45.
87. BAUDOUIN, M. *Le Maraîchinage* – Coutume du pays de Monts (Vendée) (Paris: 1932), apud. FLANDRIN, J.L. *Les amours paysannes:* XIXe-XXe siècles. Paris: Gallimard, 1993, p. 249-250 [Coll. "Folio"].

to dos jovens por se casar, tratava-se de uma "prática de aguardo e experimentação do acordo sexual"[88], mediante a descoberta do outro e o teste das mútuas afinidades.

Ritos de entrada e de saída da interação

Quando o beijo inicia ou encerra um encontro, ele se aplica sobre a bochecha uma ou diversas vezes. Esse gesto provém notadamente do ritualismo familiar, as crianças beijam seus pais antes de ir à escola, o homem e a mulher beijam-se antes de ir trabalhar etc.[89] Esse gesto implica uma particular familiaridade, situando-se num momento particular do encontro. Um menino e uma menina que acabam de se conhecer, ambos adolescentes, trocam facilmente dois ou mais beijos nas bochechas ao se separarem. O número difere, com efeito, de uma região para outra, restando cerca de três. Na Alsácia, eles são reduzidos a dois, mas podem passar de quatro no Oeste e Centro da França. As meninas se beijam frequentemente. Sua relação com o corpo é menos constrita, mais sensível do que aquela mantida pelos garotos, claramente demonstrativa de uma imagem insistente de virilidade. Logo após se conhecerem, ou mesmo entre amigos de longa data, os garotos em princípio jamais se beijam, a não ser que assim queiram marcar simbolica-

---

88. Ibid., p. 254. O mesmo autor invocou mais duas traduções similares, a do *fouillage* (revista) nos Cantões de Bressuire e de Parthenay, assim como o *migraillage, na região do bocage vendéen*, ibid., p. 255s. Ainda sobre o *maraîchinage*, cf. SEGALEN, M. *Amours et mariages dans l'Ancienne France*. Op. cit., p. 44s.

89. Em caso de conflito, o rito é interrompido. Proust pressentira que Albertina estava se afastando dele quando uma noite ela não executou o rito a que estavam acostumados de beijarem-se antes de recolher-se cada um a seu quarto. Ele a reteve por alguns instantes, esperando que ela não se esqueceria de beijá-lo, mas ela o deixou alguns minutos mais tarde com a mesma indiferença. A ruptura do rito afetivo consistia num sinal de sua decisão de partir (PROUST, M. *La prisonnière*. Paris: Le Livre de Poche, p. 465-466).

mente seu desdém para com as normas sociais: como no caso dos homossexuais, por exemplo. O costume também existe entre os atores, dançarinos ou músicos, menos preocupados com as normas e indiferentes ao julgamento social. Para esses homens, cuja profissão consiste em fazer de si outra pessoa, beijar no rosto ao se encontrar ou se separar manifesta um rito de reconhecimento entre pares. De fato, entre amigos, o rito de entrada ou saída das interações da vida quotidiana solicita mais frequentemente o aperto de mão, que é menos comprometedor para a imagem própria. Belotti comparou os ritos de cumprimento dos garotos aos das garotas na Itália: para os primeiros, trata-se de apertos de mão, abraços, tapas sobre os ombros, uma luta finta amiúde tingida com uma agressividade contida, "verdadeiro código gestual da virilidade". "Recordo episódios de minha infância campesina, escreve a mesma. Os homens, para mostrarem-se afetuosos com as crianças (os meninos, pois se tocavam no máximo os cabelos das meninas) torciam-lhes os lóbulos das orelhas, pinçavam-lhes cruelmente as bochechas, ou batiam o dedo em riste na cabeça ou no rosto da criança, ou como se quisessem empurrar uma esfera. Isso representava uma iniciação sádica à virilidade, a transmissão de homem a homem de um código gestual específico"[90]. O aperto de mão impõe-se para o momento da despedida para um homem e uma mulher de idade madura que acabam de se conhecer. Igualmente, quando o jovem encontra uma pessoa de outra geração, como a mãe de uma amiga, ele raramente ousa transpor desde logo a barreira simbólica que o beijo na bochecha tende a apagar. Evidentemente, a disparidade das situações acusa o caráter convencional dos empregos do corpo nos ritos de interação.

---

90. BELOTTI, E.G. *Les femmes et les enfants d'abord!* Paris: Seuil, 1983, p. 124.

O beija-mãos é uma forma vetusta de polidez empregada para ressaltar a entrada ou saída de um encontro mundano ou no protocolo de um encontro político, quando o presidente ou um ministro recebe a esposa de seu correspondente ou caso seu homônimo seja mulher. O homem beija delicadamente o dorso da mão da mulher que cumprimenta ou da qual se despede. Oriunda de ambientes aristocráticos ou mundanos, essa prática tende ao desaparecimento ou a delinear-se como uma marca de particular refinamento, exatamente pelo fato de surpreender agradavelmente os hóspedes.

Outra forma ritual de despedida envolvendo o beijo encontra-se naquele derradeiro gesto reservado ao defunto. Pode ocorrer que essa prática social persista em alguns lugares, embora de forma individualizada ele persista entre os próximos durante o velório, ao menos no momento do último recolhimento que precede o fechamento do ataúde. Entretanto, há apenas algumas décadas, toda a família – e também as crianças – sucediam-se à frente dos despojos mortais para saudar ou beijar pela última vez aquele que jamais tornariam a ver.

O beijo ao solo é uma forma de afeição demonstrada ao país natal, sendo oferecido tanto como rito pessoal de entrada quanto de saída, assim como quando o migrante ou exilado está de partida da terra onde nasceu e cresceu ou quando a ela retorna. De joelhos sobre o solo o indivíduo, transtornado, saúda simbolicamente um espaço e um período de tempo que lhe são caros, cujo abandono dilacera seu peito ou cujo reencontro após uma longa ausência lhe causa emoção. A terra é antropomorfizada e torna-se viva para a memória: reencontrá-la ou afastar-se dela remete a emoções idênticas às nutridas por um parente. Essa prática entrou no protocolo quando o Papa João Paulo II passou a executá-la em suas viagens, fazendo uma saudação simbólica e um gesto de humildade para os países que o acolhiam.

Forma de felicitação

Na vida quotidiana, o beijo também se verifica uma forma usual de felicitação oferecida pelos próximos após o sucesso num exame, num concurso ou após a realização de uma proeza particular, da obtenção de uma promoção etc. Na França, ele faz parte do ritual de concessão das mais altas honrarias, quando o presidente beija o rosto do ditoso beneficiário. Sobretudo, ele acompanha o ritual da vitória na cultura esportiva. O beijo oferecido pelas rainhas da beleza locais ao vencedor da prova ciclística ou da maratona, o abraço ao campeão oferecido pelos oficiais no momento da entrega das medalhas aos atletas... Após cada gol marcado, os membros de uma equipe de futebol cingem-se uns aos outros ou beijam o autor do tento. A satisfação pela obtenção de uma vantagem importante para o desfecho da partida e o reconhecimento em relação ao artesão do sucesso coletivo dão curso às efusões. Também são conhecidas as imagens dos beijos frenéticos pregados à taça conquistada pelos membros de uma equipe campeã, ainda que nem todos os esportes conheçam essa forma simbólica de traduzir a alegria: o aperto de mão é de regra no golfe e no tênis, por exemplo[91].

A ronda dos beijos acompanha a vida quotidiana em seus episódios de intimidade ou de convenção, abrindo os contatos lícitos com o corpo do outro. No apagamento ritualizado do corpo que marca nossas sociedades[92], o beijo cria um instante de partilha por meio do contato físico, ainda que o enraíze no seio de uma norma que prescreve meticulosamente as eventuais transgressões, mitigando qualquer indecisão. O corpo a corpo do beijo nos ritos de

---

91. Sobre esse assunto, veja-se a obra de síntese de FAUCHE, X. & NOETZLIN, C. (p. 257). O beijo não existe necessariamente em todas as sociedades, ele toma formas culturalmente diversificadas consoante os locais onde se faz presente.
92. LE BRETON, D. *Anthropologie du corps et modernité*. Op. cit.

interação ou o aperto de mão são momentos de exceção que a civilidade controla, trata-se de breves possibilidades de acesso ao corpo do outro cuja única consequência reside na satisfação de uma convenção. Apenas no amor o beijo pode ser desmesurado, pois a ternura é o único limite que se impõe.

Dificuldade de integração social da língua dos sinais

A longa repressão imposta, em consequência do Congresso de Milão de 1880, às linguagens de sinais empregadas pelos surdos em benefício da palavra é reveladora do depreciado *status* do corpo na comunicação. Com efeito, os primeiros educadores de crianças surdas, como o abade de l'Épée ou Degérando, souberam reconhecer a completude da língua dos sinais graças à qual a criança podia forjar seu pensamento, sua capacidade de comunicação e sua aptidão a ingressar na linguagem social. Contudo, a constituição de uma cultura particular nutriu entre os ouvintes o receio da introversão da comunidade surda e o temor da criação de uma dissidência que – receava-se, segundo o imaginário biológico da época – poderia aumentar o número de surdos. Bell, o inventor do telefone, cuja mulher era surda, exprimiu essa apreensão: "caso decidíssemos criar uma variedade surda da raça e caso fosse necessário propor métodos que incitassem os surdos-mudos a casar-se com outros surdos-mudos, nós não seríamos capazes de inventar melhor método do que aquele já existente... Nós estamos a caminho da criação de uma variedade surda da raça humana"[93]. O desejo de realizar uma completa integração social reforçou a iniciativa pedagógica centrada no aprendizado verbal. O Congresso

---

93. BELL, G., apud HIGGINS, P.C. *Outsiders in a hearing voice* – A Phenomenology of Sound. Beverly Hills: Sage, 1980, p. 64.

de Milão concluiu pela necessidade de formar os surdos nesse fito, proscrevendo os sinais como obstáculos a esse aprendizado. Foi uma decisão prenhe de consequências, a qual entregou as rédeas da educação dos surdos aos ouvintes, mergulhando as línguas dos sinais no opróbrio moral e pedagógico[94]. A submissão à fala e o esforço de aquisição de seus rudimentos foi imposta às pessoas surdas – que são mudas tão somente em função de um defeito de audição e de aprendizado da língua – sem que lhes fosse possível servir-se da linguagem dos sinais, reduzida à clandestinidade. Tudo isso ocorreu no interesse exclusivo dos ouvintes, pois – exceto se conhecem a leitura labial – os surdos não se comunicam entre si dessa forma. A comunidade surda padeceu então uma dolorosa regressão cultural. A vontade dos ouvintes de integrar socialmente os surdos foi de encontro às necessidades de encobrimento ritualizado do corpo na vida social[95], continuamente transgredida na linguagem dos sinais.

Foi apenas durante os anos de 1980 e depois de uma grave altercação que as comunidades de surdos retomaram o pleno uso de suas línguas: a pedagogia das escolas especializadas também começou a abrandar-se, prestigiando simultaneamente os sinais e a oralidade. Mas esse eclipse secular, durante o qual as linguagens de sinais foram desprezadas, traduz muito bem o fato de que, nas mentalidades ocidentais, o pensamento e a comunicação decorrem, primeiramente, da palavra. O corpo é percebido como a dimensão despudorada da oralidade, sua parte ruim que se impõe ao olhar, cuja presença deve ser atenuada mediante uma submissão aos

---

94. BOUVET, D. *La parole de l'"enfant sourd*. Paris: PUF, 1982. • SACKS, O. *Des yeux pour entendre*. Paris: Seuil, 1990. • PADDEN, C. & HUMPHRIES, T. *Deaf in America* – Voices from a Culture. Cambridge: Harvard University Press, 1988.
95. LE BRETON, D. *Anthropologie du corps et modernité*. Op. cit.

códigos de discrição e de fidelidade aos costumes. A língua dos sinais, ao revés, aparece como um hino ao corpo e ao rosto. Ela destrói os ritos e suscita o embaraço dos ouvintes, para os quais apenas a voz é digna de linguagem.

Um diálogo conduzido por meio da linguagem dos sinais num lugar público atiça uma curiosidade que faz pouco caso da discrição. Ela magnetiza os olhares, os comentários, podendo ainda suscitar escárnio[96]. Essa hostilidade também se encontra em outras circunstâncias. Pode ocorrer, mesmo que a pessoa saiba ler os lábios com facilidade, que alguma palavra lhe escape e que ela deva indagar novamente a seu interlocutor o sentido de uma oração malcompreendida. Na experiência dos surdos, essa pode se verificar uma zona de fricção com os ouvintes. Qualquer ruptura do ritual de interação, posto que involuntária, provoca desconforto, notadamente quando ela coloca em evidência o corpo, levando o ouvinte a compreender que sua palavra não importa, mas tão só o movimento de seus lábios. A posse do verbo manifesta em nossas sociedades uma espécie de prova de plena pertença à humanidade; sua ausência assinala, ao contrário, uma suspeição nesse tocante, desacreditando potencialmente o interlocutor. O revezamento da palavra pela língua dos sinais não dissipa o litígio, tendendo notadamente a reforçar as dúvidas em relação à identidade da pessoa surda. O destaque do corpo durante a interação incrementa o descrédito.

A expulsão da gestualidade para fora da comunicação ordinária não apenas cria um penoso interesse pelos intercâmbios que entre si realizam as pessoas surdas, como também prejudica a educação das crianças surdas de nascença, concorrendo para dificultar-lhes a vida. Apenas aqueles cujos próprios pais também são surdos aprendem a fazer os sinais de maneira natural, tal como as ou-

---

96. HIGGINS, P.C. *Outsiders in a hearing voice*. Op. cit., p. 134s.

tras crianças aprendem a falar. Porém, os interlocutores dispostos a dialogar com eles são raros afora do círculo familiar. Ao revés, a criança surda nascida de pais ouvintes não goza desse "banho" de língua, ela resta isolada e carente de contato com seu ambiente, a não ser que algum membro da família responda a seus esforços de comunicação gestual[97]. Embora essa linguagem mímica não disponha da estrutura de uma língua, ela liberta a criança de sua redoma, aproximando-a da comunicação ordinária. Contudo, a criança que não se encontra num círculo estimulante nesse aspecto, encorajador para suas iniciativas, faz amiúde prova de um evidente atraso em relação à normalidade no âmbito psicológico, afetivo, intelectual e social. Esse atraso diminui, ou se mostra mesmo insignificante, quando a criança se beneficia dos sinais como primeira língua e nos casos em que seus pais cuidaram de estimulá-la, interessando-se por sua abertura sensorial ao mundo. Dispondo de um quadro para organizar seu pensamento, de um meio eficaz de comunicação com seu círculo e havendo sido sensibilizada à complexidade do mundo, a criança surda conhece um desenvolvimento pessoal indiferente à surdez, embora ela sempre lhe imponha uma relação particular com o mundo[98].

---

97. "Eu não demorei a sentir a necessidade de comunicar-me com os demais e comecei então a me exprimir mediante uma mímica muito simples", escreveu Helen Keller, cega-surdo-muda. "Eu balançava a cabeça para dizer 'não' e a inclinava para dizer 'sim'. O gesto de tracionar algo em minha direção significava 'venha', um empurrão manual, 'vá embora'. Caso desejasse pão, eu mimicava cortar fatias e aplicar a manteiga... Minha mãe lograva compreender-me em muitas ocasiões" (KELLER, H. *Sourde, muette, aveugle*. Paris: Payot, 1991, p. 21). "Como eu era pequenina, ninguém me ouvia, escreveu a atriz Emmanuelle Laborit. Eu e minha mãe havíamos inventado nossa linguagem particular, mas isso era tudo o que eu tinha..." (conforme o testemunho publicado em *Le cri de la mouette*. Paris: Laffont, 1994).
98. BOUVET, D. *La parole de l'enfant sourd*. Op. cit.

A comunicação mediante a língua dos sinais requer certas posturas, certos movimentos manuais e algumas mímicas do rosto. Ela demanda uma atividade corporal e uma proximidade física que contradizem os ritos de interação vigentes. Muitas vezes, esquecida sozinha em seu berço, a criança ocidental carece de estímulos numa sociedade em que a palavra e a escrita primam sobre o corpo, confinando-a a um papel coadjuvante. Como observa Marie-Jo Serazin, tal não ocorre para a criança surda da África Subsaariana. Num permanente corpo a corpo com a mãe, ela vive a seu ritmo, enlaçada contra seu corpo ou suas ancas, com ela respira, sente o calor de sua pele, vibra quando ela executa suas tarefas domésticas, caminha, dança ou fala com suas amigas. A criança está no centro dos intercâmbios. Sua surdez não lhe parece uma deficiência, pois, embora lhe faltem as palavras, ela se beneficia de inúmeros estímulos visuais, tácteis e rítmicos. Imersa na sociabilidade e sendo permanentemente solicitada por uns e outros, ela participa da efervescência do mundo com todo seu corpo.

Em tal contexto, nenhuma proibição paira sobre a linguagem dos sinais, visto que não existe qualquer objeção no tocante à dignidade do corpo na comunicação. "É paradoxal, escreve a esse propósito Marie-Jo Serazin, que a audição seja relativa e a surdez não seja uma deficiência maior na África, exatamente onde a palavra domina toda uma matriz de oralidade; mas que, ao revés, a escuta se torne preponderante onde domina a escrita e todas as técnicas de mediação, considerando-se nesses lugares um déficit auditivo como uma deficiência maior, capaz de comprometer o bom amadurecimento e desenvolvimento da criança"[99]. Se a criança

---

99. SERAZIN, M.-J. "Corporéité-gestualité et développement humain". Geste et Image, vol. 3, 1983, p. 17.

ocidental depende de sua audição na educação, para a criança africana essa é apenas uma medicação dentre outras. O *status* da pessoa surda (e seu desenvolvimento pessoal) depende do *status* do corpo na comunicação e principalmente da gestualidade. O banimento ritualizado do corpo em nossas sociedades tem por consequência o ostracismo social do surdo, dificultando-lhe, outrossim, o caminho para uma integração social bem-sucedida: ele faz da surdez uma deficiência.

Preservar o Outro

Em nossas sociedades ocidentais, os sentimentos como a vergonha, culpabilidade ou embaraço subentendem o julgamento alheio, real ou potencial. Para evitar tanto os descontentamentos pessoais como os coletivos, o indivíduo se conforma espontaneamente às expectativas de seus parceiros, seguindo códigos de interação e de conduta afetiva. Seu grupo de pertença exerce a pressão que confere normatividade aos comportamentos. A vontade de oferecer uma imagem positiva de si está estreitamente relacionada com o receio de perder a face ou de sentir vergonha. A cultura afetiva impõe uma regulação interna dos comportamentos enquanto que os aparelhos policial e judiciário zelam pela regulação externa. O olhar do outro incita à satisfação normativa dos ritos sociais. Os sentimentos ou emoções fundamentam-se então sobre uma concepção social do bem ou do mal, do lícito e do ilícito. Eles nutrem a autoestima e implicam paralelamente uma consciência da responsabilidade para com os outros. Todavia, a adesão às normas que regem as relações sociais não é mecânica, essas não passam de matérias-primas à disposição dos atores que a elas se acomodam de acordo com seu estilo pessoal. Um crime pode ser cometido sem que seu ator sinta a mínima culpabilidade. Nos anais da criminalidade sobram exemplos disso, como a impenitência dos dignitários nazistas em Nuremberg.

A interação provoca o anseio individual de controlar as representações que os outros fazem de si e de expor a imagem pessoal mais propícia. De forma sutil, a questão da face insere-se tacitamente no âmago das interações, pois essa pode ser comprometida a qualquer momento. Na linguagem corrente, a cara ou a face referem-se ao homem em sua integralidade, abarcando o sentimento de identidade e a estima que lhe conferem os demais. A face (ou a cara) é uma medida da dignidade social da qual um ator é objeto. Goffman a define como "o valor social positivo que uma pessoa reivindica de forma efetiva por intermédio de uma conduta que seus interlocutores supõem haja sido adotada durante um contato específico"[100]. Os ritos de interação reúnem os atores sob definições sociais com as quais eles devem acomodar-se com vistas a impedir, na medida do possível, que o intercâmbio comprometa a autoestima que carregam e que pensam, mutuamente, merecer. "Um indivíduo mantém sua face quando a linha por ele perseguida manifesta uma imagem consistente com seu ser, ou seja: quando ela se coaduna com os julgamentos e indicações emitidos pelos outros participantes e confirmados pelos elementos impessoais da situação"[101]. A face é uma decorrência do olhar alheio e da suposta apreciação de outrem. Como ela é invariavelmente provisória, convém conservá-la mediante a adoção de atitudes adequadas. A simetria dos rostos contrapostos confirma incontestavelmente a realidade da identidade que os une. Os rostos espelhados dos atores se apagam em proveito dos sinais familiares do intercâmbio e da autoafirmação. No entanto, toda interação está sujeita a

---

100. GOFFMAN, E. *Les rites d'interaction*. Paris: Minuit, 1974, p. 9.
101. Ibid., p. 10.

deselegâncias, descompassos, distrações, atos falhos, lapsos, risadas incontroláveis, ofensas etc., as quais podem comprometer o desfecho da troca, mergulhando as partes no embaraço.

A nudez, a vulnerabilidade, ou, inversamente, o domínio e a claridade aparente que nele se leem fazem do rosto a pedra de toque da relação, a qual oferece uma indicação sobre a qualidade da interação. Por isso, ele simboliza a relação com outrem ao desempenhar o papel de signo mais vibrante e mais expressivo do ser. A pele do rosto é a zona mais sensível na relação com os outros[102]. O ator oferece uma impressão ruim quando mostra aos demais uma atitude desproporcionada ao que ele poderia legitimamente se permitir, quando rompe com as expectativas alheias, ultrapassando seus direitos e olvidando seus deveres. Por provocação ou inadvertência, ele desvela uma parte pouco recomendável de si, expondo-a a um julgamento inclemente. Ele também pode assim apresentar uma pálida figura exatamente nos pontos em que proclamara alto e forte sua eminência. Ele pode tentar salvar sua face, mas o rosto que oferece aos olhares alheios desmente seu esforço; o rosto dos demais já não mais espelha o seu: amuamentos céticos ou expressões de cólera lhe são opostos. Em nossas sociedades, as trocas reparadoras[103] permitem extrair do embaraço o criador de um tormento e sua vítima. Oferecendo escusas, justificações ou súplicas, o ofensor busca redefinir o significado de seu ato. Ele anula sua ambiguidade, afirmando aos olhos de testemunhas que sua relação com a norma transgredida ou para com a pessoa concernida é muito diferente daquilo que sua conduta permitia supor. Fazendo uma honorável emenda, ele evita a criação de um conflito

---

102. LE BRETON, D. *Des visages...* Op. cit.
103. GOFFMAN, E. *La mise en scène de la vie quotidienne*. Paris: Minuit, 1973, p. 101-180.

duradouro e permite aos protagonistas perseverar no intercâmbio, os quais então poderão olhar-se no rosto novamente. O ofendido por vezes demonstra suficiente presença de espírito para desarmar o conflito com uma tirada humorística ou com um riso apaziguador, o qual o autoriza a proclamar a manutenção de sua dignidade e sua total indiferença à ofensiva vexatória do outro. Essa atitude desenvolta quebra a gravidade do discurso, reforçando a posição do ofendido. De fato, enfrentando um rosto tranquilo que não se comove por tão pouco, o ofensor se vê constrangido a adotar melhores disposições ou a, no mínimo, modificar seu ângulo de ataque.

Proxêmica

O ritualismo da interação repousa igualmente sobre um uso preciso da distância com o outro e sobre a licitude dos contatos corporais segundo as circunstâncias. Durkheim já havia notado que a "personalidade humana é coisa sagrada, não se ousa violá-la e deve-se manter distância com seus confins; todavia, seu lugar por excelência é a comunhão com os demais". O espaço do encontro é uma estrutura de significação que se configura em função das sociedades ou dos grupos de acordo com diferenças de *status*, sexo, idade etc. As atitudes físicas, o jogo de olhares, a relação com o olfato, a escolha entre tocar ou não o corpo do outro e a distância da interação apresentam variações importantes consoante o grau de familiaridade unindo os indivíduos e o caráter íntimo ou público do intercâmbio[104]. O corpo designa o território do Eu. Ele é o dado fundador da individualização[105]. Suas fronteiras fí-

---

104. HALL, E.T. *La dimension cachée*. Paris: Seuil, 1978 [Col. "Points"]. • HALL, E.T. *Le langage silencieux*. Paris: Seuil, 1984 [Col. "Points"].
105. LE BRETON, D. *Anthropologie du corps et modernité*. Op. cit.

sicas são duplicadas por fronteiras simbólicas não menos cogentes, as quais o distinguem dos demais e consagram sua soberania pessoal, de sorte que sua transposição desautorizada é vedada aos demais. Hall distingue diversas distâncias a outrem, que variam social e culturalmente: a distância íntima é a da afeição, da ternura, do amor, mas também é a da hostilidade e agressão; a distância pessoal corresponde ao espaçamento mantido entre os indivíduos em interação, correspondendo às condições ótimas de visão e de audição para a apreciação do comportamento do outro, ela exibe sensíveis variações de um grupo social a outro; a distância social é aquela de dois indivíduos separados por uma mesa ou balcão; a distância pública mede o distanciamento de um locutor em relação ao grupo reunido em seu entorno, ao qual ele emite um discurso, uma aula, um sermão etc.

Essas distâncias refletem modulações consideráveis segundo as sociedades: assim, para simplificar, os anglo-saxões (que mantêm certa distância de seus interlocutores) ficam por vezes constrangidos ao falarem com latinos, os quais soem se aproximar e tocar seu parceiro. Os latinos, ao contrário, padecem um embaraço simétrico em face da distância e da frieza que intuem de seus interlocutores. Em nossas sociedades ocidentais, se um homem entra numa sala de espera, num ônibus, ou num compartimento ferroviário, ele toma o assento que melhor mantém a reserva dos outros e sua própria; mas sem excesso, nem demasiado longe nem demasiadamente próximo. Caso a maioria dos assentos estejam ocupados, ele hesita antes de se sentar próximo à pessoa que lhe parece mais adequada, a não ser que decida permanecer em pé. Numa sala de espetáculos, quem já se encontra acomodado é perturbado por um instante por quem toma o assento a sua frente ou ao seu lado. Os descansos para os braços por vezes se tornam o campo simbólico de uma batalha silenciosa pela ampliação do território pessoal.

A situação com que se defronta e as qualidades sociais dos atores comandam as modalidades simbólicas do contato. Quando regida por uma relação de autoridade, ela é frequentemente marcada por uma distância respeitosa (a inscrição espacial da hierarquia) que é por vezes duplicada pelo fato de o subordinado permanecer erguido em face do superior sentado. Assim, a distância, no sentido moral do termo, implica um maior distanciamento ao superior do que aquele que se adotaria caso os interlocutores fossem de igual condição social. Proust descreveu com humor o ordálio moral de ser apresentado a um Guermantes, posto que jovem. "Ele derramava sobre você, como se estivesse firmemente decidido a não cumprimentá-lo, um olhar geralmente azul, frio como o aço que ele parecia disposto a encravar nas profundezas de seu coração... Tudo isso se passava a uma distância suficientemente curta para um duelo, mas que parecia demasiado extensa para permitir um aperto de mãos. Sem embargo ela era tão enregelante no segundo caso quanto poderia ser no primeiro. Assim, quando o Guermantes, depois de completar uma rápida excursão nos derradeiros esconderijos de sua alma e de sua honorabilidade, julgava-o digno de – a partir desse momento – estar em sua presença, ele oferecia sua mão no extremo de um braço teso em todo o seu cumprimento, como se estivesse apresentando um florete para um combate singular. Nesse momento, essa mão parecia tão distante de Guermantes que, quando ele acenava com a cabeça, era difícil distinguir se ele o estava cumprimentando ou se a saudação era dirigida a sua própria mão"[106].

Igualmente, em certas instituições, os presentes devem se alçar quando da chegada das pessoas encarnando a autoridade do lugar:

---

106. PROUST, M. *Le cote de guermantes*. Paris: Classiques Français, 1994, p. 452.

um tribunal, uma assembleia ou mesmo uma turma na escola se colocam em pé no momento da entrada do professor ou do inspetor. A autoridade não é apenas uma atitude moral, ela faz amiúde uso da espacialidade simbólica, um uso específico dos lugares e dos corpos que nada deixa ao acaso. Nas relações amorosas, ou familiares, o espaço reparte os homens das mulheres em lugares separados, segundo as diversas sociedades. O acesso ao corpo do outro na ternura ou na sexualidade, à exceção das situações de violência ou de indiferença, realiza-se de acordo com modalidades comuns de aproximação: carícias, beijos etc. Obviamente, tais modalidades apresentam fortes variações culturais. O tratamento do corpo alheio numa interação suscita proibições específicas, de sorte que o ator pode calcular qual modo de expressão deve utilizar de acordo com a função, com o *status* do interlocutor e com o contexto da relação. No Japão, por exemplo, todo encontro obedece a injunções precisas: os atores devem abdicar de todos os possíveis deslizes. Nachane Chie narra que "na vida quotidiana, alguém que ignora a posição respectiva das pessoas que o circundam nada pode fazer: ele não consegue falar, comer ou tampouco sentar-se. Com efeito, a fala requer o manejo de uma série de expressões que dispõe de diversas e sutis nuanças, as quais tomam em consideração a relação entre o escalão ou nível do locutor e do interlocutor. Não se deve dirigir a um inferior com as expressões e no tom adequados para um superior... A primeira abordagem consiste em trocar os cartões de visita... isso não tem por função indicar meramente o nome e o endereço, essa prática também revela o título, a graduação e a instituição da qual procede a pessoa que se apresenta"[107]. O sujeito, tomando conhecimento das informações inscritas no cartão de visita, ajusta sua atitude em consequência. Entretanto, ainda que

---

107. CHIÉ, N. *La société japonaise*. Paris: Armand Colin, 1974, p. 45.

sob formas talvez menos ritualizadas, toda interação responde ao mesmo imperativo ritual.

"Um casal que talvez tenha passado sua noite de núpcias numa peça onde dormem dez outras pessoas abdicará de tocar as mãos em público... Dois esposos jamais andam juntos no vilarejo, pois o marido, particularmente, 'teria vergonha'. Assim, nenhuma criança samoana está habituada a ver seus pais trocarem carícias"[108]. Vertendo seus sentimentos na evidência de sua ternura ou de seu desejo, o indivíduo vive, na primeira pessoa e inconscientemente, uma forma ritualizada de se comportar em relação ao outro. Todo indivíduo possui uma espécie de reserva pessoal, um espaço que prolonga seu corpo, estabelecendo uma demarcação entre si e o mundo que não pode ser pacificamente rompida sem sua anuência. Um invólucro simbólico o protege do contato dos demais, os quais sabem intuitivamente a qual distância permanecer para evitar a criação de um incômodo mútuo. Contudo, a ternura e o desejo dissolvem as fronteiras do ser. Na vida corrente, segundo as situações sociais, a interação tolera ou proscreve os contatos físicos entre indivíduos determinando, igualmente, quais partes do corpo podem ser tocadas e a forma para fazê-lo. O tratamento do corpo do outro na interação suscita proibições específicas, mormente, em nossas sociedades, naquilo que tange o rosto e a zona sexual[109]. De fato, o ritualismo do contato pode ser diferente

---

108. MEAD, M. *Mœurs et sexualité en Océanie*. Paris: Plon, 1963, p. 389.
109. Duas passagens do Gênesis descrevem uma forma de sermão cuja execução demanda a colocação da mão sobre o sexo do patriarca. Abraão, idoso, requereu a um de seus servidores, fazendo esse último colocar a mão sobre seu sexo, que jurasse escolher para Isaac uma esposa de seu clã e não uma cananeia. No leito de morte, Jacó igualmente exigiu que José jurasse transportar seus despojos à tumba de seus ancestrais, longe do Egito. O contato simbólico com o sexo do patriarca assinala, nessas condições particulares, uma promessa de fidelidade ao progenitor.

nesse tocante caso se trate de uma relação amorosa. No entanto, o rosto do desconhecido pode ser excepcionalmente tocado quando se leva a mão à testa de um doente, num gesto tranquilizador ou compadecido. Ainda que, em nossas sociedades ocidentais, a principal regra regendo os contatos físicos entre pessoas anônimas seja a da abstinência, o movimento se inverte em relação às crianças. Tocar, mimar, abraçar e mostrar afeição a essas últimas é socialmente recomendável, mesmo que isso as incomode ou as ponha em fuga. Seus rostos são o objeto privilegiado de toda forma de ternura: beijos sobre as bochechas, a testa, tamborilamento sobre seu queixo, carícias etc.

Quando a distância normativa é transposta, o intercâmbio perde sua neutralidade. O equívoco se deduz da divergência cometida em relação aos ritos: pode ocorrer que um gesto demore em demasia, que toque uma parte do corpo, seja um braço ou mão, onde não existe o costume, assim como tentativas mais ou menos hábeis de sedução ou de declaração velada de amor. O comportamento de sedução implica o rompimento da reserva e a penetração cautelosa no interior da esfera pessoal do outro. A iniciativa vem em princípio do homem mediante um olhar insistente posto sobre a mulher e/ou uma aproximação física com vistas a salientar-se. Assim fazendo, ele visa a testar as reações daquela, sempre preservando, no entanto, uma forma de discrição que lhe permita salvar a face em caso de repulsa. A ruptura do espaço íntimo encontra-se frequentemente, embora em sentido oposto, quando de uma tentativa de intimidação visando justamente a provocar um mal-estar, e a submissão do outro sem luta física. Essa é a última etapa da ruptura, o momento em que a sacralidade da pessoa não logra mais conter a invectiva ou a agressão. O desrespeito dessas fronteiras simbólicas, inconscientes enquanto não são transpassadas, é imediatamente vivido como uma agressão pelo sujeito que o padece.

Ritos íntimos – Satisfazendo as "necessidades naturais"

Durante muito tempo, satisfaziam-se as necessidades naturais praticamente em qualquer lugar. "Em caso de precisão, ninguém se priva de urinar nas escadarias, nos cantos das peças, contra as tapeçarias e muros de um castelo", nota N. Elias[110]. Inexistia o sentimento de vergonha e sobejavam espetáculos desse gênero nas ruas. "É desairoso cumprimentar alguém enquanto está urinando ou defecando", escreveu inequivocamente Erasmo[111] na *Civilidade pueril*, marcando assim a banalidade da situação e o ligeiro incômodo que começava a se depreender. Visando a não distrair ou incomodar quem está em tal posição, prefere-se então ignorá-lo e seguir caminho. Outros tratados de boas maneiras insistem durante séculos no imperativo de não defecar em qualquer lugar, ou então de fazê-lo discretamente, fora dos muros internos das casas ou longe do olhar eventual das crianças quando nas ruas. Em 1694, a Duquesa de Orleães escreveu à Eleitora de Hanôver: "Você tem a felicidade de poder defecar quando lhe apraz, pois cague então quanto quiser! Não ocorre o mesmo aqui, onde devo conservar todos os meus excrementos para a noite. Não há latrina nas casas que ladeiam a floresta. Eu tenho o desagrado de morar numa dessas, e, portanto, o aborrecimento de sair para cagar fora, o que me enraivece, pois gosto de cagar à vontade, quando meu traseiro paira sobre o vazio. Desse modo, acontece que todos a veem cagar: passam homens, meninas, garotos, abades e guardas suíços... Você percebeu que não há prazer sem pena e que, se eu não precisasse defecar, eu me sentiria como um peixe dentro d'água em Fontainebleau"[112]. Caminhar nas ruas em tais condições exige uma constante

---

110. ELIAS, N. *La civilisation des mœurs*. Paris: Calmann-Lévy, 1973, p. 233.
111. Ibid., p. 214.
112. LAPORTE. *Histoire de la merde*. Paris: Christian Bourgois, 1978, p. 21.

vigilância para evitar o emporcalhamento ao pisar onde hoje se encontrariam excrementos de cachorro[113]. Não se está imune de receber sobre a cabeça o conteúdo de um urinol cujo conteúdo noturno está sendo negligentemente despejado de uma janela sobre a calçada. As pessoas se aliviam onde podem, afastando-se apenas do caminho dos transeuntes, mas permanecendo, sem embargo, sob a vista dos mesmos.

No Antigo Regime, os reis ou os grandes deste mundo não receavam acolher seus visitantes sentados sobre suas cadeiras vazadas. Henrique III foi assassinado por J. Clément nessa posição. Os cronistas do reino de Luís XIV fizeram múltiplas narrativas em que a cadeira perfurada desempenhava um papel central. A. Franklin explica inclusive que, durante o século XVII, "Ela não é dissimulada, mas admitida nas melhores sociedades; é um assento apreciado pela gente, que divaga, medita, sonha, conversa, escreve e brinca sobre o mesmo. Sobre essa cadeira, os generais colhem relatórios e emitem ordens. Os ministros dão audiência aos embaixadores. As grandes damas não se envergonham de mostrarem-se sobre elas assentadas, nem mesmo enrubescendo ao perceberem o perfilamento de seus íntimos ao redor dessa cadeira fétida"[114]. Na virada do século, a banalização dos locais de desafogo contribuiu para afirmar as regras do pudor, envolvendo de discrição as tarefas quotidianas de evacuação dos ocidentais.

---

113. Um observador descreveu Versalhes em 1764 "como o receptáculo de todos os horrores da humanidade... O parque, os jardins e mesmo o palácio exalam uma fedentina nauseabunda. Os corredores de comunicação, o pátio das alas e os corredores eram repletos de urina e de matéria fecal. Parecia que o palácio, os jardins, os passeios e a cidade haviam sido abandonados à indiscrição de soldados e do populacho que ali faziam impune e despudoradamente suas porcarias aos olhos de todos" (relatório de Turmeau de la Morandière, apud GUERRAND, p. 58).

114. FRANKLIN, A. *La vie privée d'autrefois*. T. 7, Paris: L'Hygiène. Paris: 1890, p. 20.

Os ritos da intimidade enclausuram cuidadosamente as manifestações corporais da digestão ou da eliminação: tanto o arroto como o peido são considerados proibidos, causando a vergonha de quem os deixa escapar ou servindo de gesto de provocação ou de desprezo do outro quando impostos em um contexto inadequado. As regras da civilidade exigem o apagamento ritualizado do corpo. Em nossas sociedades ocidentais, a satisfação das necessidades naturais está encoberta pela *privacy*, por comportamentos caracterizados pela intimidade. O ambiente familiar pode constituir uma exceção, mas ele não tolera a presença de estranhos. A micção ou a defecação são atividades corriqueiras que exigem, porém, isolamento a fim de não suscitar vergonha para o indivíduo ou para os demais. Talvez a micção comporte algumas exceções, como durante uma viagem de ônibus ou de carro. Nesses casos, os homens costumam sair e urinar nas valas marginais, sob os olhares e a poucos metros dos outros viajantes, embora cuidem de se pôr de costas. Conversas podem surgir nesse momento, demonstrando uma indiferença muito viril à ação executada. As mulheres não podem sair nesse momento, devendo conter-se. Caso as circunstâncias o permitam, elas podem espalhar-se nos bosques vizinhos ou formar filas à frente das cabanas construídas nesse propósito. Nos banheiros masculinos, os urinóis estão normalmente perfilados, o que constrange os homens a aliviarem-se em concerto; mas, para que não advenha qualquer ambiguidade, eles fixam o olhar na contemplação nos azulejos da parede ou das inscrições pornográficas sobre ela expostas. Encontrar-se nessa situação com colegas ou amigos causa embaraço e demanda por vezes o emprego de estratégias de diversão, ou ainda o retiro numa cabine cerrada. Enquanto que a micção simplesmente exige certo comedimento para sua execução na presença dos demais, a defecação resta um ato que exige o isolamento. Nesse caso, as portas das privadas, mesmo daquelas dedicadas aos homens, podem ser fechadas por dentro. Ser surpreendido nessa postura suscita uma vergonha da qual é difícil recuperar-se, assim como o descontentamento da testemunha involuntária dessa cena.

Quando as circunstâncias impõem o alívio sob os olhos dos demais, a execução do ato é vivida como uma prova moral, acompanhada por um sentimento de vergonha. Sobejam testemunhos do gênero na literatura carcerária, pois os prisioneiros, colocados a dois ou a três em cada cela, estão permanentemente sob os olhares dos demais, inclusive em tais circunstâncias. A hospitalização em certos casos também obriga o paciente a tentar se esconder sob os lençóis para aliviar-se, tendo que em seguida padecer o incômodo de fazer os enfermeiros tomarem a comadre para esvaziá-la. A literatura militar demonstra igualmente que o fato para certas pessoas de restarem aquarteladas numa mesma unidade, devendo diariamente reproduzir as mesmas situações, culmina numa ritualização do inconveniente. E.M. Remarque, nas primeiras páginas de *A oeste nada de novo*, narra a saída de três amigos que vão juntos aliviar-se no campo. "Eu ainda me lembro como, no início de nossa época de recrutas, nós ficávamos envergonhados quando devíamos utilizar as latrinas comuns. Não havia porta alguma e vinte homens lá ficavam sentados, uns ao lado dos outros, como num trem. Com apenas um olhar era possível passá-los todos em revista... Depois disso, nós tivemos que aprender a superar muito mais do que esse acanhado sentimento de vergonha. Com o tempo, nós conheceríamos muitos outros"[115]. E os três homens se instalavam durante horas lado a lado sobre caixas improvisadas. A superação da prova de fazer necessidades na frente dos demais é vivida como uma espécie

---

115. REMARQUE, E.M. *À l'Ouest rien de nouveau*. Paris: Le Livre de Poche, p. 12-13.

de ritual de passagem. "O novato havia-se acostumado rapidamente à nova vida brutal, escreveu Dorgèles. Ele então já aprendera a lavar seu prato com um punhado de capim. Ele começara a beber com gosto nossa vinhaça e já não mais se envergonhava de fazer suas necessidades na frente dos outros. 'Você está se acostumando, garoto', constatara Breval com satisfação"[116].

Muitas outras sociedades conhecem uma tranquila indiferença em relação à micção ou à defecação públicas. Na Índia, por exemplo, homens, mulheres e crianças são frequentemente vistos aliviando-se nas vias públicas. Sem embargo, percebe-se um relativo pudor na técnica de dissimulação que eles empregam, servindo-se de uma técnica corporal e de um uso apropriado das vestimentas. Contudo, escreve Naipaul ao desembarcar de um ônibus em Srinagar, "surpreendendo um grupo de mulheres aliviando-se em companhia, você ouvirá resmungos: quem deve ter vergonha é você, que se expôs a tal cena". Escritor de origem indiana, embora tenha sido criado num contexto completamente diferente, em Trinidad, V.S. Naipaul dedicou longas páginas a um costume que lhe surpreendia incessantemente. Em Pangim, o excursionista descobriu uma outra versão da sociabilidade das latrinas a céu aberto ao perambular de manhã ao longo do Rio Mandovi. "Tão longe quanto o olhar alcança, divisa-se, dois metros abaixo, na borda da água, uma fileira de pessoas acocoradas... Para os habitantes de Goa, como para os de Roma durante o Império, aliviar-se é uma atividade social; eles se acocoram uns ao lado dos outros e conversam. Quando terminam, eles avançam na água, com as calças arriadas e o traseiro ainda nu, para se lavar. Eles então passam da ribanceira à avenida, tomam suas bicicletas ou carros e se vão. A margem resta coberta de

---

116. DORGELÈS. *Les croix de bois*. Paris: Le Livre de Poche, p. 57.

excrementos"[117]. Os indianos não se envergonham ao se aliviarem em público: na margem dos rios, nas praias, nos bosques, nos terrenos baldios, nas colinas, nos macegais, mas amiúde também na rua, acocorados ao lado do muro. Embora pudéssemos ter citado nossos próprios exemplos, vamos citar outra imagem desse escritor: próximo à Universidade de Madras, um idoso de porte imponente, cabelos brancos e levando óculos caminhava à frente de Naipaul. Repentinamente, "ele levanta seu dhoti, descobrindo o traseiro nu, exceto por uma espécie de cordinha. Ele se acocora, urina sobre a calçada, levanta-se calmamente, ainda com o dhoti arregaçado, ajeita a cordinha e segue seu caminho. Ele estava numa avenida muito frequentada de noite... todavia, isso não chamou a atenção de ninguém, nenhum rosto virou-se, embaraçado". Os indianos nem ao menos tentam se esconder. Não lhes incomoda estar entre muitos. Ninguém lança olhares de desaprovação e nenhuma vergonha afeta quem se alivia tranquilamente sobre uma rocha, distante alguns metros da multidão que passa ao longo da avenida que costeia o mar, como em Puducherry, por exemplo. Os indianos não os veem: para os olhos deles, essas silhuetas acocoradas são transparentes. Lembro-me também de uma longa caminhada na periferia da cidade de Lomé (Togo) à ocasião de minha primeira estadia na África. Chegando à praia e contornando as dunas, eu fui surpreendido ao encontrar um punhado de homens acocorados de frente ao mar, fitando-o tranquilamente e transformando a praia em latrina com suas calças arriadas, como na Índia. Eu segui meu caminho, talvez mais embaraçado do que esses homens, os quais eu em nada incomodei. Muitas outras sociedades são igualmente acolhedoras às atividades orgânicas que temos o costume de silenciar ou de cobrir

---

117. NAIPAUL, S. *L'Illusion des ténèbres*. Paris: Christian Bourgois, 1989 [Coll. "10/18"].

de vergonha. Entretanto, o sábio Ponocrates tanto não tinha medo de acompanhar Gargântua quando este "ia aos lugares secretos excretar as naturais digestões"[118], que ele aproveitava a oportunidade para oferecer doutas glosas sobre suas palestras anteriores.

A interação como dança

A cena da interação desenha uma figuração simbólica dos corpos no espaço. Numa imagem semelhante à conversação, ela evoca uma coreografia na qual os movimentos regrados dos parceiros sutilmente se invocam e se respondem, criando ritmo e coerência. Os discursos, os turnos para falar, os deslocamentos, os gestos, as mímicas e as posturas se realizam em sincronia. A mudança da posição de um ator causa a mudança da posição do outro, mesmo que seja para manter uma disposição propícia ao intercâmbio ou simplesmente numa forma de acompanhamento inconsciente. Dois amigos sentados à mesa apoiam-se sobre o mesmo cotovelo, balançam a cabeça ao mesmo ritmo, levantam-se ao mesmo tempo etc. Se um deles acende um cigarro ou pega um copo, ele convida o outro a fazer o mesmo. Uma interação é uma forma móvel de homeóstase que mantém uma rigorosa interdependência entre os atores presentes ao seio de um universo de sentido. O fluxo verbal responde a regras, mas não decorre de uma intencionalidade direta. A interação assim desenha no espaço uma harmonia simbólica

---

118. RABELAIS. *Gargântua*, livro 1, cap. XXIII. Recordemos também nesse assunto o texto do Deuteronômio: "Fora do acampamento, terás um lugar onde te possas retirar para as necessidades. Levarás no equipamento uma pá para fazeres uma fossa, quando saíres para fazer as necessidades. Antes de voltar, cobrirás os excrementos. Pois o Senhor, teu Deus, anda no meio de teu acampamento para te proteger e entregar em teu poder os inimigos. Teu acampamento deve ser santo, para que o Senhor não veja nada de inconveniente e não se afaste de ti" (23,13-15. *Bíblia Sagrada*. Petrópolis: Vozes, 1982).

que mistura significativamente os gestos, posturas e descolamentos de uns e outros. Os movimentos do interlocutor harmonizam-se com o ritmo do locutor[119]. Os gestos se entrelaçam e se revezam com fluidez e delicadeza, com a mesma espontaneidade visível numa pista de dança[120].

O ato de falar ou de escutar demanda uma incursão idêntica na tela comum de palavras e de gestos que emite no espaço a música contida numa partitura ritmada, integrando a mesma cadência. O fato de puxar um cigarro da carteira ou de levar uma taça de café aos lábios são ações que se incrustam ao conteúdo da interação, coordenando-se com seu *tempo* e realizando-se mediante movimentos das palavras e do corpo do (ou dos) parceiro(s). Elas se modulam de acordo com uma forma de reciprocidade. O deslocamento de um desperta no outro uma mudança de atitude ou de entonação, uma pausa etc., num processo espelhado que dura toda a interação e que contribui para a mútua inteligibilidade dos atores, os quais antecipam ou seguem os comportamentos de seus parceiros. Muitas vezes, essas correspondências influenciam sensivelmente o desfecho do intercâmbio, como no caso de uma sequência de psicoterapia analisada por Scheflen. Durante a sessão, uma adolescente estava ladeada por seu pai e por sua mãe. Quando ela

---

119. CONDON, W.S. "Une analyse de l'organisation comportementale". In: COSNIER, J. & BROSSARD, A. (org.). *La Communication non verbale*. Op. cit., p. 57.

120. Condon afirma que a sincronia da interação é um dado significante da condição humana. Ele demonstrou que os recém-nascidos harmonizam seus movimentos com as vozes que escutam em seu entorno, pouco importando a língua falada. Ele sugeriu inclusive que tal sincronia já se faz sentir *in utero* (p. 60). Durante uma experiência de Condon, dois aparelhos de eletroencefalograma foram aplicados a duas pessoas que se puseram a conversar, a fim de comparar suas ondas cervicais. As duas agulhas do EEG deslocavam-se rigorosamente em uníssono, como se apenas um cérebro estivesse sendo investigado. Caso uma terceira pessoa interviesse subitamente na conversa, as agulhas deixavam de se mover sincronicamente.

começava a falar, seus pais – sem intenção aparente – avançavam as pernas na direção dela e a filha se calava instantaneamente, cruzando braços e pernas. Essa comunicação inconsciente traduz a interdependência do movimento dos atores no quadro da interação.

Simultaneamente, o conjunto dos movimentos implicados nesta coreografia ordinária contribui à circulação de informação entre os parceiros do intercâmbio. Os rituais de saudação ou de despedida oferecem uma boa ilustração desse movimento de vai e vem de discursos, de silêncios e de gestos, movimentos que, à evidência, respondem-se com a precisão de um relógio. Um tecido conjuntivo de sentido e de movimentos une os parceiros do intercâmbio numa composição conjuntamente tramada sobre a simbólica social, à qual cada um oferece sua contribuição. O anúncio de que a interação está chegando ao fim se traduz mediante uma palavra hesitante, olhares furtivos, movimentos de recuo, uma particular entonação etc. Lentamente os corpos se desprendem de sua mútua dependência simbólica. Eles se desvinculam. Após a última e breve recomposição de sua harmonia que ocorre no momento da despedida, a separação dos atores provoca a ruptura da frágil sincronia gestual anteriormente entrelaçada. Esse aspecto da interação confirma os parceiros em seu sentimento de identidade: esses movimentos recíprocos, espelhados e quase inconscientes realizam, malgrado sua pequenez, o reconhecimento mútuo e a percepção da corporeidade da palavra do outro.

Tais comportamentos regrados são percebidos mesmo em casos de conflito ou de afrontamento físico, onde eles propiciam outra forma de reciprocidade. O corpo a corpo enseja uma interdependência simbólica que torna solidários em sua violência os movimentos de ambos os adversários. Em adição, a agressividade suscita por vezes uma atitude complementar de submissão marcando a ascendência de um indivíduo sobre outro e principalmente a imposição de certo ritmo e de certa linha de compreensão. As trocas reparadoras (Goffman) visam à reconciliação ou ao apagamento de uma ação vexatória podendo causar a um dos parceiros a perda da face. Elas restabelecem o contato sob uma forma mais consensual, instalando uma nova estrutura de significação, mas elas apenas alteram o tom da coordenação rítmica e gestual. Inversamente, o verdadeiro mal-estar aparece quando esse entrelaçamento simbólico é perturbado por uma ruptura no sistema de expectativas recíprocas, pela discordância de um gesto ou de uma palavra que aparecem desengrenados com os gestos dos demais participantes. Ele pode ser breve, no caso, por exemplo, de uma mão estendida para o cumprimento que, por inadvertência, não mais encontra a mão do parceiro, distraído por algo. Um movimento de humor projeta uma breve turbulência na reciprocidade ritual. O desinteresse ou a pressa de terminar demonstrada por um dos parceiros traduz-se pela desarmonia de seus movimentos, os atrasos no *tempo* do intercâmbio, os quais culminam no desconforto da interação e precipitam sua conclusão.

Entretanto, a sincronia pode continuar a falhar se o criador da perturbação é, por exemplo, esquizofrênico, e executa séries gestuais e discursos em descompasso com os ritos comuns. A quebra coreográfica da interação é um indício negativo para a relação. Os trabalhos originados na esteira das descobertas de Bateson sobre o *double bind* (o vínculo duplo)[121] revelaram que as mães de crianças esquizofrênicas revelam sem querer uma discordância entre a literalidade de suas palavras e suas atitudes. Elas introduzem destarte uma turbulência no seio da comunicação que descarrila a criança e a impede de engrenar-se ritualmente numa relação. A mãe pode

---

121. BATESON, G. *Vers une écologie de l'esprit*. T. 2. Paris: Seuil, 1980.

chamá-la, por exemplo, e a criança certamente se aproximará e a mãe repentinamente recua, criando incerteza. A criança fica esquartejada entre diversas respostas, sem saber qual deve adotar: Deve responder à palavra proferida ou ao gesto de recuo? Quando esse tipo de relação se multiplica, a criança submerge em completa confusão mental. Caso se restabeleça a sincronia, isso se dará em detrimento da criança, surpresa em sua dependência radical das iniciativas incoerentes de sua mãe. A experiência clínica evidencia que esses comportamentos estão inseridos no seio de uma constelação familiar que funciona de forma homeostática, mantendo um equilíbrio racional cujo preço é a neurose de uns e a psicose de outros. Daí resultou a aplicação, a partir dos anos de 1960, da psicoterapia sistêmica, baseada na constatação de que quem apresenta sintomas não está necessariamente doente; a pessoa pode estar exprimindo, com sua sensibilidade pessoal, uma patologia familiar. A empresa terapêutica implica a construção de um novo equilíbrio que possa favorecer o desenvolvimento dos diferentes membros do grupo, visto que qualquer mudança de comportamento de um dos membros perturba a integralidade das relações estabelecidas.

3 ANTROPOLOGIA DAS EMOÇÕES 1

> *Ocorre que o estado afetivo em que o grupo se encontra reflete as circunstâncias que ele atravessa. Não são apenas os próximos mais diretamente atingidos que transmitem sua dor pessoal à coletividade, a própria sociedade exerce sobre seus membros uma pressão moral para que harmonizem seus sentimentos com a situação. Permitir que permanecessem indiferentes ao golpe que a fere e reduz seria proclamar que a sociedade não ocupa seu lugar de direito nos corações de seus integrantes; seria negar a própria sociedade. Uma família que tolera a morte de um dos seus sem chorar testemunha com isso uma falta de unidade moral e de coesão: ela abdica, renuncia a sua própria existência. O indivíduo, quando é fortemente ligado à sociedade da qual faz parte, sente-se moralmente constrito a participar de suas tristezas e alegrias. Desinteressar-se equivaleria a romper os laços que o unem à coletividade. Seria deixar de querê-la e, assim, contradizer-se.*
>
> DURKHEIM, É. *As formas elementares da vida religiosa.*

Afetividade e vínculo social

O homem está afetivamente presente no mundo. A existência é um fio contínuo de sentimentos mais ou menos vivos ou difusos, os quais podem mudar e contradizer-se com o passar do tempo e de acordo com as circunstâncias. A tonalidade psicológica desses últimos pode vir acompanhada de alterações viscerais e musculares, de mudanças no olhar sobre o mundo ou de ressonâncias significativas na relação com os outros. O gozo do mundo é uma emoção que cada situação renova de acordo com suas próprias cores. Mesmo a atividade de pensar não escapa a esse filtro. O homem não se insere no mundo como um objeto atravessado de sentimentos passageiros. Intricado em suas ações, suas relações com os outros, com os objetos que o entornam, com o seu meio etc., ele está permanentemente sob influência dos acontecimentos e sendo por eles tocado. Mesmo as decisões mais racionadas ou mais "frias" envolvem a afetividade. São processos embasados em valores, significados, expectativas etc. Seu processamento envolve sentimentos, o que diferencia o homem do computador. O "coração" e a "razão", longe de se dispersarem, entremeiam-se de forma necessária, influenciando-se mutuamente. Assim, o indivíduo consegue por vezes "racionalizar" em parte sua afetividade ao perceber, por exemplo, quanto ela o prejudica. Ele também pode ceder àquela, de boa-fé, ou com a lucidez mitigada de um "eu bem sei, mas vou prosseguir mesmo assim". No primeiro caso, ao invés de se distanciar de sua emoção, o sujeito apenas a submete a outro registro: ele não a elimina. Opor "razão" e "emoção" seria desconhecer que ambas estão inscritas no seio de lógicas pessoais, impregnadas de valores e, portanto, de afetividade[1]. Existe uma inteligibilidade da emoção, uma lógica que a ela se impõe; da mesma forma, uma afetividade no mais rigoroso dos pensamentos, uma emoção que o condiciona.

---

1. Tomando conhecimento dessas ambivalências, Daniel Goleman sugeriu a existência de uma inteligência emocional que consiste no conhecimento individual das suas emoções e em sua apropriada aplicação social. Carecem dessa capacidade aqueles que, apesar de demonstrarem eventualmente uma inegável qualidade racional, fracassam em controlar sua afetividade, em fazê-la servir ao seu objetivo, ou a levar em conta a suscetibilidade dos outros.

A vida afetiva impõe-se, mesmo que de forma inintencional. Ela não pode ser controlada e por vezes vai de encontro à vontade, mesmo que sempre reaja a uma atividade cognoscitiva aliada à interpretação individual da situação em que se encontra. A afetividade é um pensamento em movimento que não exaure o *cogito*: sua emergência também depende de mecanismos inconscientes. É possível controlá-la, ou, ao menos, influenciar sua expressão a fim de propiciar um ajustamento mais favorável às circunstâncias. O ator disso oferece uma clara ilustração, pela capacidade de modular, em sua representação, um repertório de sinais que exibem emoções que ele não sente. A afetividade parece, em um primeiro contato e de acordo com o senso comum, um refúgio da individualidade, um jardim secreto onde se cristaliza a intimidade de onde brota uma indefectível espontaneidade. Mas, mesmo quando ela é sincera e genuinamente oferecida, a afetividade permanece uma emanação característica de certo ambiente humano e de determinado universo social de valores. O distanciamento espacial, consoante os dados etnológicos ou temporal, como revela a história das mentalidades, destaca a característica cambiante e convencional das emoções e de suas atuações nos diversos grupos sociais e nas diferentes circunstâncias. O distanciamento impõe a autopercepção, sob o ângulo da relatividade social e cultural, dos valores individuais, mesmo quando tais valores parecem íntimos e essenciais. O viés antropológico lembra o caráter socialmente construído dos estados afetivos, mesmo dos mais fervorosos, assim como de suas manifestações baseadas no fundo filogenético sobre o qual se bordam as sociedades.

Como definir os diferentes traços da vida afetiva? A afetividade simboliza o clima moral que envolve em permanência a relação do indivíduo com o mundo e a ressonância íntima das coisas e dos acontecimentos que a vida quotidiana oferece sobre uma trama descontínua, ambivalente e inatingível por conta da complexidade de seu mosaico. O humor leva a um clima afetivo provisório e, independentemente de circunstâncias exteriores, determina a coloração particular do olhar do indivíduo. O sentimento é a tonalidade afetiva aplicada sobre um objeto, a qual é marcada por sua duração e homogênea em seu conteúdo senão em sua forma. O sentimento manifesta "uma combinação de sensações corporais, de gestos e de significados culturais apreendidos por intermédio das relações sociais"[2]. A emoção é a própria propagação de um acontecimento passado, presente ou vindouro, real ou imaginário, na relação do indivíduo com o mundo. Ela consiste num momento provisório, originando-se de uma causa precisa onde o sentimento se cristaliza com uma intensidade particular: alegria, cólera, desejo, surpresa ou medo. Por outro lado, há manifestações que, como a raiva ou o amor, por exemplo, estão mais profundamente arraigadas no tempo, as quais se apresentam melhor integradas à organização ordinária da vida e que também restam mais acessíveis ao discurso. A emoção preenche o horizonte, ela é breve e explícita em seus termos gestuais – mímicas, posturas e modificações fisiológicas. O sentimento instala a emoção no tempo, diluindo-a numa sucessão de momentos conexos: ele implica uma variação de intensidade que resta, entretanto, numa mesma linha de significado. Ele faz as vezes de discurso explicativo com base em valores comuns, dando nome a seu objeto e – sua razão de ser – define seu significado e possibilita as trocas no interior do grupo. Os psicólogos

---

2. GORDON, S.L. The sociology of sentiments and emotion. In: ROSENBERG, M. & TURNER, R.H. (orgs.). *Social Psychology* – Sociological Perspectives. Nova York: Basic Books, 1981, p. 563.

ou os filósofos sobre ele constroem teorias, como o fez Max Scheler para o ressentimento[3], o sofrimento[4] e a simpatia[5], bem como G. Simmel[6] e N. Lukman[7] fizeram no que tange ao amor etc. A emoção é a recitação moral do acontecimento, restando clara em sua expressão. Nestas análises, não operaremos uma nítida distinção entre emoção e sentimento, já que ambos se integram e decorrem da mesma impregnação social. Sentimento e emoção nascem de uma relação com um objeto, da definição, pelo sujeito, da situação em que se encontra, ou seja: eles requerem uma avaliação, mesmo que seja intuitiva e provisória. Essa última baseia-se sobre um repertório cultural que distingue as diferentes camadas da afetividade, misturando as relações sociais e os valores culturais ativados pelos sentidos. Ela se exprime numa série de mímicas e gestos, em comportamentos e em discursos cultural e socialmente marcados, sobre os quais também exercem influência os recursos interpretativos e a sensibilidade individual.

Em sua *República* (3605-3606), Platão baniu os poetas que seriam, aos seus olhos, culpados de atiçar emoções prejudiciais à serenidade racional da cidade. O ideal do cidadão realizar-se-ia mediante uma temperança inabalável face às circunstâncias. Toda palavra proferida, toda relação social deveria estabelecer-se com comedimento e no pleno controle dos sentimentos. O senso comum assimila facilmente a emoção com a emersão na irracionalidade, com a falta de autocontrole, com a experiência de uma

---

3. SCHELER, M. *L'Homme du ressentiment*. Paris: Gallimard, 1970.
4. SCHELER, M. *Le sens de la souffrance*. Paris: Aubier, 1936.
5. SCHELER, M. *Nature et forme de la sympathie*. Paris: Payot, 1971.
6. SIMMEL, G. *Philosophie de l'amour*. Paris: Rivages, 1995 [Coll. "Petite Bibliothèque"].
7. LUHMAN, N. *Amour comme passion* – De la codification de l'intimité. Paris: Aubier, 1990.

sensibilidade exacerbada. A emoção seria, portanto, o fracasso da vontade, um descontrole, uma imperfeição que se deve emendar, corrigindo-se seu rumo na direção de uma existência razoável. Uma atitude de rigor moral face ao mundo jamais padeceria tais fraquezas, como se a vida afetiva devesse manter-se num curso sereno, com variações quase imperceptíveis de nível. O pensamento científico por vezes retoma, sem distância, este julgamento de valor, analisando a emoção como uma fonte de perturbação dos processos intelectuais e comportamentais. Um pesquisador tão rigoroso quanto Paul Fraisse a definiu sem hesitações como "uma perturbação da expressão das condutas"[8]. Algumas linhas adiante ele explica que "a emoção aparece quando as exigências da situação estão em desproporção em relação às possibilidades do sujeito, isto é, quando existe diferença entre suas antecipações perceptivas e cognitivas e seu repertório de respostas"[9]. Fraisse ou os autores que estão de acordo com a dita definição subentendem o modelo de afetividade plana, controlada pela consciência lúcida do indivíduo, na qual qualquer excesso representaria um mal-estar[10]. A oposição entre a "razão" e a "paixão", entre uma espécie de afetividade nula, característica da inteligência e a emoção, causa de errância moral ou de perda da lucidez, constitui uma clivagem decisiva na história ocidental da filosofia, mas essa oposição é ignorada em outras culturas[11].

---

8. FRAISSE, P. Les émotions. In: FRAISSE, P. & PIAGET, J. (orgs.). *Traité de psychologie expérimentale*. Vol. 5. Paris: PUF, 1968, p. 143.

9. Ibid., p. 144.

10. A cultura letrada medieval distingue o *gestus*, que designa ao mesmo tempo um gesto particular e o conjunto dos movimentos do corpo, da *gesticulatio*, "derivada enfática e pejorativamente de *gestus*", a qual traduz a ideia de um gesto excessivo, imoral, associado às categorias sociais depreciadas: atores e prostitutas. A "razão" de um deveria ser contraposta à "falta de razão" de outro (cf. SCHIMITT, J.-C. *La raison de gestes dans l'Occident Medieval*. Paris: Gallimard, 1990, p. 30 e 140).

11. Na Índia ou na Micronesia, por exemplo.

Este modelo é antigo. Encontram-se as premissas ainda em Aristóteles, cuja ética recomendava fossem evitados os excessos, mantendo-se os sentimentos sobre o justo meio. Ela também aparece nos estoicos, que percebem as paixões "como movimentos irracionais e antinaturais da alma" (Zenão). O sábio concentra-se no controle tranquilo de sua vida afetiva sob o império da razão. Numa perspectiva médica herdada de Galien, e vigente, de acordo com Jean Starobinsky, até o fim do século XVIII, as paixões são igualmente percebidas como defeitos da alma e, sobretudo, como sérias fontes patológicas, tendo em vista os abalos corporais por elas causados. Eis uma passagem de Ambrósio, que as passa medicamente em revista: "Essas perturbações de espírito..., não há qualquer benefício ao homem sadio, ainda que elas sejam medíocres, excetuando-se (talvez) a alegria, pelo modo que descrevemos. Como a tristeza não é útil a ninguém, a não ser para prevenir a aventura, como no caso de alguém que estivesse abalado e tivesse alegremente resolvido a arriscar-se. A cólera a ninguém aproveita, exceto à pessoa caseira, adormecida e preguiçosa, ou aos acometidos por alguma doença de humor frio e pituitoso. O medo não aproveita a ninguém, somente àqueles que padecem de suor ou fluxo de sangue excessivos ou aqueles cuja extrema vadiagem coloca a vida em risco. Assim, o cirurgião racional tomará o cuidado de não precipitar seu paciente em nenhuma dessas perturbações, a menos que seja por ocasião de qualquer uma das razões explicitadas ou outras parecidas"[12]. Ainda mais radical na expressão do mesmo paradigma, La Rochefoucauld construiu um sinistro quadro das afeições provocadas pelas paixões. De acordo com ele, a ausência

---

12. Apud STAROBINSKI, J. "Le passé de l'émotion". *Nouvelle Revue de Psychanalyse*, n. 21, 1980, p. 53. – Original em francês médio, variante histórica da língua francesa empregada nos séculos XIV a XVII.

de doenças durante "a idade do ouro" que estava isenta das paixões, e não conhecia qualquer doença. Na "idade do ferro", que é a nossa, após a degradação moral ocorrida no decurso da história, foi dado livre curso à malignidade das paixões. "A ambição produziu as febres agudas e frenéticas; a cobiça produziu a icterícia e a insônia; as letargias advêm da preguiça, assim como as paralisias e a languidez; a cólera criou os sufocamentos, as ebulições de sangue e as inflamações no peito; o medo fez a taquicardia e as síncopes; a vaidade deu origem às loucuras, à avareza, à teimosia e à maldadeza; a tristeza fez o escorbuto; a crueldade, a pedra; a calúnia e os falsos relacionamentos espalharam a rubéola, a varíola e a púrpura; e devemos ao ciúme a gangrena, a peste e a raiva... O amor sozinho causou mais mal que todos os demais somados, mas ninguém deve exprimir tais males. Como o amor proporciona também os melhores prazeres da vida, ao invés de maldizê-lo, devemos calar-nos, devemos temer e ao mesmo tempo sempre respeitá-lo"[13]. Kant em sua *Antropologia* compara as emoções a doenças da alma, privilegiando o homem racional e mestre de si, que jamais permite que suas paixões prevaleçam sobre suas iniciativas.

As emoções não são expressões selvagens que vêm quebrar as condutas razoáveis, elas obedecem a lógicas pessoais e sociais, elas têm também sua razão, da mesma forma que a razão não se concebe uma inteligência pétrea ou maquinal. Um homem que pensa é sempre um homem afetado, alguém que reúne o fio de sua memória impregnada de certo olhar sobre o mundo e sobre os outros. Os movimentos afetivos que parecem desconexos com as maneiras habituais de um sujeito, ou que o induzem a agir de um modo prejudicial, aos olhos do psicanalista, vinculam-se a lógicas do inconsciente fundadas em relações formuladas na infância

---

13. LA ROCHEFOUCAULD. *Maximes*. Paris: Garnier-Flammarion, p. 206-207.

e cujo significado pode ser reencontrado no curso da anamnese. Jean Piaget evidenciou que não existe processo cognitivo sem trabalho afetivo e vice-versa. A inteligência não pode ser concebida sem uma afetividade que nela se impregne[14].

As emoções que nos acometem e a maneira como elas repercutem sobre nós têm origem em normas coletivas implícitas, ou, no mais das vezes, em orientações de comportamento que cada um exprime de acordo com seu estilo, de acordo com sua apropriação pessoal da cultura e dos valores circundantes. São formas organizadas da existência, identificáveis no seio de um mesmo grupo, porque elas provêm de uma simbólica social, embora elas se traduzam de acordo com as circunstâncias e com as singularidades individuais. Sua expressão está ligada à própria interpretação que o indivíduo faz do acontecimento que o afeta moralmente, modificando sua relação com o mundo de maneira provisória ou durável, seja por anos, seja por alguns segundos. As emoções traduzem a ressonância afetiva do acontecimento de maneira compreensível aos olhos dos outros. Sua proveniência não é exclusivamente individual: ela é uma consequência íntima, ocorrida na primeira pessoa, de um aprendizado social, em primeiro lugar, e de uma identificação com os outros, em segundo lugar. Essas duas dimensões alimentam conjuntamente a sociabilidade e assinalam ao sujeito o que ele deve sentir, de qual maneira e em quais condições precisas. "A comunicação ou a compreensão dos gestos é obtida pela reciprocidade de minhas intenções e dos gestos do outro, dos meus gestos e das intenções identificáveis na conduta do outro. Tudo acontece como se a intenção do outro habitasse meu corpo,

---

14. PIAGET, J. Les relations entre l'intelligence et l'affectivité dans le développement de l'enfant. In: RIMÉ, B. & SCHERER, K. (org.). *Les émotions*. Neuchâtel: Delachaux-Niestlé, 1988, p. 75s.

ou como se as minhas habitassem o dele", nota Merleau-Ponty[15]. O desencadear das emoções é necessariamente um dado cultural tramado no âmago do vínculo social e nutrido por toda a história do sujeito. Ele mostra aos outros uma maneira pessoal de ver o mundo e de ser afetado por ele. O luto, o nascimento de uma criança, o fracasso num exame, uma brincadeira, a narrativa de um crime ocorrido nas redondezas, o anúncio de um aniversário etc., provocam atitudes bem diferentes, de acordo com as circunstâncias e as condições sociais e culturais dos atores. A afetividade mistura-se a acontecimentos significativos da vida coletiva e pessoal, implicando um sistema de valores posto em prática pelo indivíduo e uma interpretação dos fatos conforme uma referência moral. O homem supersticioso pergunta ao horóscopo como estará seu humor naquele dia. Caso cruze com um gato preto, a angústia o toma, no medo de uma infelicidade iminente. De certa maneira, a emoção é indicada pelo grupo, que dá certo grau de importância a alguns fatos. Sua emergência, intensidade, duração, suas modalidades de aplicação, seu grau de incidência sobre os outros, respondem a incitações coletivas variáveis de acordo com o público e a personalidade dos atores solicitados. A emoção é a definição sensível do acontecimento tal como o vive o indivíduo, a tradução existencial imediata e íntima de um valor confrontado com o mundo.

Existe um trabalho do tempo e da memória sobre as emoções, um trabalho de significado, que leva, por vezes, à modificação da forma como um acontecimento é experimentado. Isso pode ocorrer quando, por exemplo, o sujeito se depara com novo testemunho dos eventos, o que o faz tomar repentinamente consciência de um fato inicialmente despercebido e traçar, graças a uma conjunção

---

15. MERLEAU-PONTY, M. *Phénoménologie de l'expression*. Paris: Gallimard, 1945, p. 215.

de fatores, um elo entre acontecimentos inicialmente apartados. A emoção não é fixa, ela é diluída nas malhas do tempo, as quais a acentuam ou amenizam, alterando seu significado de acordo com as vicissitudes da vida pessoal. A afetividade relaciona-se com o sentido, ela não finca suas raízes apenas na concretude presente de uma situação; ela pode antecipar um acontecimento e assim misturar-se ao imaginário ou fantasias, os quais igualmente produzem emoções reais. Um profeta pode acreditar que o fim do mundo será amanhã e cair em depressão, ou ainda alegrar-se com a chegada dos extraterrestres ou da redenção final. O sujeito pode ficar apreensivo com a proximidade de um momento difícil ou regozijar-se antecipadamente com o encerramento de um projeto importante. O apaixonado pode arrebatar-se de felicidade ao pensar nas horas que irá passar em companhia de sua namorada. A projeção no tempo é, para o melhor ou o pior, um laboratório de emoções. O imaginário projeta significado sobre o acontecimento futuro e fabrica antecipadamente uma emoção que repercute fortemente sobre o momento presente. A afetividade não se equipara à aferição objetiva de um fato, ela decorre de um emaranhado de interpretações – de significados vividos.

Como uma maré tardia que percorre a linha da memória, chocando-se com o instante presente, as reminiscências podem brotar de uma livre associação, da percepção de um odor, de uma paisagem ou mesmo de um nome, os quais revivificam uma história passada. Contra a própria vontade, o indivíduo lembra-se de um fracasso, da morte de uma pessoa próxima, de um momento doloroso de sua existência; ele também pode se recordar de um acontecimento pessoal, de um sucesso, de um encontro feliz etc. Proust, ao voltar ao seu quarto em Balbek, inclina-se para descalçar os sapatos e, tomado pela dor, começa a chorar: "Exausto, eu acabara de encontrar em minha memória o rosto terno, preocupado e decepcionado da minha avó, tal como ela estava nesta primeira noite de chegada. Era o rosto de minha avó. Não se tratava daquela senhora que de avó tinha apenas o nome e para com a qual minha indiferença havia-me causado surpresa e arrependimento. Era minha verdadeira avó, cuja realidade viva eu reencontrava, numa lembrança involuntária e completa, pela primeira vez desde que deixei os Campos Elíseos, onde ela sofreu seu ataque"[16]. Aliás, *Em busca do tempo perdido* corresponde em sua integralidade à recriação dos sentimentos experimentados pelo narrador no curso de sua história. Em seu texto, o mínimo detalhe, o gosto de um biscoito ou o rumor do pavimento irregular sob a carroça causa a avalanche de sensações e de emoções que cristalizam o essencial de uma existência. Em Balbek, a dor que dominou o narrador não se revelou mais facilmente suportável por provir do passado. "Eu me resumia a um ser à procura de refúgio nos braços de sua avó, que buscava apagar as marcas de suas dores com seus beijos. Mas nesse momento eu teria de encarnar tantas dificuldades experimentadas pelos seres que, ao longo do tempo, sucederam-se em mim que me custaria um enorme e inútil esforço tentar sentir novamente os desejos e as alegrias de um daqueles que, há algum tempo ao menos, já não mais era eu"[17]. O tempo não contribui para a conservação da emoção. A identidade pessoal não é uma substância, mas um sentimento, o qual somente pode se configurar na pluralidade das ressonâncias da experiência.

O indivíduo reage à situação com uma série de modificações fisiológicas e psicológicas, expressando-se por mímicas, gestos, atitudes, palavras que manifestam socialmente a influência da emoção

---

16. PROUST, M. *Sodome et Gomorrhe*. Paris: Gallimard, p. 179-180 [Coll. "Folio"].
17. Ibid., p. 180.

que o tomou. Nem suas modalidades de ativação nem suas formas de expressão inscrevem-se unicamente apenas no registro biológico. Sua infinita diversidade pertence ao patrimônio da espécie, mas sua concretização (num sentir e numa economia sutil da mímica, de gestos, de posturas, bem como na sucessão de sequências e em sua duração) não se concebe independentemente do aprendizado. As emoções não existem desvinculadas da formação da sensibilidade que o relacionamento com os outros enseja no seio de uma cultura e num contexto particular. Elas não têm realidade em si, elas não se fundam numa fisiologia indiferente às circunstâncias culturais ou sociais: não é a natureza do homem que se exprime através delas, mas a situação e a existência social do sujeito. Elas se inscrevem sobre uma teia de significados e de atitudes que prescreve aos indivíduos tanto as formas de descrevê-las quanto as maneiras de exprimi-las fisicamente. As emoções são, portanto, emanações sociais ligadas a circunstâncias morais e à sensibilidade particular do indivíduo. Elas não são espontâneas, mas ritualmente organizadas. Reconhecidas em si e exibidas aos outros, elas mobilizam um vocabulário e discursos: elas provêm da comunicação social. O indivíduo aplica suas peculiaridades sobre um tecido coletivo reconhecível por seus pares, ele as desenha de acordo com sua história pessoal, sua psicologia, seu *status* social, seu sexo, idade etc. As emoções são a matéria viva do fenômeno social, a base que orienta o estilo das relações nutridas pelos indivíduos, distribuindo os valores e as hierarquias que sustentam a afetividade.

A emoção nasce da avaliação do acontecimento

O indivíduo contribui para a definição da situação, ele não é mero objeto dessa última. Ele realiza sua interpretação imediata ou com alguma reserva, por meio de um sistema de valores do qual decorre a afetividade manifestada. Aristóteles talvez tenha sido o primeiro a pôr em evidência o papel ativo do indivíduo em relação às emoções que o acometem. "Devemos, de acordo com cada paixão, distinguir três pontos de vista, escreve o estagirita. Assim, por exemplo, quanto à cólera, deve-se verificar em qual estado de espírito encontram-se as pessoas raivosas, contra quais pessoas habitualmente manifestam esse sentimento, e por qual motivo"[18]. O papel do significado fundamenta a emoção experimentada. Foi isso que as proposições naturalistas falharam em entender, em decorrência da limitação de seu quadro de pensamento, mesmo que isso pudesse possibilitar a supressão desse campo da especificidade humana, a qual reside principalmente na dimensão simbólica. No terror que contagia uma multidão, na raiva racista ou nas manifestações de furor individual ou coletivo, não há triunfo da "irracionalidade" ou da "natureza", mas a aplicação de um raciocínio e de uma lógica mental ao meio social.

Para James e Lange, a emoção nasce estritamente da perturbação fisiológica que atinge o organismo. De maneira dualista, o indivíduo deduziria suas emoções a partir do que sente seu corpo. W. James formulou nos seguintes termos sua teoria no famoso artigo "What is an emotion?", publicado em 1884 na revista *Mind*: "O sentido comum nos diz: 'Quando perdemos nossa fortuna, ficamos tristes e choramos. Quando encontramos um urso, ficamos com medo e fugimos. Ao sermos insultados por um rival, ficamos com raiva e o agredimos...' Minha teoria, ao contrário, considera que a mudança corporal é expressão direta da percepção do fato excitante e que a emoção decorre da consciência dessa mudança... Desse modo, ficamos tristes porque choramos; ficamos com raiva

---

18. ARISTÓTELES. *Rhétorique*. Paris: Livre de Poche, 1991, p. 183.

porque batemos; temos medo porque tremermos etc."[19]. James despersonaliza a emoção, ele a subtrai da consciência para considerá-la um fenômeno puramente fisiológico. Uma emoção sem raiz orgânica perceptível pelo sujeito não tem sentido de acordo com James. Porém, esse autor redigiu um *post scriptum* a seu artigo, tendo em vista o tardio conhecimento de um caso clínico que poderia derrubar sua teoria. Tratava-se de um caso sob os cuidados do médico Stimpell, que estava tratando um sapateiro de quinze anos cujo corpo havia perdido a sensibilidade após um acidente, exceto por um olho e um ouvido, e que sentiu-se envergonhado por ter sujado seu leito e lamentava não mais poder consumir seus pratos prediletos. Numa carta a James, o médico relata que o rapaz mostrava-se frequentemente raivoso e brigava com os empregados do hospital. Eis um fato que refutava a ideia de que a emoção seria a consequência do estado corporal, uma vez que o rapaz havia ficado imune a toda sensação orgânica. James confessou ter ficado um pouco perturbado, mas manteve sua afirmação, levantando a hipótese (pouco elogiosa para seu correspondente) de que esse poderia ter interpretado mal as reações do rapaz, e que somente a possibilidade de fazer cuidadosas questões ao paciente poderiam mudar seu entendimento[20]. A emoção seria, definitivamente, uma consequência da tomada individual de conhecimento de uma mudança corporal. Com um leve atraso, o indivíduo seria o leitor de suas perturbações. O homem é anulado enquanto ator e consciência daquilo que vive. W. James não vê um homem emocionado e sim um corpo alterado por uma perturbação fisiológica. A realidade

---

19. JAMES, W. & LANGE, C.G. *The emotions*. Nova York: Hafner Publishing Company, 1967, p. 13.
20. Ibid., p. 29-30. – Na verdade, a experiência clínica mostra abundantemente que a percepção fisiológica não é a "causa" da emoção; o sujeito, mesmo vítima de graves lesões medulares, não está imune ao sofrimento, à esperança etc. Sua capacidade de sentir emoções de toda ordem permanece intacta.

orgânica dispensa qualquer outra referência para a compreensão da conduta. James e Lange refutam o processo mental de avaliação do acontecimento que concede soberania ao indivíduo ao torná-lo ator do que vive. Autores como Tomkins, Izard e Zajonc filiam-se a James e Lange, ocultando a dimensão do significado na experiência humana da emoção, fazendo dela o simples produto sensorial de um indivíduo desprovido de escolha. O conhecimento seria consectário do sentir fisiológico: o comentário e não a causa. As emoções reduzir-se-iam à ordem corporal, não haveria necessidade de psiquismo para que elas se desenvolvam. A atividade de pensar apareceria apenas secundariamente, quando o indivíduo repentinamente tomasse consciência do seu estado fisiológico. Zajonc[21] evocou a existência de um sistema de avaliação filogenética anterior à aparição dos processos cognitivos. As emoções seriam, para ele, séries autônomas que obedecem a referências neurológicas exteriores ao campo da consciência. "As preferências não requerem inferências", diz Zajonc em sua célebre formulação.

Porém, as emoções emanam da projeção individual de sentido efetuada sobre a situação e não dela enquanto tal. Em 1927, Cannon mostrou que as respostas fisiológicas ligadas às diferentes emoções são próximas umas das outras. A modificação do ritmo cardíaco, da pressão sanguínea, a dilatação das pupilas etc., estão igualmente presentes na alegria e na raiva. A observação de Cannon faz justiça à experiência pessoal, lembrando que a consciência do acontecimento determina a tonalidade da emoção sentida pelo indivíduo, e não o contrário. Schachter e Singer[22] confirmam

---

21. ZAJONC, R.B. *Emotions, cognition, and behavior*. Cambridge: Cambridge University Press, 1990.
22. SCHACHTER, P. & SINGER, J.S. "Cognitive, social and physiological determinants of emotional state". *Psychological Review*, vol. 69, n. 5, 1962.

por meio de uma série de procedimentos que a ativação fisiológica não é suficiente para fazer a experiência da emoção. Ignorando completamente a finalidade da pesquisa para a qual contribuíam, 185 voluntários receberam uma injeção de epinefrina, a qual induz uma descarga no sistema nervoso simpático e provoca batimentos cardíacos precipitados, leves tremores, modificações no ritmo respiratório etc. Essas reações produzem-se logo após a injeção e duram cerca de vinte minutos. Uma parte das pessoas pesquisadas foi avisada dos efeitos fisiológicos apresentados; aos demais foi dito que a injeção era inofensiva e que não produziria qualquer consequência no plano físico. Cada pessoa foi, em seguida, levada a um quarto onde já se encontrava um colaborador encarregado de simular, de acordo com o caso, um estado de raiva ou de euforia. Aqueles voluntários que acreditavam que o produto não provocava qualquer efeito foram rapidamente contagiados pelo entusiasmo ou pela raiva do seu companheiro. Os outros, que conhecem as propriedades da epinefrina, observam tranquilamente o seu vizinho, sem se deixarem influenciar pelos sentimentos. A experiência atesta que a interpretação dada pelo indivíduo condiciona o conteúdo de sua emoção. As primeiras linhas do artigo de Schachter e Singer aludiram a um estudo de Marañon, feito nos anos de 1920, sobre 210 pessoas que se submeteram a uma injeção de adrenalina. Dentre elas, 71% descreveram perturbações fisiológicas sentidas, mas 29% responderam de maneira emocional, dizendo que experimentaram um sentimento "finto". Elas não disseram que estavam felizes ou amedrontadas, mas que se sentiram "como se o estivessem" de fato. Esses estados afetivos estão ligados às induções produzidas por Marañon, que sugeriu aos voluntários, antes da injeção, que se lembrassem de momentos particulares de suas histórias pessoais. "Deste modo, em diversos casos, conversamos com nossos pacientes sobre seus filhos doentes, ou sobre seus pais falecidos, e eles respondiam calmamente sobre o tema. Contudo, abordado sob o efeito da adrenalina, o mesmo assunto era suficiente para produzir uma emoção"[23].

Um mesmo estado de ativação psicológica é suscetível de ser percebido diferentemente pelo mesmo indivíduo, de acordo com os contextos. Uma pesquisa de Howard Becker testemunhou a mesma flexibilidade da experiência de acordo com a interpretação que o indivíduo faz de seu estado. A emergência de uma viva ansiedade quando da aplicação do LSD 25 foi, por um longo período, atribuída às propriedades farmacológicas da droga, mas Becker observa que essa manifestação é reservada aos neófitos. Ele sugere que, caso um dos novatos experimente um estado subjetivo que o faça temer a loucura, a perda da sensatez, ele cederá ao pânico a menos que haja outros consumidores presentes ao seu lado para dar-lhe segurança e para negar os efeitos por vezes trágicos dessa impressão. Redefinindo tal estado como prazeroso, os companheiros do neófito o induzem a modificar o significado dos efeitos do sentido e, assim, a sua natureza. O trabalho de formação da experiência é efetuado primeiramente sobre o significado do próprio estado[24]. Ao guiar com conselhos o percurso do neófito, nomeando antecipadamente os episódios da experiência, explicando-lhe o que vive, seus companheiros orientam seus primeiros passos e o impedem de perder-se em meio a fantasias perigosas. Contudo, o risco é grande para o usuário solitário que ignora os efeitos do produto, porque caso ele seja confrontado a um sentimento incompreensível e que o faça temer o enlouquecimento, o caminho restará franqueado para a angústia. "Os efeitos mentais provocados

---

23. Ibid., p. 381.
24. BECKER, H. *Outsiders* – Études de sociologie de la déviance. Paris: Métailié, 1985.

pela droga dependem largamente de sua ação fisiológica, mas, num degrau superior, também se baseiam nas definições e concepções que o usuário associa a seus efeitos"[25]. A projeção de sentido que o indivíduo realiza por intermédio do prisma de sua cultura afetiva e de sua história ordena em permanência o infinito fluxo de sensações que o acometem.

As emoções, escreve Averill, "resultam tanto de processos cognitivos complexos quanto de outros elementos, tais como a religião, a arte ou a ciência"[26]. A sucessão dos estados afetivos depende do significado conferido aos acontecimentos, decorre da cognição e não de um automatismo mental ou psicológico. Não ficamos emocionados de maneira geral ou em função da inopinada ativação de determinado processo biológico; isso se deve à implicação pessoal numa dada situação. Não é o corpo que se emociona, mas o sujeito. Uma imagem pornográfica evoca raiva, aversão, prazer, curiosidade, vergonha, de acordo com as circunstâncias e a sensibilidade particular do indivíduo, suas preferências sexuais, o fato de estar sozinho ou em frente a diversas pessoas, de ser um homem, mulher ou criança etc. A raiva aumenta ou diminui de acordo com as reações mútuas dos adversários, ela pode até mesmo desaparecer por completo se o ofensor reconhecer seus erros ou admitir ter agido mal nas circunstâncias anteriores. O homem colérico conhece, portanto, emoções contrastadas de acordo com as modulações recíprocas da relação. Aliás, o ofendido também pode ficar imóvel diante da provocação caso saiba que seu ofensor está sob tratamento por

---

25. BECKER, H. "History, culture and subjective experience – An exploration of the social bases of druginduced experiences". *Journal of Health and Social Behavior*, n. 8, 1967.

26. AVERILL, J.R. "Emotion and Anxiety – Sociocultural, biological and psychological determinants". In: RORTY, A.O. (org.). *Explaining emotions*. Berkeley: University of California Press, 1980, p. 67.

problemas mentais ou se o agressor for famoso no bairro por interpelar as pessoas de tal forma. Os diferentes estados afetivos traduzem o impacto pessoal do acontecimento. Ocorre que, embora uma particular angústia decorra de uma interpretação falaciosa da realidade, ela segue sendo o que é. A pessoa pode se amedrontar ou mesmo falecer caso interiorize uma convicção cultural, como a de estar padecendo os efeitos de um feitiço.

Não são exatamente as circunstâncias em si que determinam a afetividade do ator, e sim a interpretação que esse lhes confere – sua repercussão íntima por meio do prisma de sua história, de sua psicologia. Um homem sobressalta-se caso sinta-se ameaçado por um barulho suspeito em sua casa. Ele avança assustado, mas logo se alivia quando percebe a janela que, destravada, foi agitada pelo vento. Mas o medo pode retornar caso ele se recorde de tê-la fechado antes e descubra que a maçaneta foi arrombada. De uma reflexão a outra, a emoção muda radicalmente de forma. O indivíduo empurrado na calçada por um transeunte impingido pela multidão segue seu caminho sem se importar, mas isso não acontece caso o mesmo seja brutalmente atingido por um murro. Somente no circo relaciona-se uma bofetada ao sorriso, pois se tratam exatamente de palhaços: é a própria incongruência da reação que suscita a diversão dos espectadores. No camarim, contudo, a mesma bofetada, desferida por um espectador descontente, não surtirá o mesmo efeito. Para ficar com raiva é preciso um motivo, dizia Aristóteles: é necessário um sentimento de agressão ou de menosprezo capaz de abalar a ideia de dignidade pessoal.

Uma alquimia de significados impõe-se entre o indivíduo e o mundo, mas haverá lugar para improvisação caso esse último hesite sobre o que sente e aquilo que pode traduzir decentemente aos outros. A emoção não é uma substância que se possa tocar e da qual nos revestimos para apresentá-la quando as condições estão reunidas; ela também consiste numa negociação consigo mesmo e com os outros presentes dentro de si: ela resulta de uma interpretação. A afetividade é tecida mediante o entrelaçamento inseparável do mundo e do significado na escala individual de cada indivíduo. Embora a emoção não seja consequência de um pensamento aplicado ao mundo à maneira do *cogito*, todo processo de conhecimento origina-se da sutil dinâmica com o inconsciente, o qual imprime sua marca privando o sujeito de parte de sua inteligência sobre o evento. A ambivalência dos sentimentos é uma consequência disso, levando o indivíduo a oscilar, de acordo com os momentos, entre seu julgamento e suas sensações.

A expressão social das emoções

No interior de uma comunidade social, as manifestações corporais e afetivas de um ator carregam, aos olhos de seus parceiros, um significado virtual: elas estão em ressonância mútua, fazendo recíprocas remissões por meio de um infinito jogo de espelhos. A experiência individual contém o germe da experiência dos membros da sociedade. Para que um sentimento (ou emoção) seja experimentado ou exprimido pelo indivíduo ele deve pertencer, de uma forma ou de outra, ao repertório cultural do seu grupo. Um saber afetivo difuso circula por intermédio das relações sociais e ensina aos atores as impressões e as atitudes que se impõem, de acordo com suas sensibilidades pessoais, nas diferentes vicissitudes que podem afetar suas histórias. As emoções são modos de afiliação a uma comunidade social, uma maneira de se reconhecer e de poder se comunicar em conjunto sobre a base da proximidade sentimental. "Existem pessoas que nunca teriam se apaixonado se jamais tivessem ouvido falar do amor", diz La Rochefoucauld. Não existe naturalidade no gesto, na percepção, numa emoção ou em sua expressão. O corpo é parte integrante da simbologia social. Todas as manifestações que o atravessam estão inseridas como elementos significativos no seio de um conjunto mais vasto.

Alguns sinais escapam ao código comum, requerendo intérpretes capazes de desvelar o sentido oculto e de restituí-los ao comércio coletivo: curandeiros, adivinhos, benzedores, xamãs, médicos, psicólogos etc. Todas as sociedades humanas se defendem contra o risco da falta de coerência, do inesperado e do incomum. Contra a angústia do desconhecido, o simbolismo social se apropria de todas as manifestações do corpo, seja ao influenciá-las diretamente, seja ao fazer entrar no interior de um sistema sinais que lhe conferem sentido. A afetividade dos membros da mesma sociedade se inscreve num sistema aberto de significados, de valores, de ritualismos, num vocabulário etc. Cada emoção sentida emana do interior desta trama, oferecendo possibilidades de interpretação aos atores a respeito daquilo que eles sentem e percebem na atitude dos outros. Em 1936 na *Céremonie du Naven*, G. Bateson propôs a noção de *etos* para caracterizar "o sistema culturalmente organizado das emoções". Com Margaret Mead, em 1942, ele retomou o conceito no livro *Balinese Character*. S. Gordon referiu-se nesse tocante à "cultura emocional"[27]. No seio do mesmo grupo, um repertório de sentimentos e de condutas é tido por apropriado a uma situação em função do *status* social, da idade e do sexo daqueles que são efetivamente atingidos, bem como de seu público. Uma cultura afetiva está socialmente em construção. Cada um impõe sua coloração pessoal ao papel que representa, com sinceridade ou distância, embora sempre reste uma tela de fundo que torna as

---

27. GORDON, S.L. Institutional and impulsive orientations. In: FRANKS, D.D. & McCARTHY, E.D. (orgs.). *The sociology of emotions* – Original essays and research papers. Greenwich: JAI, 1989, p. 115s.

atitudes reconhecíveis. É difícil destacar as emoções da trama entre significado e valores sobre a qual elas se inserem: compreender uma atitude afetiva implica desenrolar inteiramente o fio da ordem moral do coletivo, identificando a maneira como o sujeito que vive a situação define essa última.

Indicações comportamentais ou ritualísticas marcam a forma e a duração da emoção, sua intensidade, suas expressões orais, suas mímicas e gestos de acordo com as situações e os públicos. Em 1921, Marcel Mauss abriu esse caminho num artigo do *Journal de Psychologie*, mostrando como as sociedades induzem uma "expressão obrigatória de sentimentos", que desavisadamente impregna o indivíduo e o torna conforme às expectativas e à compreensão do seu grupo. Mauss analisou longamente um ritual funerário australiano. Ele destacou a rigorosa progressão social de uma afetividade regida por regras que os atores representam incessantemente, conformando-se aos usos. A dor vivaz, manifestada por gritos, lamentações, cantos e choros, não é por isso menos sincera. As manifestações de tristeza são diferentes de acordo com a posição dos atores no sistema de parentesco: elas não são unívocas. Deve-se gerar uma dose lícita de sofrimento de acordo com a proximidade com o defunto e consoante o enlutado seja homem ou mulher. A conclusão de Mauss tem valor programático; ela abriu, em sua época, um vasto campo de análise: "Todas estas expressões coletivas, simultâneas, de valor moral e de força obrigatória, dos sentimentos individuais e grupais, são mais do que simples manifestações, elas oferecem evidências da compreensão de tal expressão, em resumo, de uma linguagem. Esses gritos são como frases e palavras. Se devem ser ditas, é porque o grupo as compreende. Isso supera a manifestação de sentimentos pessoais, eles são expressos porque assim deve ser. Nós os manifestamos a nós mesmos mediante sua expressão aos demais para o proveito desses últimos. É essencialmente uma simbologia"[28].

Alguns anos mais tarde Marcel Granet estendeu a análise de Mauss ao estudar os ritos de luto na feudalidade chinesa[29]. Quando falecia um próximo, as pessoas se encerravam em cabanas individuais rodeando a casa do defunto e deviam demonstrar sua dor diante dos outros. Paralelamente, suspendiam-se todas as relações sociais ordinárias, rejeitavam-se todas as comodidades e os indivíduos, deitados sobre a palha, estupefatos, entregavam-se a um estado de prostração. Momentaneamente separados de sua vida regular, eles participavam simbolicamente da morte da pessoa próxima. Ficavam em quarentena, mas submetiam-se aos imperativos de manifestação de sua emoção de acordo com o grau de parentesco. Permaneciam imóveis, silenciosos, vestidos de modo negligente, não mais satisfazendo os cuidados corporais, alimentando-se apenas na medida autorizada pelas convenções sociais. Herdeiro direto, o filho era premido a mostrar-se mais afetado do que os outros[30]. No entanto, em alguns períodos devidamente fixados pela

---

28. MAUSS, M. "L'expression obligatoire des sentiments". *Essais de sociologie*. Paris: Minuit, 1968-1969, p. 88. – "A dor pela morte de alguém não é um movimento da sensibilidade privada, oprimida por uma perda cruel. Era um dever imposto pelo grupo. Nós nos lamentamos não somente porque estamos tristes, mas também porque devemos nos lamentar. Trata-se de uma atitude ritualística que somos obrigados a adotar por respeito aos usos, mas que é largamente independente do estado afetivo dos indivíduos" (DURKHEIM, É. *Les formes élémentaires de la vie religieuse*. Paris: PUF, 1968, p. 568).

29. GRANET, M. "Le langage de la douleur d'après le rituel judiciaire de la Chine Classique". *Études Sociologiques sur la Chine*. Paris: PUF, 1953. Em outra obra, Granet demonstra o ritualismo das formas de emoção amorosa na tradição chinesa ancestral que se exprimia mediante fórmulas estereotipadas e gestos convencionais, cf. GRANET, M. *Fêtes et chansons anciennes de la Chine*. Paris: Albin Michel, 1982, p. 89-94.

30. Ibid., p. 225s.

cronologia do rito, eles saem do estado de sideração, deixando de lado o semblante fúnebre para entrarem num longo período de furor, de expressão viva de sua dor. O fervor das lamentações era proporcional à importância do defunto no círculo familiar. Uma moça, por exemplo, mostrava-se mais aflita pela morte de sua sogra do que de sua própria mãe. A expressão da dor buscava fazer-se compatível com as regras sociais em vigor. O parentesco tomava então corpo, cada um contribuía para a ação coletiva consistente em conduzir o falecido, da posição de fonte de tristeza para a comunidade, à condição invejável de ancestral. A transferência bem-sucedida de um estatuto ao outro restaurava a dignidade e o prestígio que a família sofredora havia provisoriamente perdido tendo em vista a impureza provocada pela morte.

O enterro definitivo era a ocasião de formularem-se as condolências aos enlutados. Ele acontecia três meses após a morte e ensejava uma série de prestações orais e corporais codificadas. A apresentação da dor da família está diretamente ligada às expectativas e às emoções do público que compareceu à cerimônia. Costumes tradicionais adequavam a tristeza de cada um com as convenções de gestuais e verbais que davam forma e expressão à dor. Marcel Granet, dando continuidade a Mauss, nega que o ritualismo possa alterar a sinceridade da emoção. A dor manifesta-se diante da morte de um próximo, ela é realçada pelas condolências, existindo somente por meio das formas culturais. Cada ator atingido pelo luto por ser parente do morto "é obrigado a expressar de maneira vivaz sua dor por meio de uma linguagem instituída se quiser reparar a perda que seu grupo sofreu. E a sociedade, que tem interesse maior em restabelecer o equilíbrio dentro da família rompida pela morte, o observa e controla para que permaneça fiel à simbologia tradicional.

Os gestos da dor não podem ser simples reflexos fisiológicos ou psicológicos desorientados, individuais, espontâneos. Eles são ao mesmo tempo os ritos de cerimônias reguladas, as palavras e as fórmulas de uma linguagem sistematizada"[31].

A expressão da dor faz do corpo uma espécie de instrumento que os enlutados tocam, produzindo os acordes esperados pelo grupo. Outra ilustração das formas convencionais da dor: na Argélia, somente as mulheres se entregam às manifestações físicas da deploração. Os homens controlam sua emoção e incumbem-se da organização das diversas sequências do rito funerário: cavar o buraco, levar o corpo em cortejo ao cemitério, rezar, cuidar para que o desespero das mulheres não transborde. As mulheres mais velhas e aquelas que não foram diretamente atingidas pela infelicidade também se encarregam de prevenir os possíveis excessos na expressão do sofrimento. Elas acalmam, consolam suas companheiras tomadas pela dor. Apesar das reticências da ortodoxia islâmica, caso choradeiras profissionais sejam solicitadas, elas organizam as lamentações e impulsionam uma gestualidade particular (mendeba[32]). Seus movimentos regulares e suas lamentações dão ritmo às manifestações da dor coletiva, elas entoam cantos fúnebres, glorificam o morto, esfolam o próprio rosto e peito, arrancam seus cabelos, movimentam-se de maneira cadenciada[33]. Elas abrem o caminho para que vertam os lamentos comuns das mulheres. Algumas regiões como a Cabília berbere, por exemplo, desconhecem, de acordo com Virolles-Souibes, a função das choradeiras profissionais nos funerais. São as mulheres do vilarejo,

---

31. Ibid., p. 236.
32. Cerimônia mortuária em que se chora dizendo os méritos do defunto.
33. VIROLLES-SOUIBÈS, M. "Les gestes du deuil – Exemples algériens". *Geste et Image*, n. 8-9, 1991, p. 118.

conhecedoras da tradição e dos cantos, que acompanham a dor feminina, embora mais comedidamente.

Seguramente, o viés antropológico relembra o caráter simbólico das manifestações de luto. A cultura não é o monopólio duvidoso dos outros, nossas próprias sociedades também põem em evidência, da mesma forma arbitrária, os fatos e gestos da vida cotidiana ou os momentos dramáticos que a afligem. Já que compartilham essas condutas e conhecem a sua intensidade, os integrantes de uma sociedade questionam-se sobre as maneiras adotadas nas outras, pois, sem saber, constroem sua própria cultura afetiva numa referência universal. Entretanto, a inversão dessa perspectiva não poupa nenhuma sociedade do julgamento crítico. A sinceridade, como lembra Mauss, atravessa o conjunto das modalidades culturais e sociais de sentir e de exprimir uma emoção ou um sentimento, mesmo o sofrimento provocado pelo luto. No entanto, cada sociedade enxerga unicamente seu próprio interesse e duvida da pertinência dos usos adotados nas outras. No seu estudo sobre a sociedade Ifaluk, Spiro descreveu a cerimônia do luto em termos próximos aos de Mauss ou de Durkheim, mostrando que os membros mais próximos do falecido manifestavam sinais fortes de dor e aflição, mas que, uma vez findos os funerais, eles se portam de maneira habitual[34]. Na cultura taitiana, de acordo com Robert Levy, a tristeza é uma emoção pouco representada (*hypocognyzed*). "Assim, a perturbação que perdura longamente após a morte de uma pessoa amada ou que se sucedia à perda de qualquer coisa que a ideologia taitiana considerava como trivial e substituível era amiúde interpretada no vilarejo como uma doença ou como a

---

34. SPIRO, M. "Reflections on cultural determinism and relativism with special reference to emotion and reason. In: SHWEDER, R. & LEVINE, R.A. (orgs.). *Culture theory* – Essay on mind, self and emotion. Cambridge: Cambridge University Press, 1984, p. 247s.

consequência da ação de um espírito"[35]. Lofland[36] estudou as variações da experiência dolorosa do luto em função, especialmente, do grau de expectativa sobre o defunto, da taxa de mortalidade do grupo, da maneira como as emoções eram controladas ou exacerbadas e, enfim, do nível de isolamento do sujeito. Esse último critério podia impor ao sujeito uma focalização mais intensa no luto em virtude da falta de relação com os outros ou, inversamente, levá-lo a atenuar as consequências do infortúnio na trama dos laços sociais. Desse modo, uma taxa elevada de mortalidade infantil, implicando um risco exacerbado de uma família perder uma criança de tenra idade, favorecia um menor investimento afetivo sobre a mesma. Caso a criança falecesse, a dor pela perda não teria, em princípio, o mesmo ímpeto dramático presente em nossas sociedades, onde a criança é mais intensamente desejada, objeto de um forte investimento de seus pais. Nas famílias rurais europeias do século XVIII ou do XIX, onde a morte esteve constantemente presente, o luto tinha menor importância social[37]. De acontecimento doloroso, porém transitório, a morte da criança passou a ser atualmente considerada uma tragédia. A modificação de significado da morte provoca a mudança de atitude afetiva a seu respeito: o conteúdo e a duração do luto são, por conseguinte, transformados.

Hoje, em nossas sociedades de consonância individualista, a morte foi abstraída e o luto se apresenta como uma experiência íntima: os choros, a tristeza, tornaram-se acontecimentos privados,

---

35. LEVY, R.I. Emotion, knowing and culture. In: SHWEDER, R. & LEVINE, R.A. *Culture theory* – Essay on mind, self and emotion. Op. cit., p. 219.

36. LOFLAND, L.H. "The social shaping of emotion – The case of grief". *Symbolic Interaction*, vol. 8, n. 2, 1985.

37. MITTERAUER, M. & REINHARD, S. *The European Family* – Patriarchy and partenership from the Middle Ages to present. Oxford: Basil Blackwell, 1982, p. 61.

deslocados de um ritualismo comum significativo[38]. Aqueles que sofrem não estão autorizados a dar livre curso à sua dor. O público que os rodeia espera dos mesmos atitudes impregnadas de "dignidade". Se a emoção transborda apesar de tudo, ou ameaça escapar ao controle próprio, as pessoas próximas apoiam o sofredor, procuram acalmá-lo com palavras ou gestos que simultaneamente recordam-lhe seu dever de apresentação pessoal. O medo de ser apontado como centro das atenções é, por vezes, suficiente para frear os momentos onde as convenções vacilam. O grupo cuida para que a cerimônia permaneça na sua sobriedade dolorosa, que é a regra em nossa sociedade[39]. É certo que algumas distorções são toleradas, ou até mesmo recomendadas, pois alimentam uma reputação de sensibilidade, afirmam o desgaste da dor e motivam a compaixão das pessoas que estão por perto. Sobretudo, obviamente, caso se trate de uma mulher (um homem preservaria sua reputação), socialmente considerada como mais emotiva e, logo, mais facilmente perdoável. A Baronesa Staffe já o havia outrora compreendido, oferecendo conselho de bom-senso: "A pessoa habituada a governar-se consegue controlar suas emoções. Mas a chama de um olhar, uma lágrima que afoga o olho, um movimento verdadeiro da mão, do busto, da cabeça, não têm nada que motive uma interdição quando são naturais, quando se harmonizam ao discur-

---

38. Ocorre que, desde então, nossas sociedades têm precisado compor cada vez mais com as patologias do luto, a "mumificação" crescente do mesmo, a acuidade de dores pessoais desprovidas de qualquer rito dissipador (cf., por exemplo, G. Gorer). O sofrimento se interioriza e pode durar anos, invade o horizonte do enlutado, que não dispõe socialmente de qualquer amparo para superar seu calvário (cf. por exemplo, Bacqué).

39. Sobriedade recente, pois há alguns decênios a cerimônia funerária implicava uma afetividade mais expressiva.

so, ao incidente, ao acontecimento". Os manuais de boas maneiras não se resumem à forma como uma casa deve ser cuidada, como um jantar deve ser apresentado aos convidados, ou como uma recepção deve ser organizada para a satisfação de todos, tampouco à maneira de se vestir, de se conduzir em sua própria casa ou na rua. Os ditos manuais ampliam seus conselhos, com a mesma exigência, às maneiras corretas de exprimir as emoções em sociedade, sobretudo as mais dolorosas. A Baronesa Staffe insiste sobre este ponto e enfatiza, por exemplo, que quem oferece uma visita de condolências "deve apresentar certa seriedade, uma grande simplicidade de cores e arrumação. Não deve falar do morto por primeiro, mas deve escutar com complacência tudo aquilo que ao outro agrada falar. Já a pessoa que recebe a visita deve conter seu desconsolo e tristeza"[40].

Sábia orquestração dos sentimentos consoante o público, que não exclui, no entanto, a sinceridade. O conformismo das condutas e o imperativo de seu ritualismo são particularmente significativos no momento das condolências. Até então, as atitudes e os rostos, especialmente das pessoas menos próximas aos que sofreram a perda do ente, mostravam-se com uma tranquila discrição, com algumas trocas de sorrisos. Mas, no momento de cumprimentar a família, os rostos imediatamente se fecham e assume um "ar de circunstância". Ao distanciarem-se um pouco, retomam seu olhar ordinário e pacífico, com o sentimento de dever cumprido. Se a maioria das sociedades humanas associa a morte à tristeza, mesmo que elas lhe concedam um rito, cada uma à sua maneira, outras, ao contrário, têm a morte como uma liberação, uma passagem, e não compartilham das mesmas manifestações

---

40. BARONESA STAFFE. *Usages du monde* – Règles du savoir-vivre dans la société moderne. Paris: Flammarion, 1927, p. 110.

afetivas. O significado cultural atribuído à morte orienta a tonalidade do funeral e da dor pela perda[41]. Deste modo, não é a morte que provoca a dor, é o significado do qual ela se reveste aos olhos dos indivíduos. A sua propagação individual e social é comandada pela avaliação do sujeito e do grupo, pelo investimento afetivo de que era objeto o falecido.

Numa mesma sociedade, a cultura afetiva não é imutável, ela é entendida de acordo com a história. O sistema de significados, os valores associados às condutas se modificam e transformam a experimentação e a expressão dos sentimentos e emoções. Isso igualmente ocorre no interior de cada condição social. A cultura afetiva do homem da Idade Média, tal como a descreve Huizinga, é feita de contrastes marcantes: a disciplina ou a mortificação eram levadas ao máximo; a piedade era vivaz e a compaixão, corriqueira, assim como a violência ou a agressividade; a alegria sucedia à dor, ou inversamente; os predicadores arrancavam torrentes de lágrimas dos seus pupilos; multidões esmagadas pela dor acompanhavam os funerais dos príncipes. A espontaneidade do riso e das lágrimas iam paralelamente. As emoções eram vividas com intensidade, não lhes era imposto esse caráter comedido, discreto, controlado, que marca, em princípio, as sociedades contemporâneas ocidentais[42]. Os trabalhos de Norbert Elias mostram a passagem insensível de uma cultura afetiva a outra a partir da Renascença. A transformação dos homens da nobreza de guerreiros em cortesãos, a diferença social crescente, o estreitamento dos laços, levaram a uma modificação profunda do universo afetivo dos indivíduos, modi-

---

41. THOMAS, L.V. *Anthropologie de la mort*. Paris: Payot, 1988. • BAUDRY, P. Le sens de la virtualité funéraire. In: BACQUÉ, M.-F. *Mourir aujourd'hui*. Paris: Odile Jacob, 1997.

42. HUIZINGA, J. *L'Automne du Moyen Âge*. Paris: Payot, 2002 [Coll. "Petite Bibliothèque Payot"].

ficando seu modo de encarar a violência. Num espaço social onde a agressividade se desenvolvia em permanência já que a guerra, o roubo, os duelos, os afrontamentos físicos estavam ao centro do relacionamento com o mundo, as emoções eram levadas ao máximo: não eram de forma alguma abafadas. A demonstração de força, a crueldade, a determinação de caráter, eram valores compartilhados pelos guerreiros. A única regulação social consistia no desagradável encontro com um adversário mais vigoroso que ele mesmo. Os camponeses eram, na maioria das vezes, vítimas da violência, sua conduta era diferente daquela adotada pelos combatentes, seus valores também não eram os mesmos. Ainda que eles fossem constantemente obrigados a sofrer as exações de uns e outros, sua agressividade era menos exercida contra seus pares do que contra a nobreza belicosa.

A civilidade tende então a tornar-se o código cultural que rege o contato entre os homens, deixando de ser um mero ideal de conduta. A civilização dos mores implicava um estreito controle social, uma interiorização das emoções sob a forma de autocontrole. Uma nova economia das pulsões foi então estabelecida, inicialmente elaborada pela aristocracia da corte e atingindo posterior e gradualmente antes as outras camadas sociais: a burguesia primeiro, e depois as classes mais populares com o passar dos séculos. Elias considerou a publicação do tratado de Erasmo, *De civilitate morum puerilium* (1530), a cristalização de uma nova sensibilidade afetiva, reformadora das relações sociais. O comportamento do homem em sociedade principia uma mudança radical, mas que se prolonga por vários séculos, afetando aos poucos a integralidade das classes sociais. Mesmo que a obra de Erasmo fosse dedicada a um jovem príncipe, as regras de conduta por ele sugeridas não se dirigiam a uma determinada classe social. Ele visou à universalidade, mesmo que às vezes desferisse golpes severos contra as maneiras camponesas da época, que ele parecia considerar como absolutamente criticáveis. Elias analisou o paulatino controle sobre as emoções e sobre os comportamentos exteriores do corpo (cuspir, assoar, urinar, defecar, arrotar etc.), executados antigamente sem cuidado em relação à presença de outras pessoas. Hoje, estas manifestações corporais se privatizam, submetendo-se à regra de discrição. O sentimento de pudor é estendido. O corpo se torna problemático[43].

A monopolização gradual da violência pelo aparelho estatal por meio do exército e da polícia ensejou a sensível pacificação das relações sociais, o apaziguamento das tensões, que não mais passam necessariamente pelo afrontamento físico entre grupos ou indivíduos. As antigas formas de violência foram mantidas apenas de modo isolado, esporádico. Elas são, em princípio, reprimidas pela lei se o Estado dispõe dos meios necessários para sua aplicação. O indivíduo está mais protegido contra uma agressão proveniente dos demais; mas, em contrapartida, tem seus impulsos reprimidos ao uso moderado da raiva e da violência. A resolução de um conflito não é mais confiada à violência, mas à discussão mediante um procedimento judicial que, na pior das hipóteses, compreende injúrias e ameaças, afastando, sem embargo, a agressão do outro. Os ritualismos sociais que entornam a afetividade transformam, com o passar do tempo, sua intensidade e seu conteúdo. A sensibilidade foi submetida ao comedimento, ao autocontrole do sujeito, que não mais pode liberar sua agressividade ou raiva. A passagem ao ato tem por consequência a intervenção policial e a submissão do autor criminoso à ira da justiça. A violência foi socialmente desqualificada, contida, e somente poderá ser considerada (relativamente) legítima em circunstâncias excepcionais (guerras,

---

43. LE BRETON, D. *Anthropologie du corps et modernité*. Paris: PUF, 1990 [1998, 4. ed.].

espetáculos etc.). "Em certo sentido, escreve Elias, o campo de batalha foi transportado para o interior do homem. É o lugar onde se afrontam uma parte das tensões e paixões que eram antigamente exteriorizadas no corpo a corpo, quando os homens se enfrentavam diretamente"[44]. O contraste das emoções sobre o qual insistia Huizinga dá lugar a uma linha afetiva mais contínua, mais estável, mais previsível aos olhos dos outros. Os trabalhos de Elias mostram a leviandade em que consistiria a negligência da dimensão cultural e social das emoções[45].

Digressão sobre as lágrimas e sobre o riso

O sentimento e a expressão das emoções originam-se, portanto, da estratificação social. Eles se inscrevem num sistema simbólico, desmentindo a hipótese da naturalidade da linguagem, da instintividade corporal, da universalidade semântica dos gestos, mímicas ou posturas. Um mesmo movimento ou expressão pode ter significados opostos de acordo com a cultura do local. O ato, por exemplo, de cuspir, que Darwin considerava a expressão típica da raiva ou do menosprezo, pode integrar protocolos de saudação, de reconhecimento de afeição, de transmissão de força. A projeção de saliva acompanha numerosos rituais terapêuticos, especialmente na etnomedicina ameríndia ou magrebina. Ao invés de opor-se ao fundamento da dignidade do indivíduo, ela restaura o seu gosto pela vida, curando seus males mediante o poder simbólico com o qual ela é socialmente associada. No Japão os religiosos cospem

---

44. ELIAS, N. *La dynamique de l'Occident*. Paris: Calmann-Lévy, 1975, p. 203.
45. Muitas outras pesquisas procuraram regredir na história em busca das antigas modalidades da cultura afetiva, por exemplo: Stearns e Stearns, Delumeau, Vincent-Buffault.

sobre as estátuas ou imagens dos deuses protetores de sua saúde para que seus pedidos sejam realizados.

Reconhece-se às lágrimas diversas utilidades, o que ilustra o caráter convencional das mímicas ou das manifestações corporais. Elas são elementos de uma linguagem. A facilidade em vertê-las compara-se com a de fazê-las cessar ao findar a cerimônia. Klineberg cita os indianos Huicholes do México, que choram à vontade em diferentes momentos do ritual funerário, mas logo em seguida reencontram seu bem-estar habitual[46]. W. La Barre descreve uma indiana Kiowa durante o funeral de um irmão que não via há anos. Ela gritava desesperadamente, puxava os cabelos, arranhava as bochechas, tentando até mesmo saltar sobre a tumba, quando foi oportunamente retida pelos próximos. Ela simplesmente vivia as emoções que convinham à circunstância. Mais tarde, longe do cemitério, ela reencontrou sua vitalidade habitual[47]. Em alguns contextos sociais, as lágrimas são vertidas à vontade, especialmente em ritos reverenciais. Man descreve uma observação feita nas ilhas Adaman: "Parentes, após ausência de algumas semanas ou meses, demonstram alegria ao se reencontrarem, sentando-se juntos e abraçando-se, chorando e gritando de tal maneira que um estrangeiro poderia acreditar que algo ruim lhes ocorreu. Em verdade, não conseguimos encontrar nenhuma diferença entre suas demonstrações de alegria nessas ocasiões e naquelas em que expressam dor pela morte de um membro da família"[48]. As lágrimas não indicam um sofrimento; elas estão obrigatoriamente associadas a um rito de boa recepção pela chegada de um estrangeiro ou pelo

---

46. KLINEBERG, O. *Psychologie sociale*. Paris: PUF, 1967, p. 209.
47. LA BARRE, W. The cultural basis of emotion and gesture. In: POLLENUS, T. (org.). *Social aspects of the human body*. Nova York: Pantheon, 1978, p. 55-56.
48. KLINEBERG, O. *Psychologie sociale*. Op. cit., p. 209.

retorno de um membro da comunidade. Clastres descreve, quanto aos indianos Guayaki, as reverências lamuriosas que acompanham o reencontro com um caçador. Duas mulheres, uma mais velha e outra mais jovem, acolhem o recém-chegado. "Então começa o *chenga ruvara*, enfática recitação de frases pouco articuladas, uma estranha canção chorada cujo refrão era interrompido por lúgubres lamentações... O rito dura dez minutos e é impresso de uma inesquecível dignidade, uma ilhota de graça e de virtude em meio aos índios discretamente desatentos"[49]. Essas manifestações testemunham uma afetividade coletiva, elas marcam a solidariedade do grupo, a emoção em relação a um retorno ou a uma visita que se acrescenta ao vínculo social. Inseridas num processo ritualístico de reverência, as lágrimas nunca são unívocas. Somente as circunstâncias de aparecimento podem revelar seu verdadeiro significado. Radcliffe-Brown, tendo observado por diversas vezes essas reverências, pede aos índios que reproduzam uma situação "a frio" e prontamente. Logo "dois ou três deles sentam-se e choram imediatamente lágrimas verdadeiras"[50]. Klineberg cita um maori conhecido seu que conseguia chorar conforme sua vontade. O mesmo homem reclamava da educação ocidental doravante recebida pelos jovens maoris na Nova Zelândia, que os faz perder aquela faculdade e penar para reencontrá-la durante as cerimônias tradicionais. As lágrimas dependem do simbolismo de uma sociedade. Mauss, evocando esses ritos de reverência pelas lágrimas, ressalta que "não apenas o choro, mas toda forma de expressão oral dos sentimentos excedem, em sua essência, o caráter de fenômeno exclusivamente psicológico ou fisiológico;

---

49. CLASTRES, P. *Chroniques des Indiens Guayaki*. Paris: Plon, 1972, p. 69-70.
50. KLINEBERG, O. *Psychologie sociale*. Op. cit., p. 210.

são fenômenos sociais, marcados eminentemente pela falta de espontaneidade e pela mais perfeita obrigação"[51].

No terreno religioso, as lágrimas também acompanham o rigor moral do monge que se encaminha para a *hesychia*[52] (repouso). Quanto aos Padres do Deserto, a abundância lacrimosa decorre da disciplina. A consternação diante da quantidade de pecados cometidos é um dever. Dizia-se que *Abba* Arsênio "por toda a sua vida vestiu um lençol sobre o peito, pois lágrimas incessantemente escorriam de seus olhos". Solicitado para guiar uma reza, Macário, o Egípcio, em lágrimas, reúne o povo em volta de si e diz: "Choremos, irmãos, e que nossos olhos vertam lágrimas antes que tenhamos de partir para um lugar onde nossas lágrimas queimarão nossos corpos. Todos se juntaram a ele, chorando, caíram com o rosto contra a terra e disseram: 'Pai, reze por nós'". Isaac, o Sírio, elogiou o dom das lágrimas: "Enquanto você tiver dedos, cruze-os durante a reza, antes que venha a morte. Enquanto tiver olhos, encha-os de lágrimas, até que as cinzas os cubram." A paixão pelas lágrimas levou João, o Solitário, a uma sutil distinção entre diferentes variedades de lágrimas: aquelas do físico, as do psíquico e as do pneuma. Os choros que vêm do corpo têm origem nos pensamentos fixados na pobreza, nos sofrimentos passados, nas preocupações diárias. As lágrimas que vêm do psíquico alimentam o medo do julgamento, a consciência dos pecados, a bondade de Deus, a morte e o que vem depois dela. Quanto às do espírito, elas vêm do sentimento da majestade de Deus, da estupefação diante de sua sabedoria, da admiração diante da glória do mundo futuro etc.

---

51. MAUSS, M. "L'expression obligatoire des sentiments". Art. cit., p. 81.
52. O termo grego, significando "paz" ou "silêncio", reflete a prática de retiro e introspecção dos monges cristãos orientais. Em português, a prática recebeu o nome "hesicasmo" (N.T.).

São, no mais das vezes, lágrimas de alegria. Mas há também as que caem diante do pensamento de ingratidão dos homens e de seu esquecimento de Deus[53]. Esse gosto pelas lágrimas é encontrado na Antiguidade cristã e igualmente em formas mais tardias, a partir do século XI até o XIX. A abundância de lágrimas traduz o arrependimento do homem de fé que procura a redenção, o sentimento agudo da imperfeição de sua condição terrestre, contribuindo para o fervor de suas orações[54]. No século XVIII, de maneira mais profana, as lágrimas participam da tragédia da vida mundana, elas são por vezes voluptuosas e sofisticadas. Em 1728, por exemplo, Prévost escreve: "Se o choro e o suspiro não podem ser chamados de prazeres, é certo, no entanto, que são infinitamente doces a uma pessoa aflita mortalmente. Todos os momentos que eu dedicava à minha dor eram-me tão caros que, para prolongá-los, eu deixava de dormir"[55]. Naquele tempo, gozava-se doce melancolia das lágrimas, não havia qualquer vergonha em vertê-las. Mesmo em situações psicologicamente associadas ao penar, o choro pode traduzir uma infelicidade pessoal ou o simples mal-estar de uma pessoa "chorona". Ele pode consistir numa forma de suscitar compaixão

---

53. Cf. por exemplo MIQUEL, P. *Le lexique du desert* – Abbaye de Bellefontaine, 1986, p. 226. As outras citações provêm de GUY, J.-C. (org.). *Paroles des anciens* – Apophtegmes des pères du désert. Paris: Seuil, 1976.

54. Cf. PATLAGEAN, E. "Pleurer à Byzance – La souffrance au Moyen Âge (France XIIe-XVe siècles)". *Les Cahiers de Varsovie,* 1988. Université de Varsovie. • THUILLIER, G. L'Imaginaire quotidien au XIXe siècle. Paris: Économica, 1985. • VINCENT-BUFFAULT, A. *Histoire des larmes*. Paris: Rivages, 1986 [Reeditado por Payot na Col. "Petite Bibliothèque Payot" em 2002]. • THUILLIER, G. (*L'Imaginaire au quotidien*. Op. cit., p. 13s.) mostra a retórica das lágrimas em construção sob o Antigo Regime. Os choros são frequentes na nobreza e na burguesia, com uma predileção pelas mulheres e crianças. O autor observa o declínio e a apreciação pejorativa das lágrimas vertidas em público no mundo contemporâneo.

55. Apud VINCENT-BUFFAULT, A. *Histoire des larmes*. Op. cit., p. 47.

ou de exercer pressão a fim de desarmar a raiva de um parceiro, de mostrar sinceridade ou de seduzir mostrando fragilidade ou pedindo consolo. Sua natureza é igualmente múltipla, pode-se deixar correr uma única lágrima ou encher um balde etc. Obviamente, elas não restam dissociadas da atitude corporal, de mímicas específicas, de jogos de olhares etc.

Assim como as lágrimas não assinalam, universalmente e em todas as circunstâncias, uma mágoa, o sorriso não manifesta necessariamente uma alegria. Ele pode estar presente em qualquer criança desde as primeiras horas de sua existência, como sinal de tranquilidade fisiológica. Após duas semanas, ele começa a se socializar, dando preferência à mãe. A partir do terceiro mês, a comunicação começa a ser tecida: a réplica da criança ao sorriso do outro carrega significado[56]. A criança entra, a partir desse momento, no regime simbólico do seu grupo e o seu rosto será então modelado de acordo com os usos sociais do sorriso. Mesmo que seja um dado da ontogênese, o sorriso não aparece no rosto da criança isolada do meio social desde o nascimento, como lembram as histórias das crianças "selvagens". Da mesma forma, a criança cega de nascença, cujos sorrisos de reconforto não podem ser reforçados pela percepção dos demais, experimenta dificuldades para modelar seu rosto. O sorriso não é um automatismo definitivamente inscrito na natureza do homem, automaticamente executável independentemente das circunstâncias. Expressando um ritualismo, ele tem origem na simbologia corporal adquirida pela presença dos outros e permanentemente renovada pelos inúmeros laços que se tecem a cada instante entre os atores. Ele pertence a uma ordem de significado: a educação lhe confere forma e sentido. Mircea Eliade narra, em suas memórias, como conheceu, na Universidade de Chicago, uma

---

56. CYRULNIK, B. *Sous le signe du lien*. Paris: Hachette, 1989.

estudante japonesa que o encontrou para uma sessão de trabalho. A moça levava o semblante macambúzio, tímido e um sorriso hesitante. Seu pai acabara de falecer e ela desejava adiar o encontro. "No Japão, escreve Lafcadio Hearn, caso a pessoa se encontre na obrigação absoluta de dar uma notícia triste, é habitual que ela o faça sorrindo". A moça se submetera a uma convenção social que se impunha sem cálculo nem distância, encarnando o costume, e que a compelia a não contagiar os demais com uma dor que lhe era própria. Delicadamente, ela forneceu uma informação essencial a M. Eliade, transferindo a esse último a iniciativa de prosseguir. Ela respeitou a zona de intimidade pessoal de seu interlocutor. Nessa situação, o sorriso é uma etiqueta social, uma regra de convivência que visa a proteger o outro de uma emoção que não lhe concerne, liberando esse último para, sozinho, escolher sobre a ação a tomar.

A inocência presente nas "chaves de gestos" ou em certas abordagens biológicas reside na associação do sorriso à alegria ou ao prazer. Na verdade, seu significado varia de acordo com as circunstâncias e os lugares. Mesmo em nossas sociedades, o sorriso pode igualmente acompanhar a surpresa, a vergonha, a educação, a submissão, a incredulidade, o menosprezo, o desafio etc. Ele pode ser um comportamento de fachada para dissimular seja um incômodo seja uma contrariedade, notadamente quando se toma consciência de uma falha pessoal. Na China, o sorriso pode ser associado à raiva[57]. Ele é também uma forma ritualística de entrar em contato com o outro. Entre os vendedores, o sorriso torna-se um automatismo do diálogo com o cliente, um indutor sutil de consumo, um sinal elementar de civilidade e de reconhecimento do outro. Em lugares diversos, ele representa uma forma de sedução, de afiliação etc. Aquele que os distribui com avareza é visto como

---

57. KLINEBERG, O. *Psychologie sociale*. Op. cit.

distante, pretensioso, ou "amável como uma porta de prisão", ao passo que "um sorriso não custa nada". O sorriso revela um mínimo de envolvimento social por meio do qual os atores confortam-se mutuamente no que tange à estima dedicada reciprocamente, evidenciando, outrossim, o caráter aprazível de seu meio social. Daí seu emprego astuto, mediante o qual um ator, ao servir-se de tal ritual, tenta mostrar suas boas intenções a um parceiro mais ou menos inocente, que talvez perceba a hipocrisia ou corrupção desse sorriso. Enfim, ele também pode se verificar um ingrediente necessário dos rituais de entrada e de saída da interação, uma modalidade mínima de consagração do outro e de autoconsagração pelo parceiro. Caso um interlocutor não corresponda a um sorriso, ele emite um sinal claro de hostilidade ou de desinteresse. Assim, uma mesma expressão facial pode carregar diversos significados, amiúde contraditórios, que somente podem ser discernidos pelas circunstâncias e pelas eventuais intenções do indivíduo, o qual pode, por razões próprias, esforçar-se em iludir sua companhia[58].

A representação das emoções em sociedade

No entanto, a cultura afetiva não oprime o ator com uma carapaça de chumbo: ela é o manual de instruções que lhe sugere a resposta adequada a cada particular circunstância. Ela não se impõe como uma fatalidade mecânica, não apenas porque o ator a "encena" com a expressão dos seus estados afetivos, mas também porque esse último nem sempre está de acordo com as expectativas implícitas do grupo: a festa onde se encontra pode não lhe agradar; o reencontro com um velho amigo pode não lhe aprazer como deveria; ele pode permanecer impassível diante da morte de um

---

58. LE BRETON, D. *Des visages* – Essais d'anthropologie. Paris: Métailié, 1992.

próximo etc. Nessas situações, o indivíduo desfruta de todo o campo de possibilidades compreendido na experiência das emoções. Quando abdica de expectativas às quais conferia importância, ele se esforça em tergiversar a fim de aproximá-las mediante um remendo pessoal e de manter assim sua autoestima, bem como a imagem pessoal que pretende transmitir a seus *significant others*. Ele procura apresentar os sinais socialmente esperados para não perturbar nem decepcionar seu público.

A emoção não é um reflexo afetivo originado imediatamente das circunstâncias, ela procede de uma implicação pessoal, frequentemente deliberada por um indivíduo privado de referências para reagir à situação perturbadora em que se encontra. Em certo grau, a própria atuação afetiva decorre da precisa percepção da atitude mais conveniente a ser tomada diante do público presente. As emoções ou os sentimentos revelam-se papéis desempenhados socialmente. Toda a arte do ator repousa justamente na facilidade de fingir emoções ou sentimentos que não sente, oferecendo ao público um repertório de sinais facilmente reconhecíveis. Mas essa competência para fingir astuciosamente transpassa a cena do teatro, invadindo a vida cotidiana e a comédia humana. A emoção expressa pode estar em dissintonia com o sentir já que o indivíduo não deseja expor-se e pretende responder aos seus companheiros por intermédio de uma série de sinais que exprimem outra situação. Pode haver vantagem em representar outro sentimento por razões de conformidade, de preservação da própria imagem, enquanto estratégia pessoal, no objetivo de alcançar favores de alguém, para não se expor, para não machucar o outro etc. Ao manifestar os sinais aparentes de uma emoção que não sente, o indivíduo se insere em meio às expectativas coletivas ou constrói seu personagem de maneira apropriada a suas intenções. Um estado afetivo experimentado pode ser expresso de maneira adequada, mas também dissimulada, variada, diminuída ou exacerbada etc. A expressão do sentimento é, portanto, uma encenação que varia consoante o auditório e conforme a situação. A menos que a "hipocrisia" do ator seja conhecida de longa data ou revelada inopinadamente, a interpretação das emoções na sociedade é uma maneira eficaz de influenciar os outros. A dissociação possível entre a emoção e sua expressão pública favorece a duplicidade, a astúcia e a simulação.

As circunstâncias podem conduzir à necessidade de um trabalho pessoal[59] para que se sinta e exprima o estado afetivo socialmente apropriado. O indivíduo fica por vezes desorientado e dividido entre alternativas que não consegue escolher, hesitante sobre a natureza daquilo que sente. Colocando-se no lugar dos outros ou tomando os olhares alheios como referências suscetíveis de guiá-lo ao caminho certo, ele procura ir em direção à emoção adequada de acordo com sua opinião ou, ao menos, na direção de sua boa expressão social. Ele busca suas balizas e os outros são os espelhos onde busca um manual de instruções, as informações necessárias para ajustar-se às circunstâncias. Nesse caso não se trata de dissimular sua afetividade, mas de imergir, com sinceridade, na representação social, nela encontrando uma verdade provisória de conduta e de sentimento. A procura pelo natural não é natural, ela é um esforço de compreensão, um trabalho pessoal para apresentar-se favoravelmente. Assim, tentamos não nos mostrar decepcionados com uma proposta em termos aquém dos esperados, tentamos não ficar aborrecidos apesar da paciência necessária que se deve dispensar a um cliente sisudo, tentamos combater uma tristeza invasiva enquanto os amigos festejam um acontecimento

---

59. HOCHSCHILD, A.R. "Emotion work, feeling rules and social structures". *American Journal of Sociology*, 85, 1979. • HOCHSCHILD, A.R. *The managed heart* – Commercialization of human feeling. Berkeley: University of California Press, 1983.

feliz ou tentamos racionalizar um sofrimento que pesa sobre as relações tecidas com os outros. Uma vendedora que está preocupada com seu filho doente ainda assim sorri ao cliente, já que esta é a regra definida por seu patrão para causar boa impressão à clientela. Um empregado esforça-se para se mostrar satisfeito numa empresa onde é humilhado. Nos lugares públicos, impõe-se um distanciamento das emoções para não chocar os outros ou para preservar a intimidade que o olhar alheio incomodaria: o casal de namorados não permite que as carícias revelem-se da mesma maneira na rua e na alcova etc. A face social sobrepõe-se, de certa forma, à interioridade do sentimento. O narrador de *Em busca do tempo perdido*, desesperado com a ausência de Albertine, escuta Françoise dirigir-lhe a palavra, mas mantém o pensamento alhures. "Ela estava conversando comigo, mas eu estava odiando o que ela dizia. Eu estava absorto na continuidade uniformemente banal com a qual meus sentimentos mudavam de minuto em minuto, passando do medo à ansiedade, da ansiedade à decepção completa. Contrastando com as palavras vagamente agradáveis que eu lhe dizia por obrigação, eu sentia meu rosto tão desgostoso que fingi sofrer de reumatismo para lhe explicar a divergência entre a minha indiferença simulada e aquela expressão dolorosa"[60]. A expressão impassível dos jogadores de pôquer demonstra perfeitamente o autocontrole que as circunstâncias requerem. Sua peculiar ambivalência sentimental escapa totalmente das abordagens biologizantes da afetividade, carentes de meios intelectuais propícios a apreendê-la.

A procura da adequação do sentimento pode provocar a busca de aconselhamento alheio e o questionamento sobre a experiência dos outros. Ela pode ensejar um trabalho de autoindução, mobilizando as boas lembranças, se é conveniente mostrar a própria alegria,

---

60. PROUST, M. *Sodome et Gomorrhe*. Op. cit., p. 151.

ou as lembranças penosas, se a situação exige que se manifeste sofrimento ou desprezo etc. Malogrando, caso o indivíduo se sinta emocionalmente violado ou dissociado dos outros, ele pode se redefinir como alguém perturbado psicologicamente e solicitar a ajuda de um terapeuta a fim de obter aquilo que ele julga uma melhor adequação à realidade[61]. Podemos projetar, sobre outrem ou sobre a situação, significados que modulam o impacto afetivo das mesmas. Por exemplo, na tentativa de desligar-se de uma pessoa, pode-se tentar vê-la de forma desagradável, fixando o pensamento em seus defeitos; caso o objetivo seja considerá-la mais simpática, é possível concentrar-se sobre suas qualidades; também é possível distrair a atenção de um momento penoso pelo pensamento em acontecimentos agradáveis etc. A modulação da vontade ou do imaginário mistura-se à situação para modificar sua tonalidade afetiva. Uma outra técnica consiste em agir fisicamente sobre o próprio corpo no objetivo de tornar-se autoridade sobre o próprio ser: controlar a respiração para evitar o estresse, reprimir um sorriso de satisfação pensando em outra coisa, dominar um tremor, tomar um banho quente para acalmar a ansiedade ou a raiva etc. Outros até mesmo providenciam recursos farmacológicos para nada deixar ao acaso, subordinando destarte seu estado afetivo à intenção racional.

Ao contrário do ator, que produz sentimentos que não são experimentados, o médico, a enfermeira, o psicólogo, o assistente social, por exemplo, são diariamente confrontados ao sofrimento alheio e devem reprimir uma forte tendência à empatia com a situação dos doentes ou de seus clientes para não se emocionarem. Um quadro de referências, parte integrante de seu ofício que

---

61. THOITS, P.A. "Self-labeling processes in mental hillness – The role of emotional deviance". *American Journal of Sociology*, n. 92, 1985.

entretanto não exclui o sentimento de proximidade ou de compaixão, indica aos profissionais a justa medida da distância afetiva. Ele permite o reconhecimento do outro ao mesmo tempo em que impede o absorvimento por suas aflições. A prática de alguns ofícios exige um sólido autocontrole para que o profissional não se deixe levar pelo sofrimento do outro e mantenha, até o fim, a atitude adequada, tampouco caindo na indiferença ou na rotina. São ocupações que exigem uma aptidão ao trabalho emocional, o controle da afetividade pessoal nos momentos em que o sujeito deve se esforçar para suscitar e manifestamente ouvir a reclamação ou o pedido do outro, enviando-lhe uma imagem positiva[62].

A inadequação social da emoção

A comunidade social identifica, classifica e julga os estados afetivos de acordo com sua conformidade implícita aos comportamentos esperados em diferentes situações. Em nossas sociedades, os rituais sociais da emoção incitam à sobriedade. A disputa entre dois automobilistas não passa, em princípio, de uma troca de palavras venenosas, afastando em princípio a passagem ao ato. A intensidade das emoções é contida no interior de uma atuação previsível, mesmo se os atores presentes pareçam estar no limiar da resolução física do conflito. O sofrimento não afeta as relações sociais por um excesso de lamentações ou de lágrimas; a alegria não incomoda os outros demasiadamente por sua exuberância. Nossas sociedades caracterizam-se pela moderação de sentimentos. "Liberar as próprias emoções" é nocivo aos olhos do indivíduo, seja na dor, na alegria, na tristeza, no ciúme, na raiva etc. O controle das emoções impõe-se àquele que não deseja expor-se a

---

62. HOCHSCHILD, A.R. *The managed heart*. Op. cit.

um julgamento desfavorável. Muito comedimento, no entanto, é desagradável e faz a pessoa correr o risco de ter uma reputação de insensibilidade, de indiferença, de frieza etc. A discrição, ao revés, é estimada, trata-se de uma emoção que se sintoniza com as emoções do grupo sem criar ondulações.

Uma prescrição de comportamentos sustenta-se sobre valores coletivos mobilizados pelas circunstâncias[63]. É difícil às pessoas envolvidas não mostrar aos outros as emoções que se impõem socialmente. É difícil não ficar nem parecer arrasado diante da morte súbita de um parente próximo, não se mostrar furioso diante de um insulto diversas vezes pronunciado, ou não ficar feliz após o anúncio de um sucesso inesperado. Uma margem de tolerância permite certas variações na regra, porém a recalcitrância para com essa espécie de conformismo afetivo que o grupo exige expõe o transgressor a apreciações negativas, a respostas mais ou menos enérgicas, que podem mesmo chegar ao ostracismo. Os rituais sociais definem implicitamente o campo turbulento dos limites simbólicos da emoção e de suas manifestações. Para além deles, as emoções contrapõem-se à civilidade, gerando reprovação ou repressão. Um homem enraivecido que fracassa na moderação de sua agressividade e chega a machucar outra pessoa expõe-se às leis da cidade. O vínculo social, visando a sua perenidade e à proteção dos seus membros, incita à regulação de sentimentos, define a margem do tolerável e baliza a originalidade permitida. Ele sugere a cada ator que necessariamente façam uma deliberação interior quando forem tomados pela emoção, a fim de que esse último tenha consciência de até onde pode ir na manifestação do seu ímpeto, de sua raiva, de seu amor. Ele deve conjeturar se convém ou não sofrer a reprovação social.

---

63. ARMON-JONES, C. The social functions of emotion. In: HARRÉ, R. *The social construction of emotions*. Oxford: Basil Blackwell, 1986, p. 33.

Inversamente, condições sociais à margem do ordinário e mal reguladas possibilitam o excesso das paixões. Isso ocorre nas campanhas militares, por exemplo, caso nenhuma dignidade ou respeito seja reconhecido ao inimigo ou caso se trate de uma expedição racista, em que a morte e o estupro são vividos por seus autores como uma vingança legítima ou como a manifestação do "direito do vencedor". A sociedade é igualmente dividida em grupos ou em classes que sustentam diferentes *etos*. Ainda que a violência seja proscrita a uma larga parcela da população, ela pode ser legitimamente vivida por um grupo que considera a agressão ou o roubo como maneiras apropriadas de conseguir dinheiro, prestígio, ou de combater a desigualdade social. Ainda que, nos tribunais, uma parte da sociedade reprove e condene, o grupo que a pratica pode considerar que o seu comportamento faz parte de seus valores essenciais. As emoções e os sentimentos nascem fora do alcance do conhecimento dos atores, na maior parte do tempo, desenvolvendo-se sob a pressão difusa do grupo como uma reação a convenções sociais das quais é difícil desligar-se. A incitação social à conformidade com as expectativas verifica-se de forma manifesta nas circunstâncias em que sentimentos normalmente repreensíveis se impõem ao indivíduo lutando pela própria vida: o medo pode assaltá-lo inopinadamente, ameaçando-lhe de uma reputação de covarde; um ciúme avassalador pode tornar sua vida impossível; um temperamento irritável pode levá-lo à agressividade e às vias de fato etc. A derrapagem comportamental constrange o responsável à busca de caução moral, o que o arrasta, apesar de tudo, de volta ao senso comum: "Eu bem sei, mas nesse caso...", "Qualquer pessoa teria agido como eu...", "Não sei o que deu em mim..." etc. O grupo reconhece, por vezes, "circunstâncias atenuantes", desculpando ou justificando seu comportamento. Outro recurso consiste em desresponsabilizar a pessoa por seus atos em razão de uma doença mental, de uma depressão ou de um momento de "ausência", de um "acesso de loucura", de "ódio" ou de "raiva". A ação sob influência do álcool ou de uma droga é um outro sistema de justificação de condutas afetivas inadequadas. Considera-se, nessas condições, que o indivíduo, sob o império da loucura ou da droga ou cego de paixão, não pôde controlar-se. Possuído, de alguma forma, por um espírito, uma entidade estrangeira a sua personalidade, ele pode transgredir a lei ou cometer uma ação irreparável sem desejá-lo, ou mesmo sem sabê-lo, pois seu Eu estava desagregado em consequência de uma hemorragia afetiva. O argumento é ouvido nos tribunais, mas também sói aparecer nas noções profanas, segundo as quais o indivíduo é o "brinquedo" de suas emoções quando essas se abrasam.

A sociedade dispõe também de inúmeros delegados mantenedores da afetividade dos atores dentro de limites toleráveis: a polícia, os tribunais, os assistentes sociais, os psicólogos ou os psiquiatras, ou até mesmo os transeuntes ou vizinhos que presenciam uma cena perturbadora. Barreiras de resguardo advertem a todo instante dos riscos a que se submete o indivíduo que transgride as regras afetivas comuns, segundo os graus de reação coletiva: perda de reputação, negação da autoestima, reprimendas, isolamento, morte etc. O mesmo ato pode receber significados bem diferentes de acordo com as circunstâncias sociais e culturais. O marido traído que matou sua esposa sob um acesso de ciúmes pode encontrar, de acordo com o meio onde se encontra, uma indulgência fundada em regras de honra, ou a condenação a uma severa pena de acordo com as jurisdições locais ou o direito costumeiro. Em outros lugares, ele pode ser banido de sua comunidade ou constrangido a restituir o dote oferecido pela família de sua esposa. Tal ato parecido seria impensável em diversas sociedades que associam o sentimento amoroso a outras regras e não veem o ciúme sob este manto, tampouco a noção de adultério. A melhor forma de incitar à conformidade com os rituais afetivos depende do questionamento da autoestima, que é propiciada por esses rituais e interiorizada, em princípio, por todo indivíduo como se fosse uma natureza acessória. O julgamento dos outros é uma prevenção eficaz à tentação de derrogar as expectativas comuns.

Os lugares apropriados da emoção

Embora seja socialmente impensável dar livre-curso a certas emoções, há lugares apropriados onde sua vivência é tolerada sem interferências, independentemente do julgamento alheio e onde a repressão da sensibilidade é desnecessária. O consultório do psicoterapeuta é um exemplo. Na intimidade do tratamento ou da entrevista, o indivíduo libera, ao menos pela palavra, mas também por uma articulação corporal, um conjunto de sentimentos retidos, cuja ab-reação seria dificilmente concebível nas condições ordinárias da existência. Outros dispositivos encorajam igualmente uma livre-expressão da emoção: o psicodrama, as terapias corporais, o *happening*, as representações teatrais, as manifestações políticas, os estádios esportivos etc.

Alguns espaços sociais acolhem a expressão de sentimentos que não poderiam ser abertamente vividos em outros lugares. Um exemplo trazido da Grécia: E. Papataxiarchis desenha a ambientação da cultura afetiva da Grécia egeia. Emotividade, intensidade do afeto: "a cultura grega é barulhenta, escreve ele, e o alarido emotivo não poderia escapar à etnologia"[64]. Homens e mulheres vivem no profundo sentimento de "conquistar seu espaço", mas de acordo

---

64. PAPATAXIARCHIS, E. "Émotions et stratégies d'autonomie en Grèce Égéenne". *Terrain*, n. 22, 1994, p. 7.

com representações e destinações bem diferentes. "Os homens, diz-se, são 'naturalmente' dotados de *andrismos* (virilidade): um caráter forte, corajoso, nobre, que os autoriza a possuir bens, a desempenhar papéis (representar), a cumprir deveres de fidelidade, a governar um ser territorializado. As mulheres, sendo 'naturalmente' a parte frágil da humanidade, detêm, na trama de sua identidade social, algo como uma vulnerabilidade nativa. Para se autoprotegerem e amparar aqueles que delas dependem, elas devem se mostrar comedidas e concentradas em seu próprio interior, expressando e manifestando 'vergonha'"[65]. Quando os homens não estão nos campos ou no mar, eles passam o tempo nos bares bebendo e conversando numa calorosa sociabilidade. O *kefi* é a emoção essencial que rege a relação com os outros nessas circunstâncias, ela traduz o "bom humor", o deleite do momento e a libertação das preocupações cotidianas. Instante de comunhão marcado pela leveza. O *kefi* é um fato masculino e as mulheres dele não participam. Todo homem possui um potencial de *kefi*, mas cada um difere quanto àquilo que pode suportar ou propagar dele. Quanto mais prazer um indivíduo adquire nessas situações, maior sua reputação. Nas sociedades mediterrâneas e latinas como a da Grécia os homens e as mulheres devem se manter num registro específico da emoção. Em Portugal, da mesma forma que todo o perímetro mediterrâneo, os homens relegam às mulheres a emotividade, a tristeza, o amor romântico etc. Eles se enquadram na categoria da personalidade forte, da razão. No norte daquele país, porém, no contexto da sociabilidade masculina de bar, os homem deixam extravasar suas emoções ao escutar o *dezedor* declamar poemas sobre a dor de viver, a injustiça, o amor etc. A poesia autoriza então a expressão de uma afetividade que seria malvista num contexto diverso. "A

---

65. Ibid., p. 9.

maneira como os sentimentos deste grupo de espectadores eram exteriorizados, aceitos, expressos pelo intermédio da poesia, claramente contrapunha esse campo de verbalização com o *etos* da expressão das emoções pelos homens: eles não são jamais levados a exprimir livremente sentimentos e emoções que possam abalar a imagem de força e de autossuficiência masculina"[66]. No dia a dia, os homens controlam uma emoção que não seria conveniente exprimir, mas no ambiente do bar, ao ouvir o *dezedor*, tudo se torna possível por estarem longe da presença das mulheres.

Dizer a emoção

Os sentimentos e as emoções correspondem a explicações sociais e culturais bem diferentes de acordo com os lugares. Nossas sociedades acolhem amigavelmente teorias hormonais, neuronais, átomo-fisiológicas, evolucionistas, psicológicas, sociológicas etc. Outras sociedades propõem a existência de órgãos precípuos, uma fisiologia simbólica onde se estabelecem movimentos afetivos. Os Chewong da Malásia, por exemplo, traduzem seus sentimentos por intermédio do fígado: "Assim, eles podem dizer 'meu fígado está bem' (estou me sentindo bem) ou 'meu fígado está contraído' (estou com vergonha)"[67]. Williams descobre a mesma origem da emoção nos Elema. No Equador a tristeza habita a região torácica, ela enraíza-se nos pulmões e no coração. Palpitação cardíaca e dor de cabeça traduzem fisicamente aquele sentimento. Uma forma de tratá-la consiste em reequilibrar o coração dando ao paciente poeira de pedra; outra consiste em esfregar diferentes substâncias

---

66. VALE DE ALMEIDA, M. "Émotions rimées – Poétique et politique des émotions dans un village du sud du Portugal". *Terrain*, n. 22, 1994, p. 22-23.
67. HEELAS. Emotion talk across culture. In: HARRÉ, R. *The social construction of emotions*. Op. cit., p. 244.

vegetais ou animais contra seu corpo. A extração de animais impuros presentes na pele do paciente também pode ser praticada. Os elementos que colheram uma parte da substância da emoção são em seguida deitados fora num buraco. Ninguém jamais poderá tocá-los sob pena de ser contaminado pela tristeza. Uma mulher que duvide da afeição de seu marido pode lhe transmitir essa tristeza, misturando fragmentos de sangue seco a seus alimentos[68]. Quanto aos Ilong, o coração se localiza no centro da vida emocional. Ele é, ao mesmo tempo, órgão e alma, e quando a cólera é expressa como centelhas que dele jorram fora, não se trata de uma metáfora. Já para os Pintupi, população aborígine australiana, o estômago é o lugar onde reside o espírito e fonte de uma série de emoções[69]. Para os taitianos encontrados por Levy, as emoções também estão sediadas em diversos órgãos. Fala-se na terceira pessoa, como se as emoções não proviessem do próprio ser. Um homem furioso dirá, por exemplo: "Meu intestino está com raiva"[70].

Entre os Dogon, a fonte das emoções está numa corporeidade simbólica. A alegria, por exemplo, é um sentimento benéfico que excita o fígado, que faz bater suavemente o coração tal como um fogo que queima com regularidade. O "óleo" do fígado derrete e vai até as articulações, reforçando-as. Na raiva, o coração queima, bate forte, e "desfere murros" que atingem os pulmões. "'Tudo se agita' e a água do fígado ferve, enquanto seu óleo salta e frita como

---

68. TOUSSIGNANT, M.; MALDONADO, M.; SADNESS, M. "Depression and social reciprocity in Highland Ecuador". *Social Science and Medecine*, n. 29, 1989. • TOUSSIGNANT, M. & HABIMANA, E. "Émotion et culture". *Encyclopédie Médico-chirurgicale* – Psychiatrie. Paris: Techniques, 1993.

69. MYERS, F.R. "Emotions and the self – A theory of personhood and political order among Pintupi Arborigenes". *Ethos*, n. 7, 1979, p. 107.

70. LEVY, R.I. Emotion, knowing and culture. In: SHWEDER, R. & LEVINE, R.A. (orgs.). *Culture theory* – Essay on mind, self and emotion. Op. cit., p. 213.

manteiga repentinamente levada ao fogo... A vesícula biliar incha e derrama bile no fígado, o que amarga as palavras"[71]. A dor física e moral "carboniza" o fígado. As lágrimas são consideradas como uma perda de "água do sangue" (a linfa); o coração esquenta e a linfa escapa pelos olhos como água fervente.

As representações populares de nossas sociedades conferem ao coração uma imagem simbólica que o associa ao amor, à generosidade, ao carinho etc. Cada órgão mobiliza sentimentos particulares. Um estudo de vocabulário da língua inglesa (metáforas ou expressões idiomáticas) mostra a associação frequente da cólera a um fluido quente em um container[72]. Encontramos as mesmas "metáforas hidráulicas" na linguagem popular: "isso vai ferver", "vou explodir", "está me enchendo", "ele está muito teso, vai rebentar" – imagem de "superaquecimento" que compara uma explosão colérica com o estouro de uma caldeira – etc.

Sistemas de conhecimento encarregam-se de distinguir os múltiplos estados da afetividade, contribuindo para sua classificação, comunicação e para a discussão a seu respeito. O léxico organiza a experiência do grupo, alimenta o discurso, sugere metáforas apropriadas e permite a autoanálise. Ele confere uma ordem aos movimentos ambíguos e fugazes da afetividade: trata-se da tradução oral da experiência emocional do grupo. Entretanto, assim como os estados afetivos e suas manifestações variam de um grupo social e cultural a outro, o vocabulário a eles associado não é facilmente traduzível termo por termo em outra língua. As emoções não são substâncias, objetos descritíveis cujos equivalentes seriam facilmente identificáveis em duas culturas diferentes por meio do

---

71. CALAME-GRIAULE, G. *Ethnologie et langage* – La parole chez les Dogon. Paris: Gallimard, 1965, p. 369.
72. LUTZ, C. & WHITE, G.M. "The anthropology of emotions". *Annual Review Anthropology*, n. 15, 1986, p. 419.

simples exame léxico. Elas são atitudes provisórias que manifestam a tonalidade afetiva do indivíduo na sua relação com o mundo. A causa das emoções, seus efeitos sobre o indivíduo ou sua modalidade de expressão não se concebem fora do sistema de significados e de valores que regem as interações no grupo. Cada cultura afetiva dispõe particularmente de seu vocabulário, de sua sintaxe, de suas expressões mímicas e gestuais, assim como de suas posturas e modalidades de deslocamento. Os léxicos e as experiências que os mesmos revestem são dificilmente superponíveis, assim como duas línguas não são simples ecos umas das outras. A tradução de um termo do vocabulário afetivo não garante que se trate da mesma experiência nas duas línguas.

As particularidades e as nuanças do vocabulário emotivo e sentimental podem ser mal-interpretadas por pessoas estranhas ao grupo que as construiu e dentro do qual elas restam plenamente compreensíveis. Comunicá-las sem perder o sentido requer longas perífrases e a habilidade linguística de operar boas aproximações; no entanto, as diferenças devem ser restituídas, a não ser que se adote a solução aparentemente negligente, porém justa, da retomada do termo na língua original para ressaltar as dificuldades da tradução. Leff nota, por exemplo, que "em diversas línguas africanas um único termo significa o fato de estar triste ou de estar com raiva"[73]. As conotações práticas dos termos percebidos como equivalentes frequentemente causam surpresas. J. Henry observa nos Caingangues, uma sociedade indígena brasileira, as consequências da expressão *to nu*, que em um primeiro momento um observador distante ou indiferente ao contexto social associaria à "cólera". "*To* indica uma direção e *nu* significa cólera. Neste caso,

---

73. LEFF, J. "Culture and the differenciation of emotion states". *British Journal of Psychiatry*, n. 123, 1973, p. 301.

nu é tratado como um verbo. O elemento *nu* funciona também de maneira isolada e significa, então, 'perigoso'. Uma frase com a expressão *to nu* significa (é) perigoso. Assim, *to nu* explica uma dimensão de perigo imediato, e *nu* algo relacionado a uma cólera indireta. Deste modo, a frase 'eu estou com raiva de você' significa na verdade 'eu sou perigoso pra você'. Com tal uso da palavra em situações difíceis, conspiradores não diriam 'vamos matá-los', mas 'fiquemos com raiva deles'. Quando Thuli pede a seu sogro que fique com raiva, ele quer que cometa um assassinato"[74]. Não sem humor, J. Henry observa que não se deve de forma alguma dizer a um Caingangue que se está com raiva dele, pois sua reação seria uma manifestação de ódio. Mesmo que ele saiba que seu interlocutor não tem a menor intenção de fazer-lhe mal, uma aura de perigo gravita na pronunciação da palavra cólera, favorecendo o medo, que, por seu turno, leva ao ódio[75].

Algumas sociedades referem-se a um vocabulário limitado para denominar sua afetividade enquanto que outras se servem de centenas de palavras para fazê-lo[76]. É de onde vem o paradoxo, segundo os pesquisadores naturalistas ou inspirados na biologia, de recorrer a um vocabulário de senso comum para nomear as emoções, que poderiam ser de outra ordem numa língua diferente. A emoção é então transformada em essência, a qual exige apenas que se encontrem os equivalentes léxicos em outras línguas. Ocorre que não é possível compreender o movimento complexo da emoção sem colocá-la em estreita relação, numa situação precisa, com a forma segundo a qual ela se mistura à trama social e à cultura

---

74. HENRY, J. "The linguistic expression of emotion". *American Anthropologist*, n. 57, 1936, p. 255.
75. Ibid., p. 256.
76. HEELAS. "Emotion talk across culture". Art. cit., p. 238s.

afetiva própria de um grupo. Tampouco seria concebível separar um dos aspectos da vida desse grupo dos demais sem perder de vista a estrutura de conjunto que lhe dá sentido[77]. Como Blondel precisamente observa num texto antigo, "linguagem, nesse caso, evidentemente não exprime uma estrita intimidade entre as consciências individuais. A linguagem revela exclusivamente aquilo que elas têm de comunicável entre si e, consequentemente, aquilo que têm de comum; mas ela não ressalta traços imutáveis da espécie, pois as imagens oferecidas pela linguagem não são sempre e em qualquer lugar assemelhadas"[78].

Culturas afetivas

As particularidades sociais e culturais da afetividade nas sociedades, as sensíveis divergências dos *etos* de uma época e de um lugar a outro, consoante as orientações coletivas, são marcados pela existência de emoções ou de sentimentos que não são traduzíveis sem erros grosseiros de interpretação para o vocabulário de outro grupo. A fidelidade aos significados visados implica a conservação do termo local para designar a singularidade do estado afetivo ou o recurso a explicações, a longas perífrases a fim de discernir com sutileza e precisão. Diversos etnólogos admitiram sua incapacidade de descrever a cultura afetiva da sociedade que estudam por causa da singularidade da mesma. Tal viés antropológico mostra a relatividade cultural dos *etos* e o aplainamento das diferenças operado pela afirmação peremptória da universalidade emotiva e de

---

77. MYERS, F.R. "Emotions and the self". Art. cit. PAPATAXIARCHIS, E. "Émotions et stratégies d'autonomie en Grèce égéenne". Art. cit. • VALE DE ALMEIDA, M. "Émotions rimées". Art. cit.

78. BLONDEL, C. *Introduction à la psychologie collective*. Paris: Armand Colin, 1927, p. 158.

sua expressão. O obstáculo de tradução remete a muitas diferenças de sentimento entre uma sociedade ou época e outra. Além disso, cada estado afetivo se insere num conjunto de significados e de valores do qual depende e do qual não pode ser desagregado sem romper seu enredo. Uma cultura afetiva forma um tecido estreito onde cada emoção é colocada em perspectiva no interior de um conjunto indissociável. Falar de emoções em absoluto, como, por exemplo, da raiva, do amor, da vergonha etc. implica incorrer em etnocentrismo de forma mais ou menos clara, pois que propõe implicitamente um significado comum a diferentes culturas. Os motivos da vergonha, por exemplo, podem ser estranhos ou desconhecidos para outras sociedades e suas consequências podem ser muito diferentes; assim, o sentimento afetivo assim denominado pode não ter nada em comum com o estado afetivo do indivíduo "envergonhado" em nossas próprias sociedades[79]. Deveríamos, no limite, colocar entre aspas o termo emocional para traduzir o fato de que ele somente pode ser realmente entendido no interior de um *etos* próprio.

J. Leff[80] relata diversas pesquisas sobre a depressão que facilmente detectaram equivalentes semânticos na família indo-europeia, mas que fracassaram quanto ao chinês, ao iorubá e no que tange a outras línguas não ocidentais. Foi necessário empregar perífrases para fabricar categorias mais ou menos aproximativas, mas que não traduziam a extensão de tal afeição para nossas sociedades. Marsella concluiu um estudo transcultural da depressão explicando que ela "não é representada no léxico dos povos não

---

79. HERZFELD, M. "Honor and shame – Problem in the comparative analysis of moral system". *Man*, n. 19, 1980.
80. LEFF, J. "The crosscultural study of emotion". *Culture, Medecine and Psychiatry*, n. 4, 1977.

ocidentais"[81]. As etnopsicologias revelam muitas particularidades sociais e culturais que relativizam o repertório afetivo de nossas sociedades. Os naturalistas fundam-se nesse repertório para afirmar sua convicção sobre a universalidade da emoção.

O conceito de *amae*, considerado pelo psiquiatra Doi como uma chave para compreender a mentalidade japonesa, não tem equivalente em outras línguas, pois remete a uma cultura afetiva própria, mesmo que possa ser experimentado em outros lugares além do Japão[82]. Os próprios japoneses espantam-se com a ausência de termo equivalente no léxico das línguas ocidentais, onde o mesmo sentimento pode ser restituído apenas pelo recurso a perífrases ou explicações. Doi esforçou-se para definir essa emoção singular, sugerindo as seguintes perífrases: "depender do amor de outro", "aquecer-se" ou "entregar-se à ternura de outra pessoa". A emoção refere-se à entrega passiva à afeição alheia ou a uma agradável dependência que busca gratificação. Ela não é facilmente verbalizada no Japão. A conduta da criança em relação a sua mãe é arquétipo desse sentimento, que pode sem embargo avançar sobre novos registros. *Amae* deriva do verbo *amaeru*, que significa a dependência, a espera de um tratamento favorável, mas cuja raiz é a mesma de *amai*, que significa "doce". Para além do modelo de origem, o sentimento *amae* é encontrado nas relações entre marido e mulher, mestre e discípulo etc. Sob o fundo de uma relação dissimétrica, *amae* introduz um calor reconfortante, uma doce intimidade. A verticalidade das relações sociais no Japão é um princípio de explicação da eminência desse sentimento que valoriza e torna

---

81. MARSELLA, J.A. "Ethnocultural aspects of posttraumatic stress disorder – Issues, research, and clinical applications". *American Psychological Association*, 1977.
82. DOI, T. *Le jeu de l'indulgence*. Paris: L'Asiathèque, 1988.

menos dolorosa uma dependência pessoal. A palavra *amanzuru* designa o fato de contentar-se, de se submeter a uma situação, de justificá-la etc. Assim, de acordo com Doi, as relações diferentes residem preferencialmente no *amae*, mas, caso as circunstâncias não possibilitem esse sentimento, então se deve contentar com *amanzuru*. Doi analisou a mistura de sentimentos relacionados ao *amae* que compõe a vida afetiva dos japoneses. Deste modo, *giri* é testemunho da obrigação, do dever, e *ninjô* traduz compaixão. O último termo marca um suplemento de favor direcionado ao outro no contexto moral do *giri*. "Os japoneses, afirma Doi, pensam que o uso das palavras pode esfriar a atmosfera; os americanos, ao contrário, sentem-se encorajados e seguros pela comunicação. Isto está ligado à psicologia do *amae*, pois no Japão aqueles que são próximos – ou aqueles que têm o privilégio de se unirem – não têm necessidade de palavras para expressar seus sentimentos. A necessidade de verbalizar decorre apenas da desconexão com o outro – da falta de *amae*"[83].

Margaret Mead apontou um comportamento de nome *musu* em Samoa. Essa manifestação afetiva traduz a recusa desarrazoada de fazer algo, como, por exemplo: uma mulher que rejeita seu amante, um bebê insonioso, um chefe que, na cerimônia de consumo do *kava*, não consente em passar adiante sua taça após haver-se saciado etc. Perguntado sobre sua oposição, o indivíduo declara simplesmente que não sabe: "Estou me perguntando", "Eu não sei, e ponto-final". Tal atitude é admitida, ela justifica-se e provoca "uma espécie de respeito supersticioso"[84]. Em Bali, M. Mead observa uma associação entre o medo e o sono, que claramente

---

83. MORSBACH, H. & TYLER, W.J. A japanese emotion: amae. In: HARRÉ, R. *The social construction of emotions*. Op. cit., p. 290.
84. MEAD, M. *Mœurs et sexualité en Océanie*. Paris: Plon, 1963, p. 381.

ilustra o arraigamento da emoção no âmago da cultura. Quando os balineses estão com medo, vão dormir. O nome desta conduta é *takoet poeles* (medo-sono). Um dia, M. Mead instruiu seus ajudantes a levarem de ônibus utensílios de cozinha para uma casa à qual ela se dirigia. Mais tarde, quando ela chegou na companhia de Bateson, ela os encontrou adormecidos. Eles tinham esquecido o pacote no ônibus e, temendo a reação da etnóloga, dormiram. O medo é um sentimento controlado pelo sono[85].

H. Geertz também assinalou a singularidade do termo javanês *sungkan* "que faz referência a um sentimento de polidez respeitosa diante dos superiores ou de pessoas estranhas. Uma atitude de constrangimento, de repressão de suas próprias impulsões e desejos, de modo a não perturbar a equanimidade emocional daquele que pode ser espiritualmente superior"[86]. O sentimento ressalta a particularidade cultural dos termos de "respeito" utilizados em Java, tal como a da "vergonha" e da "culpa" em nossas sociedades ocidentais, constantemente empregados para designar estados afetivos inerentes a membros de outras sociedades. Apostar na universalidade desses termos e estendê-los a outrem leva à neutralização das diferenças[87]. Eduardo Crespo citou a *verguenza ajena* como uma emoção tipicamente espanhola caracterizada pela perturbação interior sentida por alguém que presencia um indivíduo comportando-se de maneira inadequada. A vergonha experimentada restringe-se às testemunhas e não contamina o indivíduo, que não participa de qualquer infração das normas nem se sente culpado. Mas a ressonância afetiva é tão forte que chega a diferenciar-se

---

85. BATESON, G. & MEAD, M. *Balinese Character* – A photographic analysis. Nova York: New York Academy of Science, 1942, p. 191.
86. GEERTZ, H. "The vocabulary of emotions". *Psychiatry*, n. 22, 1959, p. 233.
87. PIERS, G. & SINGER, M.S. *Shame and Guilt*. Springfield: Thomas, 1953.

das outras, pois afeta uma noção crucial da cultura espanhola: a *dignidad*. A *verguenza ajena* "é uma arma terrível para desqualificar uma ação ou um ator. Aqueles que a causam são tachados de ridículos, o que é, para a cultura espanhola, um temível estigma"[88].

As pesquisas de Rosaldo sobre os Ilongot ressaltaram o caráter culturalmente específico do *liget*, uma emoção que se aproxima vagamente da raiva dos europeus, mas que difere nas modalidades de produção e de expressão. *Liget*, observa Rosaldo, é um termo associado ao caos, à separação, à desordem, ao despertar de uma forma afetiva incontrolável, uma "cólera" que decorre da zanga ou do sucesso manifestados por outrem. Mas tal estado tem conotação positiva, pois confere um poder ao caçador: trata-se de uma via de entrada simbólica na idade adulta. É preciso que se tenha vivido esse sentimento para adquirir o direito de se casar e de assumir as responsabilidades de adulto. *Liget* implica uma energia dirigida a um fim: "'Fico carregado de *liget* quando caço', diz um homem, 'pois eu não temo a floresta'. Orientado a um objeto desejado, o *Liget* concorre para superar o desafio ou a irritação que o originou. Concentrado, ele propicia a reprodução, encoraja ao trabalho, fixa a determinação do caçador, dá coragem e força, aguça a visão da vítima da tarefa a realizar"[89]. Rosaldo igualmente observou que o mesmo termo vernacular engloba aquilo que, a nossos olhos, indicaria experiências diferentes como as da raiva e da inveja. Categorias que nossas sociedades ocidentais distinguem com cuidado, tais como o embaraço e a vergonha, são igualmente denominadas na sociedade taitiana e, mais largamente, na Polinésia; inversamente,

---

88. CRESPO, E. "A regional variation – Emotion in Spain". In: HARRÉ, R. *The social construction of emotions*. Op. cit., p. 214.
89. ROSALDO, M.Z. *Knowledge and passion* – Illongot notion of self and social life. Cambridge: Cambridge University Press, 1980, p. 49.

termos diferentes podem designar o medo presente e o medo a ser futuramente experimentado nessas sociedades.

A. Strathern evidenciou entre os Hagen, em Papua-Nova Guiné, uma configuração que opõe um sentimento manifestado sobre a pele, o *pipil*, que poderia ser traduzido por vergonha, medo, e o *popokl*, aproximado de cólera. As manifestações de *pipil* decorrem não somente do menosprezo dos pares, mas também de um grande terror dos espíritos. Nesses casos, "nossa pele cobre-se de suor, os pelos do pescoço arrepiam-se, nossos dentes rangem, dizemos que os espíritos vão nos matar e comer. Isso acontece quando estamos num cemitério ou numa casa onde faleceu um homem e ouvimos um morcego trissar, uma coruja chilrear ou vemos um marsupial e pensamos que são manifestações de um espírito"[90]. Se, por um lado, *pipil* é uma emoção que se manifesta no corpo; *popokl* traduz, por outro lado, uma cólera suscitada por ofensas alheias que permanece íntima, fechada em uma deliberação secreta do indivíduo, e que pode restar para sempre oculta. A forma comum de sua expressão é a doença. Enquanto *pipil* é totalmente exteriorizado, *popokl* é totalmente interiorizado. Ao adoecer, o sujeito manifesta sua emoção. O tratamento impõe que ele mostre a razão do problema. A confissão, ao projetar ao exterior o *popokl* em palavras, constitui etapa inicial da cura. M. Mead observa um ritual parecido em Samoa[91].

Os Kwakiult conhecem o sofrimento pela perda de um próximo, mas sua dor é misturada a um sentimento de ofensa, mesmo que a morte tenha acontecido em circunstâncias insuspeitas ou que não tenha sido ocasionada por uma agressão ou acidente. Considera-se que os outros grupos são responsáveis por ela. Essa mis-

---

90. STRATHERN, A. "Why is shame on the skin?" *Ethnology*, n. 14, 1975, p. 349.
91. MEAD, M. *Mœurs et sexualité en Océanie*. Op. cit., p. 382.

tura de dor e de cólera impõe a vingança da ofensa pela matança de inimigos. "Era uma espécie de compensação ofertada a si próprio, a de provocar o luto em outra família", resume R. Benedict[92]. Em sua obra *As formas elementares da vida religiosa* Durkheim dedicou algumas páginas a demonstrar o mesmo sentimento confuso de tristeza e cólera nos Kurnai, para os quais os parentes do defunto "necessitam de alguma forma vingar-se de toda morte acontecida"[93]. Jean Briggs[94] não constatou qualquer expressão de cólera nos esquimós Utka. Não somente eles não a exprimem, como tampouco a sentem. Eles não dispõem de qualquer termo para denominá-la. Circunstâncias que em nossa sociedade dariam vazão a tal sentimento não suscitam qualquer réplica da mesma ordem. Nenhuma palavra do léxico Utka evoca um equivalente da cólera nem dela se aproxima. Esta atitude é, porém, percebida nas crianças e nos estrangeiros, de sorte que a mesma palavra a tacha de infantil. Eles podem açoitar os cães que tracionam seus trenós, mas o meio social permanece isento de cólera. Michele Rosaldo sugeriu que Jean Briggs confundia "ausência" e "medo" da cólera, levantando assim a hipótese da repressão desse sentimento; mas não se pode negar que a inexistência de aplicações desse sentimento na sociedade Utka desenha uma situação afetiva específica.

Lek, em balinês, é vagamente aparentado com o sentimento de vergonha que surge no culpado após a descoberta de sua transgressão. É um sentimento que remete a uma ruptura no caráter cerimonial da existência coletiva. C. Geertz traduziu *lek* por ansiedade e o descreveu como um "nervosismo difuso, normalmente moderado,

---

92. BENEDICT, R. *Échantillon de civilisation*. Paris: Gallimard, 1950, p. 240.
93. DURKHEIM, É. *Les formes élémentaires de la vie religieuse*. Paris: PUF, 1968, p. 562s.
94. BRIGGS, J. *Never in Anger*. Cambridge: Harvard University Press, 1970.

mesmo que, em algumas situações, ele se torne praticamente paralisante diante da perspectiva (e do fato) de uma relação social. *Lek* representa a angústia de não corresponder às regras da etiqueta, de não estar à altura do papel socialmente esperado, tal como, no palco teatral, o personagem pode apagar-se em consequência da inépcia do ator. *Lek* remete à estética das relações sociais e ao receio individual de apagar o brilho daquelas por uma falta particular. Seus encontros são, portanto, revestidos pelo *lek*, que os mantêm, em princípio, no interior das normas estabelecidas[95].

Na véspera do combate, os viquingues concentravam-se no fato de que alguns deles tornar-se-iam *bersek* e que, no fogo do embate, realizariam proezas guerreiras tomados por esse estado que multiplicava suas forças. A crise podia mesmo ser suscitada unicamente pela evocação de canções heroicas. Deste modo, um rei de temível força, desejoso de ouvi-las novamente sem lesar suas tropas, ordenou a seus homens que o amarrassem para que sua vontade permanecesse inofensiva[96]. De forma análoga, os Crow conheciam os "cachorros loucos" que, desarmados, precipitavam-se ardorosamente contra o inimigo, à procura de uma morte gloriosa, mas cujas ações eram inócuas para o resultado do combate. O corredor de *amok* da Malásia, após uma frustração ou simplesmente a escuta do brado "*amok! amok*!", avançava com sua espada *kris* esforçando-se para matar ou atingir quem encontrasse em seu caminho. A única forma de deter a sua corrida mortal era matando-o, mas com muita cautela, pois, mesmo com uma lança atravessada em seu corpo, ele ainda procurava até o último suspiro abater seu adversário. O acontecimento era tão frequente que forquilhas ou

---

95. GEERTZ, C.B. *Interprétation d'une culture*. Paris: Gallimard, 1983, p. 153s.
96. DEVEREUX, G. *Traité d'ethnopsychiatrie générale*. Paris: Gallimard, 1977, p. 5s.

lanças com lâmina embainhada ficavam guardadas nas esquinas das cidades para que a população conseguisse dominar o corredor sem dele se aproximar demasiadamente. Van Wulfften Palthe verificou, em 1936, que europeus que viviam há muito tempo no sudeste da Ásia tinham por vezes crises de *amok*, mas não existe nenhum caso catalogado de um malaio que tenha entrado nesse estado na Europa. Os Ainu sofriam de ataque de *umu* quando confrontados com uma serpente, verdadeira ou de brinquedo, ou até mesmo por ouvir o grito "serpente!" Isso ocorria mesmo nos lugares onde elas eram raras[97].

Schieffelin[98] observou nos Kaluli de Nova Guiné um complexo emocional composto pela cólera, pela tristeza e pela vergonha. Três formas afetivas que se misturam umas às outras, formando uma definição cultural própria e manifestando-se em situações precisas. A sociedade kaluli é igualitária e seu fundamento reside na reciprocidade social. Nela, a cólera é valorizada, julga-se um homem favoravelmente em função de sua aptidão em expressar o sentimento e de acordo com o vigor com o qual ele o manifesta. Os kaluli não dissimulam nem alteram aquilo que sentem. A raiva, a tristeza, o medo, a compaixão etc., são expressos de maneira dramatizada. Cada uma dessas emoções é interpretada no interior de um esquema de reciprocidade social. A cólera remete à perda, à frustração; mas, neste caso, a vítima espera uma compensação: ao exprimir sua raiva, ela manifesta sua expectativa de receber uma atenção particular do culpado e do grupo, apostando na compaixão que emergirá sem falta. Caso a reparação tarde, o homem ofendido espera, andando de um lado para o outro na

---

97. Ibid., p. 5s.
98. SCHIEFFELIN, E.L. "Anger and shame in the tropical forest – On affect as cultural system in Papua New Guinea". *Ethos*, n. 11, 1983.

casa pública, lançando xingamentos para todos os lados de modo a atrair atenção para a injustiça sofrida. Outro método de estreitar os laços com as pessoas do entorno na sociedade Kaluli é o de exibir um semblante desesperado, com muitas lágrimas e lamentações quando de uma morte, por exemplo. Imagem de energia nos momentos de cólera, o homem torna-se então exemplo de impotência radical. Quanto às mulheres, elas canalizam sua tristeza em cantos chorosos em busca da mesma compaixão social[99].

A linguista Anna Wierzbicka, recorrendo a situações concretas, ilustrou a dificuldade da tradução para outras línguas de termos-chave do vocabulário afetivo dos Ifaluk, tal como os descreve Catherine Lutz[100]. Ela examinou separadamente diversas palavras que expressam emoções habituais. Assim, Lutz descreveu o termo *fago* mediante a associação de três palavras inglesas: *compassion, love* e *sadness*. Ela o traduziu como *sad love* (amor triste), observando que seus informantes espontaneamente recorriam a *love* como termo correspondente em inglês. A. Wierzbicka observa que tanto a língua inglesa como a francesa não podem, sem perda de sentido, traduzir *fago*. Dentre as situações que suscitam esse sentimento nos Ifaluk, Lutz citou a doença, a partida da ilha, a falta de comida. Quanto às consequências sociais do *fago*, ela listou: a oferta de alimento, o pranto, a fala gentil. Embora tenha sugerido uma conotação de compaixão, isso não lhe parece suficiente nuançado sem uma proximidade com amor e tristeza. "Caracteriza diversas línguas indo-europeias a ausência de um termo designando o amor

---

99. Em diversas culturas africanas, a expressão da raiva é condenada e jamais manifestada. No entanto, se ela transparece, logo é associada à imaturidade, ao feitiço. A discussão é o único meio de prevenir um conflito (cf. TOUSSIGNANT, N. & HABIMANA, E.).

100. LUTZ, C. "The domain of emotion word in Ifaluk". *American Ethnologist*, n. 8, 1982.

em geral, mas a constância de palavras que associam os elementos do amor com os da compaixão ou um desejo de proteção dos seres frágeis e sem defesa", conclui A. Wierzbicka[101].

Outro exemplo: Lutz traduziu o termo ifaluk de *waires* para o inglês como uma mistura de *worry* e *conflict*. Tampouco existe no francês um termo que condense esse sentimento de estar dividido entre duas situações. Um caso concreto de *waires* foi citado por C. Lutz: recebendo a notícia que sua mãe, habitante de outra ilha, estava doente, uma moça ficou dividida entre o desejo de ir visitá-la e o de ficar junto com sua irmã, que estava prestes a dar à luz. A. Wierzbicka sugere que a expressão inglesa *to be in two minds* aproxima-se da situação, porém ela não se refere a um sentimento, ela não marca a conotação negativa própria do estado de *waires*. Wierzbicka evoca, ainda, a palavra polonesa *rozterka*, que traduz um sentimento penoso, sem manifestar exatamente o significado de *waires*. Com a mesma atenção, ela examinou diversos outros termos ifaluk, mostrando, a cada vez, o caráter singular dos sentimentos, que jamais poderia ser traduzido sem redução de sentido ou o recurso a uma adição de termos se desejamos, apesar de tudo, expressá-lo. Na conclusão do seu estudo, A. Wierzbicka asseverou que "a unidade psíquica da humanidade não reside na universalidade aparente das noções tais como o amor, a raiva ou a alegria; mas na universalidade de noções mais elementares como querer, dizer, saber, pensar, bom, ruim etc., as quais parecem corresponder a uma construção lexical em todas as línguas. As noções do domínio dos sentimentos tais como o amor, a raiva ou a alegria resultam de configurações específicas dessas noções elementares. Elas são, no entanto, comparáveis às configurações conceituais de

---

101. WIERZBICKA, A. "L'amour, la joie, la colère, l'ennui – La sémantique des émotions dans une perspective transculturelle". *Langages*, n. 92, 1988, p. 102.

outras línguas ou de outras culturas, pois todas essas configurações repousam sobre ideias universais simples e claras, expressas nos elementos indefiníveis de todas as línguas do mundo"[102].

A influência do grupo

As mesmas circunstâncias determinam comportamentos afetivos sensivelmente diferentes se o indivíduo está sozinho em seu quarto ou em meio a um grupo de pessoas próximas ou desconhecidas. A ressonância das emoções é, portanto, variável, assim como o regime de sinais individuais cuja exibição ou pronúncia ela causa. Em nossas sociedades, a linha que divide o público e o privado, em termos de relacionamento com o corpo e com a afetividade, é claramente delimitada. Sozinho, o sujeito está menos disposto a gargalhar diante de uma sequência humorística televisiva do que estaria na presença de amigos. Ouvida cem vezes, a mesma piada não perde a graça quando proferida em meio ao grupo; mas ela pode provocar monotonia ou indiferença quando lida no jornal ou ouvida no rádio do carro nos momentos de solidão.

Sozinho em sua casa, o homem pode entregar-se ao choro ou às lamentações num período de tristeza; em meio a desconhecidos, ele se esforça para se controlar. Normas particulares de etiqueta regem a emoção sentida, elas modulam sua expressão, prescrevendo as atitudes a serem adotadas, os gestos ou mímicas específicas, um estilo expressivo particular. De acordo com os diferentes públicos que presenciam ou que participam ativamente, a emoção pode tomar formas e intensidades variadas, seja ela compartilhada ou não. A solidão atenua a expressão das emoções, reprimindo sua manifestação, enfraquecendo os gritos, ou os risos, acalmando as

---

102. Ibid., p. 105.

mímicas, os gestos e a palavra; enfim, ela debilita suas forças. A permanência das emoções na solidão decorre da presença disseminada dos outros. O indivíduo está sob o olhar de seus *significant others*, ele interioriza suas reações supostas e os convoca a dividir o que sente como numa cena em que eles seriam testemunhas.

As emoções nascem, crescem e se apagam num ambiente humano que as reforça ou modera de acordo com o abalo que recebem. O sofrimento é expresso livremente diante dos familiares, porém contido diante daqueles que nós mal conhecemos ou diante da multidão indiferente que passa nas ruas. A raiva se dissipa ou se inflama de acordo com a atitude do adversário e do público implicado. Quando se mistura aos dos outros, o sorriso é multiplicado; mas ele pode se apagar ao perder o eco daqueles. As pessoas com quem nos relacionamos são os moduladores, exercendo um papel de apaziguamento ou exacerbação de acordo com as circunstâncias e sua influência. A raiva, o ódio, o ciúme, por exemplo, crescem ou se abrandam de acordo com as propostas do meio, os gestos, conselhos ou esclarecimentos nele prodigados. O medo pode desaparecer ou ser dissimulado caso o outro não compartilhe os mesmos sentimentos; contudo, ele poderá aumentar abrasando-se como pânico, caso aquele os demais também o sintam. O grupo é o terreno fértil das emoções, onde se desenvolvem ao máximo.

A multidão potencializa os sentimentos, ela muda a sensibilidade dos membros que a compõem, tornando-os mais ou menos solidários nos movimentos afetivos. O indivíduo que se funde e aceita permanecer incluso na multidão cede facilmente ao contágio das emoções e a elas subordina sua personalidade. A multidão dá a cada um de seus membros um sentimento de poder, ela dissolve em parte a consciência moral e autoriza licenças de comportamento que o indivíduo isolado jamais se permitiria. Levados pela multidão, alguns se tornam irreconhecíveis, vivem de entusiasmo ou das raivas que os levam a cometer violências ou atos de crueldade que normalmente reprovariam. Eles aderem a atos nos quais dificilmente se reconhecerão em seguida; sua consciência moral é neutralizada pelos movimentos da multidão. Eles se movem em outra dimensão de sua existência pessoal, experimentando um sentimento de força. Não somente toda culpabilidade se apaga em relação ao ato cometido, mas os membros da multidão também se sentem investidos de uma justa causa e cedem a todos os atos proibidos. "Nessas ocasiões, temos a impressão de que o inconsciente anda solto, escreve Moscovici. As grandes massas servem de apoio. Com o respaldo delas, o indivíduo grita, agita os braços furiosamente, despreza as proibições, insulta seus superiores, semeia a desordem e a contestação por todo lugar. Ele se entrega a toda espécie de ato excessivo, a violências extraordinárias. A realidade é abolida, as massas sonham um sonho bruto"[103]. Os estádios esportivos são lugares onde a expressão das emoções por vezes atinge licitamente uma espécie de paroxismo radicalmente ausente da vida ordinária. As paixões se exaltam nos eventos esportivos, no encontro com políticos ou cantores famosos, elas conduzem a explosões de fervor e de violência. Uma vez terminadas as manifestações, a tensão cai novamente. Fora dos estádios, os insultos aos jogadores ou aos árbitros são expressos num registro diverso. O furor tem também suas convenções.

Socialização das emoções

Embora o corpo materialize a presença do sujeito no mundo, sua realidade é ambígua. O homem é o seu corpo, mas ele também

---

103. MOSCOVICI, S. *L'Âge des foules*. Bruxelas: Complexe, 1991, p. 316. • FREUD, S. "Psychologie collective et analyse du moi". *Essais de Psychanalyse*. Paris: Payot, 2001 [Coll. "Petite Bibliothèque Payot"].

possui um corpo. Suas manifestações específicas não estão todas sob o jugo da consciência, mas elas se inscrevem, apesar de tudo, no interior de modelos sociais. O corpo é um dado socializado e semantizado, ele não se insere no mundo com uma faculdade *a priori* de deciframento dos enigmas que o mesmo lhe propõe. As funções corporais ou afetivas que sustentam a existência social do indivíduo são adquiridas, não inatas. A dimensão cultural desenvolve, de acordo com direções precisas, o imenso campo de possibilidades biológicas que o corpo encerra[104].

Quaisquer que sejam suas origens, o lugar e o tempo de seu nascimento, uma criança está naturalmente propensa a interiorizar e a reproduzir, de acordo com a sua própria personalidade, os traços particulares da cultura de qualquer sociedade humana. Ela personifica uma série de disposições antropológicas que somente o relacionamento com os outros permite desenvolver, isto é, sua imersão num campo simbólico. Etimologicamente, infante deriva do latim *in-fans*, que significa ausência de palavra e, em termos mais amplos, ausência de capacidade imediata de simbolizar o mundo no qual se insere. Toda família adotiva que educa uma criança vinda de outro país vivencia a experiência de sua flexibilidade à educação. Quanto mais jovem, mais social e culturalmente maleável ela será. Na criança estão potencialmente presentes todos os recursos afetivos da condição humana. A socialização a que se submete opera uma seleção em meio à imensidão de possibilidades, imprimindo-lhe uma cultura afetiva específica. Ao longo do seu desenvolvimento, a criança incessantemente limita as possibilidades do seu sentir e de sua expressão, inscrevendo seus estados afetivos no interior do meio social.

---

104. LE BRETON, D. *Anthropologie du corps et modernité*. Op. cit. • LE BRETON, D. *Des visages...* Op. cit.

As infinitas faculdades de manifestação de que a criança dispõe ao nascer, as mesmas de que dispunha a criança da idade da pedra, são universais. Choros, sorrisos, gestos, gritos, emissões sonoras etc. inscrevem-se lentamente numa linguagem, tecendo uma estrita comunicação entre a mãe, a criança, e, mais tarde, com os demais, gradualmente moldando uma semiótica comum. A educação enraíza essas formas, organizando-as e reforçando-as mediante as atitudes apropriadas dos próximos, por meio das quais a criança percebe o impacto de suas atitudes sobre os outros. Por conseguinte, ela as ajusta de acordo com as reprimendas ou com os encorajamentos recebidos, conformando-se às expectativas coletivas. As pessoas do entorno acompanham a criança no desenrolar de seu aprendizado dos sinais e dos símbolos e a inserem no processo de comunicação. A socialização acontece numa cultura e num grupo de acordo com seu sexo e com o *status* da família, imersa numa determinada situação. A criança se impregna então das experiências emocionais particulares a esse meio. Harkness e Super[105] designam o termo *environmental niche* para exprimir a trama de significados e de valores que envolvem a criança e contribuem para sua educação. Esses autores distinguem três dimensões do processo de formação cultural da afetividade: a primeira engloba o sistema físico e social da criança, as interações cotidianas, os lugares aonde vai, com quem etc. A segunda dimensão consiste na regulação cultural de seus comportamentos: os aprendizados ofertados, a maneira de realizá-los etc. A terceira dimensão remete à psicologia dos pais e dos próximos, à harmonia de casal, a suas experiências e valores específicos. A criança é educada no interior

---

105. HARKNESS, S. & SUPER, C.M. "The cultural construction of child development – A framework for the socialization of affect". In: LEWIS, M. & SAARNI, C. (orgs.). *The socialization of emotions*. Nova York: Plenum, 1985, p. 22.

deste "nicho", no seio de um ambiente social, cultural e psicológico que marca sua sensibilidade.

M. Mead e G. Bateson dedicaram uma obra essencial, *Balinese character*, à descrição, por meio de fotografias e de comentários, do processo de incorporação da cultura pela criança. No plano da interiorização do *etos*, uma gravação de dois minutos de interação apresentados em nove fotografias oferece as chaves de compreensão da cultura afetiva balinesa. Uma mãe chama seu filho, que vem se aconchegar a seu peito. Os dois brincam juntos por um momento, mas, quando a criança toma a iniciativa e libera sua emoção, a mãe logo interrompe a troca afetiva. No último clichê, mãe e filho parecem entediados[106]. M. Mead descreve diversas interações em que a mãe primeiro estimula seu filho e depois se desinteressa subitamente, deixando-o desorientado. A emoção é interrompida antes do fim, levando à frustração. Em outros momentos, a mãe brinca, fingindo o abandono da criança. Pega em seus braços outro bebê, oferece a ele o seio, e ameaça seu filho de deixá-lo lá. Quando este começa a chorar, ela já desviou sua atenção e fala com outras mulheres, sem se preocupar em consolá-lo. "A mãe, mas também a tia, a irmã ou a babá, provocam e atormentam a criança dessa maneira; mas quando ela responde com uma emoção crescente, esta é invariavelmente interrompida antes de atingir o topo. Mais tarde, a criança começa a isolar-se afetivamente"[107]. As fotografias mostram a frequência com que crianças e adultos se ausentam momentaneamente numa situação, exibindo um semblante fechado e triste, subitamente exterior ao mundo[108]. As atitudes afetivas da mãe influenciam as da criança, elas modulam sua sensibilidade e a fazem coerente à dos outros membros da sociedade. A criança

---

106. BATESON, G. & MEAD, M. *Balinese character*. Op. cit., p. 14-149.
107. Ibid., p. 33.
108. Ibid., p. 68.

então aprende a conter sua emoção e a se retirar tempestivamente para não ter suas expectativas desapontadas.

Durante os primeiros meses de existência, a criança vive uma relação quase simbiótica com sua mãe ou com sua sucedânea, jamais se separando de seu corpo, como se este fosse seu prolongamento. Aos poucos, ela se liberta graças ao espaço de diferença que a mãe interpõe e que a criança explora, aprendendo a reconhecê-la como um ser independente. Devido às relações mantidas com o pai, com os irmãos, ou com os parentes e vizinhos, ela descobre sua singularidade. Desse modo, efetua-se a passagem do autismo primário da criança ao simbolismo, isto é: a entrada na troca coletiva de significado. Caso a mãe não lhe franqueie essa independência (por causa de um amor exagerado, ou, ao contrário, de uma carência afetiva) ou caso o pai seja demasiado frágil para romper essa captação, a criança deter-se-á aquém da função simbólica. Ela não assimilará plenamente as chaves necessárias para decifrar a "realidade" por meio da conivência cultural; ela se fixará, então, no limiar do meio social, incapaz de ingressar plenamente. "Para falar, isto é, para comunicar a distância, a criança precisa haver superado a angústia da separação. Ela deve ter estabelecido com a mãe, ou com sua substituta, a distância ideal entre o contato apaixonado, no qual a personalidade infantil se dilui, e o distanciamento extremo, no qual a mesma perde a relação maternal"[109]. A psicose infantil revela um ingresso malsucedido, ou melhor, uma entrada paralela[110] no meio social. Os significados emitidos pelo psicótico

---

109. ANZIEU, D. "Pour une psycholinguistique psychanalytique". *Psychanalyse et Langage*. Paris: Dunod, 1977, p. 4.
110. A criança autista, por exemplo, manifesta, por meio do seu comportamento, suas posturas, seus gestos ou mímicas, um outro uso do mundo e da interação, fora dos ritos que regem o funcionamento social, fora dos significados e dos valores que os fundamentam, porém não insensato ou aleatório, cf. LE BRETON, D. *Des visages*, p. 132ss.

não expressam a unanimidade do grupo, eles permanecem enraizados numa singularidade, num "autismo". A criança não se insere nos sistemas sociais da circulação oral do sentido da mesma forma que ela não consegue situar-se no interior de um corpo investido do sentido comum. Daí decorre a aparente "desordem" característica de sua afetividade ou de seus movimentos corporais. Para se tornar um ator pleno inserido na troca geral de significados que fundamenta a comunicação sobre determinado espaço social, é necessário que a criança seja confrontada com sua própria diferença no seio do grupo familiar. Para estabelecer sua identidade própria de sujeito, ela deve superar o maior risco que incorre em seu percurso ao meio social: o da psicose, isto é, o não acesso à ordem simbólica. Caso a criança não se concilie com essa dimensão nos primeiros anos de sua existência, ela fracassará em sua integração no interior da comunicação social.

Nas condições normais do seu encaminhamento em direção à idade adulta, a criança fica sensível, por volta do terceiro mês, ao fato de que está sendo observada: ela fixa mais intensamente o olhar sobre sua mãe caso essa a esteja mirando do que quando está a se ocupar de outra coisa. É um início de comunicação. Do mesmo modo, caso se peça à mãe que mantenha um olhar impassível sobre a criança, suspendendo toda comunicação, o bebê passa a se agitar, tentando atrair sua atenção por meio de manifestações vocais e gestos. Ele para de sorrir e padece de crescente mal-estar. A criança assim demonstra estar entrando no processo de simbolização, e que essa ruptura da expressividade maternal lhe causa um sentimento de insegurança. O sentimento da criança está completamente sujeito às atitudes que a mãe adota em sua direção: ela percebe no rosto, na voz, no tônus dessa última as indicações que orientam o seu sentir. Um estudo inglês a respeito do comportamento pós-operatório de bebês é bastante significativo a esse respeito. Uma população de mães que acompanham seus filhos no hospital para uma intervenção cirúrgica é dividida em duas. Uma enfermeira recebe as mães do primeiro grupo e esforça-se para criar, desde o princípio, um clima de confiança: todas as informações que elas requisitam são fornecidas às mulheres, explicam-se as sequelas da operação, conselhos são oferecidos, enfim elas recebem garantias de que tudo logo voltará ao normal. As mães perguntam a respeito de fatos que continuam a temer. A criança está presente, mas não é diretamente solicitada. As mães do outro grupo são simplesmente precipitadas na rotina do hospital. As crianças recebem as mesmas doses de analgésicos. O resultado é espetacular: as crianças cujas mães haviam sido tranquilizadas estão claramente menos estressadas do que as do outro grupo. Elas têm menos pesadelos, não choram durante a noite, sua temperatura e pressão sanguínea restam constantes, elas se atormentam facilmente e disso decorre que tiveram de permanecer hospitalizadas por menos tempo. As mães que se beneficiaram de explicações detalhadas estavam mais seguras e sua confiança foi transferida aos filhos. Ao contrário, a ansiedade das outras talvez tenha intensificado a dor e o medo das crianças[111].

No fim do seu primeiro ano de vida, a criança se estabelece mais confortavelmente na comunicação, ela desfruta mais facilmente da linguagem e da simbologia corporal. Suas mímicas tornam-se representativas dos estados afetivos que experimentam e se verificam concordes com as de seu ambiente. Um estudo aludido por Boris Cyrulnik ilustra a entrada progressiva no registro simbólico tomando por exemplo o fato de "apontar o dedo". Coloca-se perto do berço, fora do alcance do bebê, um objeto cobiçado e escolhido

---

111. SKIPPER, J.K. & LEONARD, R.C. "Children, stress and hospitalization – A field experiment". *Journal of Health and Social Behavior*, n. 9, 1968. • LE BRETON, D. *Anthropologie de la douleur*. Paris: Métailié, 1995.

por sua mãe: um urso de pelúcia, uma boneca, um doce etc. Até o nono ou décimo mês, a criança, retida, estende as mãos em direção ao objeto, fitando-o fervorosamente, e começa em seguida a gritar por não conseguir pegá-lo. Ela se joga pra trás e não demora a se autoagredir mordendo as mãos, por exemplo. Entretanto, ao fim do primeiro ano, a criança – as meninas mais precocemente do que os meninos – não mais estende a mão espalmada; ela aponta o dedo na direção do objeto e se esforça para captar o olhar de uma pessoa próxima[112]. Nesse gesto anódino, conjugam-se a maturação biológica e a progressiva incursão no sistema de significados. Entre um e dois anos de idade, a criança começa a perceber claramente as emoções dos próximos, ela compartilha de sua alegria ou de sua dor, esforçando-se, por exemplo, para consolar seu pai quando ele está triste. Ela já sabe imitar uma expressão de tristeza ou de felicidade. Motricidade e linguagem estão estreitamente ligadas à socialização da criança, que progressivamente alarga suas representações e suas competências linguísticas, afetivas e gestuais para engajar-se como pleno partícipe do processo comunicativo[113]. Enquanto permanece no estágio de espelho, a criança unifica o seu Eu no espaço, enraíza-se num corpo de que se apodera. Ela executa diante do espelho mímicas e gestos que lhe permitem lentamente se apropriar da capacidade expressiva do seu grupo.

Sentimentos sociais como a culpa, a vergonha ou o embaraço aparecem em nossa sociedade por volta dos três anos, quando o sentimento do "eu" aos poucos se cristaliza, proporcionando à criança a percepção de sua individualidade própria e daquilo que

---

112. CYRULNIK, B. *La naissance du sens*. Paris: Hachette, 1991, p. 53-54.
113. FEYEREISEN, P. & DE LANNOY, J.D. *Psychologie du geste*. Bruxelas: Mardaga, 1985.

ela é dentre os outros. Harkness e Super[114] mostram, por intermédio do exemplo das lágrimas, como os Kipsigis do Quênia conduzem a criança de uma situação em que o choro é uma modalidade tolerada de comunicação familiar ao estágio em que ele se torna insuportável, devendo ser rigorosamente proibido para evitar exposições vexatórias. A circuncisão ou a clitoridectomia, por exemplo, devem ser vividas com uma força de caráter irretocável. Se o jovem manifesta sua emotividade, ele compromete gravemente seu futuro. Ele (ou ela) terá dificuldade para casar-se e a situação vexatória também atingirá sua família. Trata-se de uma passagem gradual e bem delimitada no curso da qual a criança aprende pouco a pouco a controlar-se, formando uma personalidade de acordo com as expectativas do grupo. Robarchek estudou certas modalidades de aprendizado, como a do medo de estrangeiros, de intempéries ou de manifestações sobrenaturais numa sociedade onde nenhuma bravura, nenhuma honra, era reconhecida àquele que ousasse expor-se à prova contra tudo. A noção de *tertaid* fornece à criança um esboço de proibições, reunindo todas as ações que podem causar um desastre cujas primeiras vítimas seriam seus próximos ou ela mesma. Todas as manifestações exacerbadas da natureza seriam causadas pelas transgressões cometidas pelos membros do grupo. Por meio da interiorização daquilo que o termo recobre, a criança aprende a controlar suas emoções e seus atos para não se expor a tal perigo. "A maturação de suas capacidades cognitivas permite à criança conquistar um complexo de crenças culturais reunidas sob o conceito de *tertaid*. Associando um conteúdo e um suporte cognitivo às relações afetivas individuais, essa noção lhe recorda, por exemplo, que a tempestade é uma resposta punitiva

---

114. HARKNESS, S. & SUPER, C.M. "The cultural construction of child development – A framework for the socialization of affect". Art. cit.

dos poderes sobrenaturais a toda má conduta dos homens"[115]. H. Geertz acompanhou passo a passo a maneira pela qual as crianças javanesas gradualmente interiorizam a complexidade das diferentes formas de "respeito" compreendidas na sociabilidade insular[116]. A partir de um ano de idade, quando se encontram numa situação comumente associada ao medo, os adultos soem dizer à criança Ifaluk que ela está apavorada. Caso essa última não reaja, sua atenção será atraída para a possível presença de "estrangeiros" ou de Tarita, um fantasma, na intenção deliberada de lhe ensinar o medo para que ela aprenda a se proteger[117].

Muitos outros exemplos ilustram as modalidades culturais de inscrição do sujeito no *etos* de seu grupo. A educação ou o simples desenrolar das interações ordinárias ensinam-lhe como melhor discernir as reações alheias, como prevê-las e como preveni-las modelando seu próprio comportamento. Como os outros são diferentes de si, e o sujeito deve se acomodar com os mesmos, pondo-se em seus lugares para compreender suas atitudes, intenções etc. Ele interioriza um mínimo de empatia e de descentralização de seu ser, os quais tornam possível a manutenção do elo social. Ele deve assimilar a cultura afetiva que anima as sensibilidades coletivas. Assim, a criança pode compreender por que seu irmão inveja seu brinquedo, uma vez que ele próprio padece o mesmo sentimento em relação à bicicleta do vizinho. Ela pode entender a razão da cólera de sua mãe porque ela mesma se irrita com o companheiro de jogo que frustra suas expectativas ou trapaceia durante a partida etc. A criança adquire então uma capacidade de modulação do seu olhar sobre o mundo. Consciente que o outro pode ter um ponto

---

115. ROBARCHEK, C.A. "Learning to feau – A case study of emotional conditioning". *American Ethnologist*, n. 6, 1979, p. 562.
116. GEERTZ, H. "The vocabulary of emotions". Art. cit.
117. LUTZ , C. "The domain of emotion word in Ifaluk". Art. cit.

de vista diferente do seu, ela se vê através dos olhos alheios[118]. Na dialética do Eu e do outro que o autoriza a entrar na complexidade das relações sociais, o sujeito é capaz de compreender por que alguém lhe dirige atitudes surpreendentes, como a cólera ou ciúmes, embora não fosse sua intenção provocá-los. Simultaneamente, ele assimila um vocabulário que organiza sua inteligência do mundo, sua afetividade, e favorece a comunicação com os outros.

Não se adquire o vocabulário emocional pela consulta do dicionário, ele impregna as relações sociais e ecoa sobre a criança, que apreende seu significado ao ver tais palavras encenadas pelos próximos. "Uma ampla etnopsicologia... a informa sobre os significados que envolvem as emoções, de sorte que, aprendendo as palavras do léxico afetivo, adquire um conhecimento cultural mais amplo, o qual engloba ao mesmo tempo os conceitos e a prática da emoção"[119]. Entre dois e cinco anos de idade, a criança já possui um vocabulário coerente e suficientemente significativo para expressar o que sente[120]. A socialização da emoção e de sua expressão andam juntas. Os estados afetivos são, em princípio, "corpo" em suas manifestações; embora seja sempre possível, exatamente por causa da convenção social, simular ou modulá-las. Aprendemos a sentir as afeições e a traduzi-las para si e para os demais do mesmo modo que aprendemos a conduzir-nos numa língua, sob o efeito dos mesmos processos de educação e de identificação com o ambiente.

---

118. LIVET, P. "Évaluation et apprentissage des émotions". *Raisons Pratiques*, n. 6, 1995.
119. LUTZ, C. Cultural patterns and individual differences in the child's emotional meaning system. In: LEWIS, M. & SAARNI, C. (dir.). *The socialization of emotions*. Op. cit.
120. MICHALSON, L. & LEWIS, M. "What do children know emotions and when do they know it". In: LEWIS, M. & SAARNI, C. (orgs.). *The socialization of emotions*. Op. cit.

A criança entra num processo de comunicação, e seus gritos, seu choro, suas mímicas, representam os sinais da simbólica corporal cujos significados dependem da cultura de origem. Suas atitudes e gestos são envoltos pelo *etos* familiar, que orienta as formas de sensibilidade, as atividades perceptivas ou a gesticulação do indivíduo e desenha o tipo de relação que ele mantém com o mundo. As atuações do corpo traduzem, portanto, a história pessoal no interior da dinâmica social e afetiva própria de sua família. Uma experiência comum nesse tocante é a da criança que corre, cai, e logo se volta procurando um significado para o acontecimento desagradável que acaba de vivenciar. De acordo com a atitude de sua mãe ou da pessoa que a acompanha, ela pode chorar ou levantar-se tranquilamente. As lágrimas se revelam uma linguagem e não mais um reflexo de dor, elas se inserem na convencionalidade que concorre para a modelação do sentimento por meio de uma sutil dialética. Os pais ou as pessoas próximas, de acordo com o *status* associado ao sexo da criança, dizem-lhe: "meninos não choram", "você não vai chorar por tão pouco", "não fique irritado assim!", "não se deve dizer coisas desse tipo", "você não pode confiar em desconhecidos" etc. De diversas formas, a palavra ou o gesto formalizam a afetividade da criança e confirmam o que ela já sente ao observar a experiência dos próximos. Num primeiro momento, uma criança enraivecida pode, por exemplo, gritar, espernear, chorar etc.; no entanto, ao crescer ela aprende a ritualizar sua emoção, a contê-la dentro das normas de expressão. O conjunto da sua afetividade é, assim, modelado[121]. Pode acontecer em nossas sociedades, por

---

121. Pesquisas mostram que entre dois e dez anos de idade, especialmente para os mais jovens, existe uma forte tendência a experimentar situações ambíguas. Por exemplo, a fuga do cão de estimação e seu retorno, ferido, pode ser uma experiência inteiramente positiva ou inteiramente negativa. As crianças manifestam seja uma alegria plena seja uma tristeza pura diante do animal. A partir dos dez anos somente, a criança toma consciência da complexidade das situações e exprime mais intensamente a mistura ou a ambivalência de seus sentimentos (HARRIS, 1985).

exemplo, que alguns adolescentes permaneçam "desajeitados" nessa idade, dando uma expressão exacerbada e crua a seus sentimentos: eles não dominam os dados que regem a sociabilidade adulta. Mais tarde, porém, eles se harmonizam em certa medida às convenções culturais do seu grupo, no qual a sinceridade pode ter tanto espaço quanto o formalismo, na exata medida em que tudo vai codificado. A criança entra no uso social da língua e do corpo ao mesmo tempo. Existe uma língua materna tal como existe uma linguagem maternal do corpo.

Diversos anos são necessários à criança antes que seu corpo realmente se inscreva no interior da trama de sentidos que identifica e estrutura seu grupo social de origem. Ademais, esse processo jamais se encerra, ele se estende por toda a vida de acordo com as mudanças sociais e culturais, as peripécias de sua vida privada e os diferentes papéis que o ator deve assumir no curso de sua existência. O fato de enamorar-se é um belo exemplo daquilo que a socialização das emoções prolonga muito além da infância. O envelhecimento suscita situações inéditas e novos relacionamentos com o mundo. Numa mesma cultura afetiva, as emoções habituais do bebê, da criança, do adolescente, do jovem, do adulto ou do idoso mudam em natureza e em intensidade, de acordo com condições sociais e circunstâncias bem diferentes umas das outras. A mesma diferenciação ocorre caso se trate de um homem ou de uma mulher. O amor da criança por sua mãe em nada é parecido àquele que o adulto nutrirá por sua companheira; a cólera que faz gritar e desferir pontapés no irmão toma, em princípio, formas mais moderadas com o tempo; a prudência de uma criança não é a mesma de seu pai etc.[122] Esse processo de socialização da relação física e

---

122. Aristóteles, em *Retórica*, distingue os "mores" da juventude, da velhice e do homem feito.

afetiva com o mundo é uma constante da condição humana, a qual é, no entanto, dotada de mais força em certos períodos da existência, especialmente na infância e na adolescência.

A criança observa a vivência dos seus parentes, dos amigos de sua família, de seus companheiros do bairro ou da escola. Ela os observa encenando suas emoções e conversando sobre elas, descobrindo assim as relações sociais, os segredos de uns e outros e os bastidores da cena social. A criança provê os acontecimentos de sua existência com significados a eles relacionados. Atualmente, a mídia também desempenha uma importante função educativa mediante a identificação da criança com seus heróis, suas admirações, seus desgostos etc. Os jogos eletrônicos, especialmente, exercem influência sobre a socialização dos sentimentos e das emoções. Insensivelmente, a criança que está crescendo é impregnada pelos modelos do seu grupo, aprendendo a corrigir-se, ou a manifestar aquilo que dela se espera nas circunstâncias. Participando com os mais velhos de múltiplos acontecimentos sociais tais como nascimentos, casamentos, celebrações ou lamentos coletivos, ela observa as formas comportamentais, conjugando suas emoções com as de seus próximos, mas ela também pode começar a distinguir-se por uma sensibilidade particular. Logo a criança aprende a dissociar o sentimento real de sua expressão social, acostumando-se a encenar para suscitar comportamentos favoráveis.

A educação jamais se desenvolve como uma atividade intencional regida por um *cogito* familiar. Os modos de relação, a dinâmica afetiva que envolve a criança, a submissão ou a resistência que ela opõe, são dados essenciais do processo de socialização. Desse modo, a criança não se comporta como objeto passivo, mas como ator indeciso e ambíguo da educação que recebe, pois ele permanece inconsciente de ser o herdeiro desse trabalho e de estar forjando nessa época os contornos futuros de sua existência corporal e afetiva. A ordem social se infiltra discretamente na matéria orgânica da criança e aí se impõe com força de lei. O corpo existe na integralidade de seus componentes graças ao efeito conjugado da educação recebida e das identificações que levaram a criança a assimilar os comportamentos do seu entorno. Os outros contribuem com o desenho dos contornos do universo da criança, além de dar ao seu corpo o relevo social de que tem necessidade: eles lhe oferecem a possibilidade de construir-se como sujeito. Em Java, nos primeiros anos de vida, a criança é considerada como "ainda não javanesa". "A mesma frase aplica-se a pessoas que sofrem de doença mental ou a adultos que se mostram desrespeitosos com os mais velhos... Assim, a pessoa ainda não é considerada civilizada, mas alguém incapaz de controlar suas emoções ou de se exprimir com o respeito exigido pelas diferentes situações sociais"[123]. Ao término do processo educativo, a criança se torna um homem ou uma mulher plenos, parceiros nas trocas sociais.

A socialização afetiva não apenas ensina à criança o modo de reagir em determinadas situações, ou melhor, em certos paradigmas de situações, ela sugere também aquilo que ela deve sentir em dado momento e como é permitido falar a respeito[124]. No interior de uma comunidade social, todas as manifestações corporais remetem umas às outras – elas são mutuamente inteligíveis. No entanto, essa tela comum que permite a comunicação em nada impede a inscrição de motivos pessoais sobre o tecido. O estilo individual da relação física ou afetiva com o mundo não vai ocultado pela pregnância do modelo. Entretanto, Merleau-Ponty recorda

---

123. GEERTZ, H. "The vocabulary of emotions". Art. cit., p. 230.
124. Trabalhos metódicos começam a surgir sobre a forma como as crianças vivem sua afetividade, cf. MONTANDON, C. "Processus de socialisation et vécu émotionnel des enfants".

que os outros devem estar presentes, "pois eles não são ficções com as quais eu povoaria meu deserto, filhos do meu espírito, possibilidades eternamente irrealizadas: eles são meus gêmeos, carne da minha carne. Evidentemente, eu não vivo a vida deles, eles estão definitivamente ausentes em mim e eu neles; porém, essa distância se torna uma estranha proximidade quando percebemos o ser do sensível, porquanto a sensibilidade é precisamente aquilo que, sem se deslocar, pode assombrar mais de um corpo"[125].

Por outro lado, algumas crianças têm maior dificuldade em entrar no processo de educação afetiva ou gestual, permanecendo aquém da comunicação ordinária. Crianças maltratadas sofrem de significativo retardamento no reconhecimento das emoções alheias ou em sua expressão apropriada. Elas não associam imediatamente as circunstâncias aos sentimentos que normalmente suscitam. Sua afetividade parece confusa, hesitante, inquieta e reprimida, refletindo o comportamento de seus pais, os quais não exprimem suas emoções de maneira regular e conforme às convenções culturais. Nessas circunstâncias, os comportamentos paternos, incompreensíveis e contraditórios, não proporcionam segurança a seus filhos, submetendo esses últimos a permanente dúvida sobre o que está por vir. As pessoas que, ambivalentes, manifestam uma emoção e em seguida outra perturbam profundamente a criança com sua desordem, privando-a de referências sobre a maneira de reagir. A inibição de sua afetividade constitui-se num modo de defesa contra tal ambiente[126].

Em outro plano, a falta de estímulos visuais impede que a criança cega de nascença se apoie inicialmente sobre o corpo dos outros para assimilar e reproduzir os sinais que constroem a familiarida-

---

125. MERLEAU-PONTY, M. *Signes*. Paris: Gallimard, 1960, p. 22-23.
126. CAMRAS, L.A. Socialization of affect communication. In: LEWIS, M. & SAARNI, C. (dir.). *The socialization of emotions*. Op. cit., p. 144.

de da relação coletiva com o corpo. O espelho do outro é opaco para ela. Privada de referências visuais, não inscreve sua experiência corporal como um eco das condutas alheias. Certamente, ela sabe rir, chorar etc., estando imersa na mesma cultura afetiva dos demais, mas sua expressividade é marcada por um ligeiro atraso. Seu rosto permanece socialmente inacabado e introduz uma leve turbidez na interação. "O rosto do cego de nascença, escreve Pierre Henri, é geralmente assaz inexpressivo, ele informa de maneira imperfeita sobre o interesse que as excitações exteriores despertam na criança, especialmente as conversas"[127]. Caso essas dificuldades não sejam abordadas por um ambiente atento, disponível e afetuoso, dificuldades de expressão podem surgir, como observou P. Henri: "hipotonia muscular, inadaptação do gesto ao seu objeto... Predominância das aquisições auditivas e verbais, mau comportamento corporal, abundância de tiques, de gestos não socializados". O corpo não é uma natureza onde amadurecem espontaneamente expressões universais e independentes da educação ou dos esforços da criança para delas se apropriar[128]. Se as pessoas que convivem com essas crianças ou seus educadores são sensíveis às eventuais dificuldades que ela enfrenta nas relações com os outros, elas podem ensiná-la a movimentar sua fisionomia, guiando-a com a palavra ou com as mãos e fazendo-a sentir as modificações que afetam o rosto do seu interlocutor nas diversas circunstâncias. A criança cega de nascença assim pode adquirir, por meio da prática voluntária, uma simbólica corporal que ordinariamente é recebida sem esforços particulares, mediante processos de imitação e de identificação que ocorrem no contato com os próximos.

---

127. HENRI, P. *Les Aveugles et la société*. Paris: PUF, 1958, p. 116.
128. LE BRETON, D. *Anthropologie du corps et modernité*. Op. cit. • LE BRETON, D. *Des visages*. Op. cit.

4 Antropologia das emoções 2
Crítica da razão naturalista

> *Não basta que dois sujeitos conscientes possuam os mesmos órgãos e o mesmo sistema nervoso para que sinais iguais resultem em ambos a partir de emoções idênticas. O que importa é a forma como eles se servem de seus corpos, a simultânea enformação emotiva de seus corpos e de seus universos. O equipamento psicofisiológico franqueia uma ampla gama de possibilidades, de sorte que não existe, nem neste ponto nem no domínio dos instintos, uma natureza humana definitivamente constituída.*
>
> MERLEAU-PONTY, M. *Fenomenologia da percepção.*

Teorias ocidentais das paixões

Embora suas abordagens sejam múltiplas, as ciências sociais sugerem desde longa data uma abordagem simbólica do corpo e do rosto, mediante o ritualismo que os anima e consoante a relatividade das emoções ou dos sentimentos nas diversas situações sociais e culturais. Inversamente, outros pesquisadores, impregnados de uma visão biológica do mundo, sustentam a natureza do corpo e do rosto, na qual as diferenças culturais seriam artefatos inconsequentes, desprovidos de efeitos significativos sobre o plano filogenético, que permaneceria praticamente intacto no decurso do tempo e ao longo do espaço nas diferentes sociedades humanas[1]. Nessa perspectiva, o homem é percebido como uma espécie e não como uma condição. Sob o mesmo ângulo, ele é prazenteiramente cotejado a outras espécies animais, no fito de detectarem-se as singularidades ou as proximidades, de acordo com o exemplo fornecido por Darwin. A dimensão simbólica da relação humana com o mundo é suprimida em favor de uma apreensão de certa maneira etológica, para a qual o instinto ou os programas genéticos primam marcadamente sobre a cultura. Catherine Lutz tinha razão em destacar a ambiguidade da atitude ocidental, que "hesitou menos antes de reconhecer uma competência afetiva presente em todos os homens do que havia hesitado para atribuir competências intelectuais ao conjunto da humanidade"[2]. Perdura o clássico debate entre a congenialidade e a aquisição, entre o papel da natureza e o papel da cultura nas relações da condição humana com o mundo, entre biologia e simbologia[3].

Ao fim de 1649, algumas semanas antes de seu falecimento na Suécia, Descartes publicou *As paixões da alma* em Paris. Para ele, as emoções radicam-se numa dimensão corporal, elas não são exclusivamente afeições anímicas, mas simultaneamente um movimento

---

1. Em 1819, ao redigir o verbete "Paixão" de seu *Dicionário das Ciências Médicas*, Virey inaugurou uma via próspera, cujas ambições, malgrado seu reducionismo, jamais foram desmentidas. Ele escreveu decididamente: "No estudo da natureza das paixões, deve-se reconhecer que ninguém pode melhor tratar desse assunto que o médico, e não o moralista ou o filósofo metafísico. A razão é evidente. As paixões são atos de organização ou da sensibilidade física compreensíveis apenas àqueles que examinaram as funções do corpo do ponto de vista clínico... É de se compreender, portanto, que a questão das paixões, de suas essências e efeitos, incumbe exclusivamente aos médicos" (apud STAROBINSKI. "Le passé de l'émotion", p. 57).
2. LUTZ, C. & WHITE, G.M. "The anthropology of emotions". *Annual Review Anthropology*, n. 15, 1986, p. 297.
3. LE BRETON, D. *Des visages* – Essai d'anthropologie. Paris: Métailié, 1992. • LE BRETON, D. *Sociologie du corps*. Paris: PUF, 1993.

psíquico do homem ante o mundo. O estudo das mesmas seria um convite a melhor compreender a urdidura entre a alma e o corpo na existência real do homem. Descartes identificou na glândula pineal o ponto onde a irradiação da alma atingiria a carne, transformando-se em ação. Ele recordou que, nesse tocante, a opinião hesitava entre situar tal ponto de junção no cérebro ou no coração; mas ele repeliu ambas as hipóteses: "o cérebro, pois que a ele se referem os órgãos dos sentidos, ou o coração, pois que é nele que se experimentam as paixões. Contudo, examinando-se a questão com cura, entendo haver percebido com evidência que a parte do corpo na qual a alma exerce imediatamente suas funções não se trata do coração, nem da integralidade do cérebro, mas apenas da mais interna das partes desse último: uma glândula miúda situada no centro da massa encefálica..."[4]

Essa abordagem fisiológica das paixões reside na observação anatômica da função de ligação desempenhada pela glândula pineal, cuja localização e estrutura são únicas, enquanto que todas as outras partes do cérebro, assim como os órgãos dos sentidos, as mãos, pernas etc. são todas dúplices. Ora, como temos apenas "um único e simples pensamento sobre uma mesma coisa ao mesmo tempo, é necessário que exista um lugar onde as duas imagens provenientes dos olhos, ou as duas outras impressões que provêm de um mesmo objeto através dos outros órgãos sensitivos duplos, possam amalgamar-se numa só antes de atingir a alma, de modo a não lhe apresentar dois objetos ao invés de um único"[5]. A glândula pineal é, de acordo com Descartes, o órgão onde, graças aos movimentos infatigáveis dos espíritos animais, unem-se os diversos estímulos que abarrotam as cavidades do cérebro. "Assumamos

---

4. DESCARTES, R. *Des passions de l'âme*. Paris: Gallimard, 1953, p. 48-49.
5. Ibid., p. 50-51.

então que a alma sedia-se na glândula miúda que jaz no centro do cérebro, de onde ela influencia todo o resto do corpo por intermédio das emanações, dos nervos ou mesmo do sangue que, transportando as impressões dos espíritos, pode carregá-las através das artérias a todos os membros"[6].

Descartes enumerou seis "paixões primitivas", em cujo primeiro escalão ele situou a admiração ("súbita surpresa da alma"), distinguindo-a assim do amor, da raiva, do desejo, da alegria e da tristeza. Todas as demais paixões – ele enumerou outras trinta e quatro – surgem de uma mistura das primárias ou delas decorrem diretamente. Elas são erigidas em espécies independentes dos homens concretos, as quais são essencialmente universais, pois a anatomia humana não apresenta variantes privadas de glândula pineal; caso contrário, verificar-se-ia a carência da própria alma. Descartes não se interessou pelas diferenças sociais e culturais: essa não era sua preocupação. Ele considerou que as paixões eram recebidas do exterior pela alma, como os demais objetos. Uma espécie de condicionamento explicaria as variações na influência da alma sobre o corpo. Descartes tomou o exemplo de um animal "deveras estranho e abjeto" que, ao se aproximar inopinadamente de um homem, "exibe uma intensa semelhança com as coisas que se verificaram danosas a seu corpo no passado; excitando na alma inicialmente a paixão do receio e, logo após, talvez a paixão da audácia, talvez a do medo ou do pavor, de acordo com o temperamento do corpo, com a força anímica, e, finalmente, consoante as reações prévias de autodefesa ou de fuga executadas como meio de preservação contra as coisas nocivas com as quais a aparição se associa".

Sem embargo, Descartes abordou o assunto numa espécie de arrependimento tardio, reconhecendo a influência da vontade para

---

6. Ibid., p. 51.

atenuar os efeitos das paixões ou para orientá-las, ou até mesmo para velá-las, como escreveu a Elisabeth: "Eu não sou da opinião... de que devamos nos isentar das paixões, basta que as submetamos à razão. Quando se logra assim capturá-las, elas podem ser tanto mais úteis quanto mais tenderem ao excesso" (1º de setembro de 1645). A psicologia pessoal modularia então os movimentos impulsivos da alma. Mesmo que a cólera incite a levantar a mão para surrar, a razão é capaz de contê-la. Mesmo que o medo provoque a fuga, um sobressalto corajoso pode permitir que se encare o perigo. Assim, o maquinário das paixões é dotado de um corretivo facultativamente operado pela vontade do sujeito, o qual não se reduz estritamente ao papel de fantoche passivo. A perspectiva de Descartes é a de um biologismo temperado pela psicologia da vontade. Ele constitui o primeiro marco de quilometragem de um modelo destinado a uma longa posteridade.

Alguns anos mais tarde, em 1668, o pintor Charles Le Brun, primeiro pintor real sob Luís XIV, pronunciou em Paris uma conferência sobre a expressão das emoções ante a Academia Real de Pintura e de Escultura. Alguns anos após seu falecimento, o texto foi pela primeira vez publicado em 1996. As ilustrações nele contidas exibem cada uma das paixões repertoriadas, como se fossem borboletas expostas sob uma vitrine, sem deixar-lhes a mínima chance de se modularem. Charles Le Brun desbravou a trilha de outra espécie de biologismo, o qual expulsa as paixões para o exterior da humanidade, na condição de herméticas espécies morais que vêm do exterior invadir a "face" do homem na total indiferença dos outros movimentos do corpo. Um "alfabeto das máscaras"[7], prefiguração do que se tornaria posteriormente o "método

---

7. DAMISCH, H. "L'alphabet des masques". *Nouvelle Revue de Psychanalyse*, n. 21, 1980, p. 123.

dos julgamentos" nas pesquisas contemporâneas, promovidas notadamente por Ekman, as quais associam uma "expressão" facial a cada emoção particular. Essa foi a originalidade do pintor que, de resto, retomou as seis paixões primárias de Descartes; contentando-se, entretanto, com dezessete paixões compostas (receio, terror, bravura, cólera etc.). Vinte e três figuras imobilizam cada uma dessas paixões, como organizadas num diagrama composto pelas diferentes configurações de um rosto geométrico estilizado, concebido como uma espécie de estado zero da afetividade encarnando a "Tranquilidade". A alma excita o maquinário corporal ao mobilizar os nervos, o sangue e os espíritos animais. Sobre a junção da alma e do corpo, sem a qual a fábrica das paixões enguiçaria, Le Brun indicou a hipótese cartesiana da glândula pineal, ao passo que ele prudentemente se aliou a uma segunda versão, segundo a qual "a alma recebe as impressões das paixões no cérebro, mas ela experimenta os efeitos no coração"[8]. Para Le Brun, o maquinário das paixões é essencialmente muscular e facial, configurando uma série de traços do rosto como se fosse uma língua que enuncia sua própria verdade: posição das sobrancelhas, movimentos da boca, da testa, dos olhos, a cor da pele etc. "Aceitando-se que realmente exista uma parte onde a alma exerça suas funções de forma mais imediata (o cérebro), pode-se igualmente dizer que o rosto é a parte do corpo onde ela exibe da forma mais marcada aquilo que está sentindo"[9]. O rosto é o local da transparência da alma; mas isso não exclui a possibilidade de fingir uma paixão, de acordo com o raciocínio de Le Brun, que enunciou tal argumento pela primeira vez. Posteriormente, ele seria incansavelmente retomado pelos adeptos

---

8. LE BRUN, C. "Conférence sur l'expression des passions". *Nouvelle Revue de Psychanalyse*, n. 21, 1980, p. 96.
9. Ibid., p. 99.

de uma abordagem biológica das emoções, como Ekman, para o qual o rosto é um espaço privilegiado de tradução da afetividade humana. Desde Le Brun, o rosto fora destituído em favor do semblante – uma coleção de traços agenciados[10]. Arrolando as figuras que não sofrem exceções nem nuanças como um algebrista das formas, sua tarefa era redigir um dicionário passional de fórmulas faciais incontestáveis. Le Brun sugeriu uma anatomia das paixões ao gravar, na eternidade rígida de um semblante, um momento de expressão ideal; ao contrário de Descartes, entretanto, ele ignorou a vontade individual e estabeleceu um vínculo apriorístico entre a emoção e sua expressão facial.

No volume de sua *História natural* dedicado ao homem, Buffon se inscreveu no mesmo registro da natureza emotiva, da qual ele descreveu as variantes[11]. Observando a seu entorno expressões corriqueiras de afetividade, considerou que elas afetavam a integralidade da espécie humana. Ele universalizou seu ambiente ao considerar o homem como um organismo e suas emoções como emanações invariavelmente fisiológicas. As pessoas enrubescem de vergonha, de cólera e de orgulho; elas empalidecem por medo, terror e tristeza. A cabeça se abaixa por humildade, vergonha e tristeza. Ela se inclina lateralmente por languidez. Na aflição, na alegria, no amor e na vergonha, os olhos vertem lágrimas. Na tristeza, os cantos da boca se rebaixam e o lábio inferior se eleva. Buffon empreendeu uma meticulosa descrição das paixões ao longo de diversas páginas sem dar conta, mesmo por um fugaz instante, de que ele estava tratando da espécie humana. O artigo "Paixões" da Enciclopédia foi largamente inspirado em Buffon, reproduzindo

---

10. LE BRETON, D. *Des visages*... Op. cit.
11. BUFFON. *Histoire naturelle* – T. 3: Histoire de l'homme. Paris, 1804, p. 144ss.

o mesmo esquema universalista cuja audiência Darwin alargaria imensamente menos de um século depois.

Crítica da razão darwinista

Em 1874, Darwin publicou a obra mais importante da análise naturalista das emoções. *A expressão das emoções no homem e nos amimais* analisa a origem e as funções das expressões faciais e corporais no homem e nos animais. Já nas primeiras linhas, Darwin emancipa-se do simbólico ao propor a continuidade do homem e do animal na observação de condutas. "Enquanto o homem e os demais animais forem considerados criaturas independentes, é certo que um obstáculo invisível deterá nossa curiosidade natural, impedindo-a de perseguir a pesquisa das causas da expressão tão aprofundadamente quanto possível"[12]. A obra é de fato um mosaico talentosamente arranjado, mas que padece de muitas carências metodológicas. Jamais, por exemplo, ela oferece uma ínfima definição das emoções, manifestamente tidas como um dado da experiência. Desde o início, Darwin efetuou um balanço dos trabalhos dedicados à emoção, citando C. Bell (1806), que ele estima haver revelado o estreito vínculo entre emoção e respiração. Darwin interessou-se pelas pesquisas de Duchenne de Boulogne, autor de *Mecanismo da fisiologia humana ou análise eletro-fisiológica das paixões* (1862). Convencido de que as expressões não empregam mais de dois ou três músculos, Duchenne, pressionando um eletrodo sobre o ponto de junção do nervo e do músculo, eletrolisou isoladamente os músculos faciais de alguns pacientes do hospital psiquiátrico. Não se importando demasiadamente com

---

12. DARWIN, C. *L'Expression des émotions chez l'homme et les animaux*. Bruxelas: Complexe, 1981, p. 12.

a ética profissional no tratamento de seus doentes, ele empregou as "propriedades da corrente elétrica para provocar a contração do músculo do rosto a fim de fazê-los exibir a linguagem das paixões. Desde o princípio de minhas pesquisas, eu havia percebido que o movimento parcial de um dos músculos do sono produzia invariavelmente uma expressão completa sobre a face humana"[13]. Duchenne embasou sua obra com fotografias dos pacientes faradizados, abandonados entre suas mãos com o corpo inerte, mas com o rosto retorcido em afeições mais ou menos reconhecíveis.

Como para Le Brun, a expressão da paixão está nas "mudanças musculares", o que anuncia sua universalidade. Ela reside na arbitrariedade da contração dos músculos, tanto que um estímulo elétrico desferido com perícia, no ponto de implantação e na intensidade adequados, pode produzir os sinais tangíveis da paixão (da alegria, da tristeza etc.). Duchenne louva a obra do Criador, cuja "divina fantasia engendrou o acionamento deste ou daquele músculo, ou de vários de uma vez, nos momentos em que Ele desejou que os sinais característicos das paixões, mesmo das mais fugazes, fossem temporariamente inscritos sobre a face do homem. Uma vez criada a linguagem da fisionomia, bastou conferir a cada ser humano a instrutiva faculdade de exprimir esses sentimentos mediante a contração dos mesmos músculos para torná-la universal e imutável"[14]. Duchenne estava a tal ponto convencido de que uma fisiologia completamente mecânica bastava para averiguar a autenticidade das emoções, que afirmou ser capaz de distinguir entre um sorriso falso e um sorriso verdadeiro, oferecido de bom grado, simplesmente porque esse último estimula um músculo incontrolável

---

13. DUCHENNE DE BOULOGNE. *Le mecanisme de la physionomie humaine*. Paris: [s.e.], 1862, p. 18.

14. Ibid., p. 14.

voluntariamente (o orbicular inferior), o qual altera a tonalidade da expressão do rosto. Sem mobilizá-lo, "alegria nenhuma se instalaria sobre sua face com veracidade... O músculo que produz o relevo da pálpebra inferior não obedece à vontade, ele somente pode ser mobilizado por uma verdadeira afetação, por uma emoção agradável à alma. Sua inércia no sorriso desmascara os falsos amigos"[15]. Darwin retomou essa concepção de uma fisiologia reveladora do verdadeiro e do falso no domínio dos sentimentos. Ele repreendeu Duchenne por ter conferido uma exagerada importância à contradição isolada dos músculos faciais investigados na expressão da emoção; no entanto, presta-lhe homenagem por ter determinado quais dentre eles estão menos intensamente submetidos ao controle volitivo e por haver descrito com refinamento seu modo de ação e as decorrentes dobraduras cutâneas. Outro anatomista francês, P. Gratiolet, também foi por ele contestado por haver descurado a influência da hereditariedade na produção das emoções.

Igualmente invocado por Darwin, Spencer discerniu, em seus *Princípios de psicologia* (1855), uma correlação entre a intensidade de um sentimento e a descarga motora que altera notadamente os músculos faciais. Ele sustentou: "desde o ligeiro frêmito causado a uma pessoa adormecida por uma apalpação até as contorções de angústia ou saltos de alegria, admite-se a existência de uma relação entre a qualidade dos sentimentos e a soma de movimentos por eles engendrados. Caso negligenciássemos momentaneamente essas diferenças, notar-se-ia que, em virtude das descargas nervosas que todas elas implicam, os sentimentos apresentam a comum característica de causar uma ação corporal cuja violência é proporcional a sua intensidade". Assim, a passagem do sorriso ao riso explica-se por uma escalada progressiva do deleite. De forma

---

15. Ibid., p. 62.

semelhante, as virtudes soníferas do ópio não bastam a engendrar o sono. "Uma ligeira contração desses músculos, juntamente com a dobra dos ângulos exteriores dos olhos, associada talvez a um movimento quase imperceptível dos músculos que alongam a boca, revela uma onda tíbia de sentimento aprazível. [...] Caso o regozijo aumente, o sorriso se faz notar; caso continue a incrementar, a boca se entreabre, os músculos dos olhos e as cordas vocais se contraem. Quando os músculos relativamente extensos que governam a respiração são mobilizados, o sorriso aparece". Spencer não diz o que pode ocorrer caso o prazer cresça ulteriormente, tampouco aquilo que mede a intensidade do prazer. Ele se posiciona no terreno de uma fisiologia mecânica, que deixa em suspenso a questão do sujeito – o tema das diferenças individuais e culturais – ou que a dilui nos esquemas da espécie. Spencer também foi elogiado por Darwin, principalmente por haver demonstrado que "um afluxo de força nervosa sem direção obviamente toma em princípio as vias mais habituais; apenas caso essas não sejam suficientes, ele verterá na direção das vias menos inusitadas"[16].

O estudo de Darwin procede de observações diretas realizadas sobre seus próximos. Ele comentou os eventos que testemunhara durante sua existência, solicitando cientistas amigos, psiquiatras, médicos, missionários ou viajantes a quem pedira que descrevessem as expressões emotivas particulares a outras culturas. Apresentando-lhes fotografias de rostos, ele interrogou um punhado de informantes sobre as emoções exprimidas. Desde 1867, remeteu questionários a uma série de correspondentes disseminados mundo afora, a fim de estabelecer uma comparação dos esquemas de expressão das emoções no seio de diferentes culturas. Sua formulação

---

16. DARWIN, C. *L'Expression des émotions chez l'homme et les animaux*. Op. cit., p. 9.

ambígua destacou as emoções da experiência individual, visando a formar com elas, como fizera Le Brun, um catálogo de estados absolutos que se apoderam do homem. Darwin preparou o terreno para o que se assemelha a uma botânica das emoções na qual cada uma delas seria descritível sem qualquer referência ao homem que as experimenta: destarte, elas poderiam em seguida ser transplantadas num herbário[17].

As questões suscitadas por Darwin, inconscientes de sua parcialidade, já indicavam as respostas. "1. Exprime-se a surpresa abrindo-se largamente os olhos e a boca, ao mesmo tempo em que se levantam as sobrancelhas? 2. Caso a cor da pele permita o reconhecimento da mudança de coloração, a vergonha causa enrubescimento? Em particular, qual é o limite inferior do rubor? 3. Um homem indignado ou provocador franze as sobrancelhas, alinha o corpo e a cabeça, curva os ombros e cerra os punhos? 4. Refletindo profundamente sobre um assunto ou tentando resolver um problema, um homem franze as sobrancelhas ou a pele localizada acima da pálpebra inferior?[18] Seguem outras perguntas da mesma ordem, relativas ao abatimento, ao bom humor, ao escárnio, à rabugice, ao desprezo, ao desgosto, ao terror, ao riso, ao amuo, à duplicidade, à anuência e à negação. Os informantes interrogados eram colonizadores, missionários, viajantes, todos convidados a realizar uma observação meticulosa. Darwin insistia na pretensa fecundidade das pesquisas "realizadas com autóctones havendo pouco convivido com os europeus... Sem embargo, interessar-me-ei por estudos realizados sobre quaisquer indígenas. As generalidades concernindo à expressão têm pouco valor e a memória é a tal ponto infiel que rogo instantemente a meus correspondentes que não se fiem

---

17. LE BRETON, D. *Des visages*... Op. cit.
18. DARWIN, C. *L'Expression des émotions chez l'homme et les animaux*. Op. cit., p. 16-17.

em suas lembranças. Constituirá uma informação de grande valor qualquer descrição precisa da atitude tomada sob influência de determinada emoção ou de qualquer estado de espírito, acompanhada da indicação das circunstâncias que os produziram"[19].

Darwin recebeu de seus correspondentes trinta e seis respostas mais ou menos detalhadas. Escrupuloso no tratamento desses dados, malgrado a arbitrariedade e as falhas de sua metodologia, ele declara servir-se com circunspeção das respostas desprovidas de precisões. Sem haver percorrido o terreno de estudos, havendo coletado um número restrito de observações cuja seriedade ele ignorava, tendo-se fiado num questionário ambíguo e indutor, havendo adotado o postulado da continuidade entre homem e animal e lançando um olhar exclusivamente biológico sobre a condição humana, Darwin concluiu: "quando um mesmo estado de espírito se exprime em todos os países com uma uniformidade marcante, o fato é por si só interessante, pois ele demonstra uma estreita semelhança de estrutura física e de estado intelectual entre todas as raças da espécie humana"[20]. Os movimentos do rosto e do corpo tomados pela emoção têm por fundamento, segundo Darwin, os vestígios de animalidade do homem e a mobilização dos instintos que nele permanecem ativos. As diferenças culturais não passam de um verniz negligenciável ante esse fundo ancestral amplamente reconhecível. "Algumas expressões da espécie humana, disse ele, como os cabelos que se eriçam sob influência de um terror extremo, os dentes que se descobrem quando alguém se enraivece, restam quase inexplicáveis caso se refute que o homem outrora vivia numa condição muito inferior, vizinha da bestialidade"[21].

---

19. Ibid., p. 17.
20. Ibid., p. 18.
21. Ibid., p. 12.

Suprimindo a dimensão simbólica da manifestação das emoções, negligenciando os significados sociais e culturais que elas assumem em contextos diferentes, Darwin dissolveu ao extremo a singularidade da condição humana e das diferentes espécies animais. Mediante uma ciência natural que abarca no mesmo movimento o estudo do homem e do animal, Darwin afirmou a universalidade das emoções e de suas expressões; no mesmo movimento, ele anulou a dimensão semântica que envolve as condutas humanas no campo da afetividade. Destarte, o rosto e o corpo se reduzem a meros espelhos da espécie, deixando de ser o local e o momento de um sistema simbólico do qual os membros singulares de um grupo social se servem a fim de traduzir suas emoções, comunicando-as aos demais. Suas manifestações são vestígios dos comportamentos antigos cuja utilidade decorre da história das espécies: são traços da evolução ainda sensíveis, cumplicidades biológicas que recordam ao homem seu parentesco com o animal. O enraizamento hereditário que pesa sobre o homem serve como princípio finalista de explicação de uma série de comportamentos. Spencer, que havia sustentado que a cólera implicava necessariamente a dilatação das narinas, já havia serenamente asseverado: "nós compreenderemos claramente a utilidade de tal relação neuromuscular se nos lembrarmos que, durante o combate, a boca era repleta pela porção abocanhada do corpo do adversário. As narinas se tornavam a única via possibilitando a respiração, e sua dilatação se verificava particularmente útil". Darwin se aferra mormente à retração dos lábios, na qual ele lê o esboço do gesto de morder o adversário. Por sua vez, Mantagazza notara nesse mesmo sentido que "se não mais nos mordemos, ainda mostramos os dentes durante nossos acessos; para mostrar ao adversário sua força, nós os cerramos"[22].

---

22. DUMAS, G. *Le sourire*. Paris: PUF, 1948, p. 116.

Três princípios gerais, válidos simultaneamente entre os homens e entre os animais, explicam para Darwin a seleção das modalidades expressivas da emoção.

• *O princípio da associação dos hábitos úteis*: os comportamentos que se revelaram úteis à espécie no curso da evolução fixam-se hereditariamente mesmo que, em longo prazo, eles se tornem anacrônicos. São atos que então se repetem graças à "força do hábito". Assim, segundo Darwin, a expressão da cólera ainda faz o homem entreabrir os lábios, como se preparasse a mordida. Também o sobressalto que acompanha a percepção de um barulho repentino seria a réplica da necessidade de pular tão longe quanto possível para se colocar ao abrigo do perigo nos tempos antigos. Outrossim, o fato de coçar a cabeça como sinal de embaraço decorreria de uma necessidade de aliviar um mal-estar.

• *O princípio antitético*: confrontado ao inverso da situação precedente, o homem ou o animal são levados a realizar os movimentos musculares ou expressivos opostos, independentemente de qualquer utilidade prática. Esse é o caso da criança que se sente em segurança e se entrega nos braços de sua mãe. Caso se sentisse em perigo, ela a repeliria com todas as suas forças.

• *O princípio dos atos unicamente decorrentes da constituição do sistema nervoso* (descoloração dos cabelos sob efeito do terror, transpiração, enrubescimentos, tremores musculares etc.).

Darwin aplicou às manifestações emotivas o princípio da seleção natural. Caso de fato contribuam para a sobrevivência, por proporcionar alguma utilidade, elas passam a integrar de forma duradoura o patrimônio da espécie; as demais, de valor reduzido, desaparecem. A coletânea das emoções de uma sociedade e sua expressão simbólica nada devem à educação. Para Darwin, elas decorrem da herança da espécie, sobre a qual as sociedades humanas exercem pouca influência, exceto por alguns detalhes. Os movimentos do rosto e do corpo, formalizados na aurora da espécie humana ou no período subsequente, seriam peculiaridades persistentes, vestígios arqueológicos cuja razão de ser desapareceu, mas que recordam ao homem suas origens animais[23]. A hereditariedade e a congenialidade comandariam as manifestações emotivas, que se tornaram imutáveis no curso evolutivo da espécie e cuja quantidade foi, assim, limitada. De tal sorte, elas restam semelhantes, malgrado algumas nuanças, a um bom número de manifestações vividas pelos animais. Dessa maneira, Darwin visualizou o pavor nos seguintes termos: "nas épocas mais remotas, o pavor era exprimido de forma quase idêntica àquela atualmente manifestada pelo homem. Refiro-me aos tremores, aos cabelos eriçados, ao suor frio, à palidez, à abertura persistente dos olhos, ao relaxamento de muitos dos músculos e à tendência do corpo de se encolher e imobilizar"[24]. Essa visão naturalista atribui ao homem um repertório de emoções destinadas a para sempre se repetirem no curso da história graças a sua adaptabilidade. Uma vez seladas para a eternidade, elas tocam os homens de modo idêntico no curso da história, traduzindo-se mediante as mesmas mímicas faciais e os mesmos gestos. Elas participam do destino da espécie.

Na esteira dos trabalhos de Duchenne e de Darwin, Dumas, por sua vez, fez experimentos com seus pacientes, neles provocando

---

23. Não se questiona aqui que o homem seja o herdeiro de uma longa história evolutiva da qual Darwin esclareceu aspectos importantes. Modestamente, trata-se de contestar que tais inferências possam encerrar os questionamentos sobre a importância da emoção na condição humana. Para as Ciências Sociais, não existe qualquer "natureza" humana, e nós podemos perceber quão amplo e contrastado é o domínio da emoção, diferindo largamente das simplificações amiúde oferecidas pela pluma de Darwin e pela de seus seguidores contemporâneos, os quais buscam na anatomofisiologia a explicação exaustiva desse assunto.
24. DARWIN, C. *L'Expression des émotions chez l'homme et les animaux*. Op. cit., p. 388.

o sinal facial do sorriso por meio de estímulos elétricos[25]. Também para ele, a questão simbólica era secundária, inclusa numa biologia detentora da última palavra: "O sorriso pode receber uma explicação mecânica: trata-se da mais tênue reação facial a uma ligeira excitação do rosto. Não se faz necessário recorrer a hipóteses psicológicas, porquanto nos bastam as leis do equilíbrio, da orientação do movimento na direção que lhe oferece menor resistência, assim como outras leis análogas"[26]. Ele repreendeu Darwin pelo alargamento despropositado do princípio da associação de hábitos úteis enquanto que a "pura e simples fisiologia, a mecânica do corpo humano" oferece a chave para várias manifestações da emoção, notadamente da tradução do prazer no sorriso. Ele remata o sistema de Spencer, acrescentando que "um músculo melhor se contrai caso estejam presentes no organismo um número de aliados superior ao de adversários. Ainda se trata da mecânica, mas ela se revela um pouco mais complexa do que aquela descrita por Spencer, embora reste em conformidade com a lei da direção do movimento no sentido da menor resistência"[27].

Adstrito a sua abordagem muscular, Dumas interroga-se sobre a razão pela qual o homem tornou-se um dia capaz "de transformar um simples reflexo mecânico num sinal tão corriqueiro quanto um sorriso proposital"[28]. Foi "em virtude de um princípio de

---

25. DUMAS, G. *Le sourire*. Op. cit.

26. Ibid., p. 34.

27. Ibid., p. 25. – Herbert Spencer também exerceu uma influência importante sobre Darwin, o qual citou passagens de sua obra *Ensaios científicos, políticos e especulativos* (1863), notadamente "a sensação que supera certo degrau se transforma habitualmente em ato material", ou ainda "um afluxo de força nervosa sem direção obviamente toma *em* princípio as vias mais habituais; apenas caso essas não sejam suficientes, ele verterá na direção das vias menos usadas".

28. Ibid., p. 71.

economia, do mínimo esforço necessário e, finalmente, de pura mecânica"[29]. O sorriso é "a reação mais cômoda dos músculos faciais a uma excitação moderada. Ele se manifesta particularmente nesses músculos graças à extrema mobilidade dos mesmos, mas a reação que eles exprimem é geral e parece se destacar na integralidade do sistema muscular"[30]. Dumas então explicou, sem dar risada, que o sorriso desenhado sobre o rosto do homem poderia igualmente se exprimir, de acordo com a espécie e conforme a mobilidade dos músculos, em qualquer outra parte do corpo. Ele leva a lógica darwiniana a seu extremo, indo nesse ponto ao encontro da tentação franciscana, deveras interessante nesse contexto: enquanto que, para os símios, o sorriso também vai estampado na face; tratando-se de cães e gatos, é mister atribuir o gesto equivalente a sua mobilidade caudal. Inferiores na ordem das espécies, "os pássaros, em geral, também me pareceram sorrir por meio dos músculos eretores de suas plumas posteriores, órgão naturalmente muito móvel e tanto mais aparente quanto longo"[31]. O pássaro sorrindo com a cauda... É uma lástima que a imaginação de Dumas tenha-se detido no caminho, deixando-nos sem esclarecimento sobre o sorriso das moscas e dos peixes.

Sem embargo, Dumas reconheceu a influência dos vínculos sociais e culturais na formação do sorriso. Aceitando a mútua influência do biológico e do cultural, ele formulou a hipótese segundo a qual "as excitações moderadas são quase sempre agradáveis. Assim, foi-nos desde cedo possível interpretar o sorriso como um sinal natural de prazer sem contradizer os fatos". Essa expressão se transforma em sinal social, suscetível de ser incutido e reforçado

---

29. Ibid., p. 74.
30. Ibid., p. 44.
31. Ibid., p. 45.

na criança por intermédio de sua educação, com todas as nuanças características dos grupos sociais e do estilo dos atores. Contradizendo Darwin, Dumas constata que os cegos de nascimento não podem reproduzir naturalmente as mímicas, como o sorriso. Trata-se de uma séria objeção às teses darwinianas sobre as quais ele se fundamenta, pois tal contraste demonstra os limites de uma hereditariedade que desaparece quando a educação cessa. O rosto do homem cego de nascença permanece constante no decurso de uma interação. Dumas, com intuição e generosidade (indo um pouco ao encontro de seu discurso geral), interrogou-se sobre a oportunidade de educar as crianças cegas de nascença na linguagem social das mímicas, para que pareçam menos enigmáticas a seus interlocutores[32]. Desse modo, ele apontou a influência da visão na aquisição das mímicas e dos gestos. Citando longamente as observações antigas de Lafcadio Hearn sobre o Japão, ele observou que o sorriso pode constituir uma convenção social totalmente destacada de qualquer conotação de alegria ou de prazer. O japonês exibe um sorriso ao anunciar a morte de um próximo a um terceiro, assinalando dessa forma o respeito da intimidade desse último e a rejeição ritualizada de implicá-lo na partilha de uma dor que não lhe diz respeito. "Nesse ponto, escreveu Dumas, o sorriso está muito afastado de suas origens fisiológicas; ele está completamente desenraizado. Não se trata mais de um sinal natural de alegria, nem mesmo um aceno proposital; trata-se da expressão cortês atrás da qual os sofrimentos e os lutos da alma são escondidos dos demais"[33]. G. Dumas estudou o sorriso sob o ângulo biológico, tecendo um debate constante com Darwin, Wundt e Spencer. Não lhe escapou a dimensão simbólica do rosto, tampouco do sorriso,

---

32. Ibid., p. 122-123.
33. Ibid., p. 82.

que ele ressaltou de passagem. Evidentemente, esse aspecto despertou um interesse meramente secundário de sua parte[34].

Limites das abordagens naturalistas da emoção

Numerosos trabalhos inscrevem-se na posteridade de Darwin, renovando seu vocabulário e métodos. Eles fazem referência, por exemplo, a programas genéticos e operam como teorias modernas, em total independência dos dados sociais e culturais. Tais seriam mecanismos de deflagração inata, por impregnação ou maturação, os quais suscitam os comportamentos no momento oportuno, independentemente da influência da educação. Para muitos pesquisadores, a expressão das emoções decorre mais da fisiologia do que da dimensão simbólica. Ela se fixou no curso da evolução, mediante reações biológicas e a emissão de sinais providos de particular utilidade para a sobrevivência da espécie. É invariável, correspondendo a esquemas mobilizados por classes particulares de situações (luto, perda de *status*, ganho de poder etc.)[35]. Ademais, a expressão das emoções inscreve-se numa continuidade expressiva que se iniciou com os primatas e foi legada ao homem. Elas são, aliás, reveladoras do esquematismo de observação que se impõe para a afirmação da universalidade da expressão das

---

34. G. Dumas tratou novamente da importância do social em *La vie affective* (p. 364): "Malgrado os procedimentos psicológicos mediante os quais ela se constitui, a mímica motora é comparável à linguagem em diversos pontos. Como a linguagem, trata-se de um fato social que preexiste ao indivíduo e que persiste após sua morte. Como a língua, ela constitui um sistema de sinais que se impõe a todos pela necessidade de se fazer compreender; como a linguagem, ela dispõe de uma sintaxe... Da mesma forma que há diversas línguas, há diversas mímicas que constroem, a partir de uma mímica comum, mímicas particulares, variando segundo as diversas nacionalidades, consoante os grupos e subgrupos sociais e ainda de acordo com as individualidades que integram o grupo".
35. KEMPER, T.D. *A social interactional theory of emotions*. Nova York: Wiley, 1978.

emoções. Caso se coloque sobre um mesmo plano a alegria de um chimpanzé e a alegria humana, as diferenças evidentemente não terão voz ante as semelhanças preponderantes: a humanização do primata e a animalização do homem fazem com que ambos restem mal-apreendidos em suas especificidades e na complexidade de suas relações com o mundo. Mostrando uma primorosa ignorância dos dados e dos debates que agitam os anglo-saxões nesse assunto, J.D. Vincent afirmou peremptoriamente que as teses de Darwin foram contestadas apenas brevemente e por razões históricas. "Como observou Ekman: numa época em que triunfavam as teorias da possibilidade de ensinamento das condutas humanas, a tese darwiniana, que sustentava a universalidade da expressão das emoções, tinha um quê de indecente. Inobstante o 'sorriso cruel' dos asiáticos, chamado em reforço das teses culturalistas, ninguém mais duvida hoje em dia da universalidade das expressões emotivas. As mesmas contrações musculares traduzem a cólera, a surpresa ou o desgosto no seio dos diversos povos"[36].

Numerosos trabalhos perseveram na pesquisa da universidade expressiva das emoções mediante o estudo dos mecanismos

---

36. VINCENT, J.D. *Biologie des passions*. Paris: Odile Jacob, 1994, p. 354. – Curioso argumento que hoje se solapa facilmente, numa época em que prepondera, ao revés, uma vontade massiva, e mesmo agressiva (porquanto empregada politicamente sob uma forma de ideologia), de interpretar a complexidade do mundo sobre o fundamento de uma visão estritamente biológica do homem. Em verdade, o debate que Vincent caricatura nesse trecho permanece vivo atualmente, como provam centenas de artigos e de publicações. As controvérsias persistem, diferentemente da visão de Vicent da inapelabilidade de tais argumentos. Nosso propósito aqui é oferecer um breve relato dessas pesquisas, evidenciando como o aspecto biológico não logra sozinho explicar a relação do homem com sua atividade. Igualmente, nosso intento é de ressaltar a qual ponto a afirmação da universalidade emotiva depende da simplificação dos dados e da indiferença à dimensão de sentido, precisamente o universo no qual o homem constrói suas relações com os outros e com o mundo.

neuromusculares do corpo humano. Kemper[37], por exemplo, opõe-se aos construcionistas por considerar que esses últimos olvidam os limites biológicos associados à experimentação das emoções. Ele aceita a tese de que a emoção provada pelo sujeito decorre de sua definição da situação, mas restringe tal constatação aos casos onde há relações de poder ou de *status*, as quais seriam suficientes para explicar o conjunto dos estados afetivos. Ganhos e perdas de poder ou de *status*, reais, imaginários ou rememorados, coordenam a totalidade das emoções na opinião de Kemper[38]. A percepção pelo indivíduo de uma insuficiência de seus poderes ou de seu *status* engendra, por exemplo, a ansiedade ou a depressão; já uma tomada de poder, se ela é tida por imerecida, deflagra a culpa ou a vergonha etc. As noções de poder ou de *status* às quais se refere Kemper descrevem uma espécie de psicologia universal, densamente impregnada de biologia, que confina o registro das emoções a uma série de situações estereotipadas.

Os autores da linha naturalista apagam a dimensão simbólica, aderindo à mesma objetivação das emoções. Eles jamais se enfastiam de identificá-las, como se fossem botânicos da afetividade, isentos de toda significação individual e social. Ocorre que tal percepção é desmentida pela vida real, a qual destaca particularmente sua ambivalência e complexidade – a mudança incessante das diversas tonalidades afetivas, que por vezes contrastam até mesmo no decurso das horas. A busca de uma base anatomofisiológica da emoção e de sua expressão despreza as nuances, as singularidades sociais e pessoais. Ainda que esse intento seja legítimo no interior

---

37. KEMPER, T.D. *A social interactional theory of emotions*. Op. cit.
38. KEMPER, T.D. "Social constructionist and positivist approaches to the sociology of emotions". *American Journal of Sociology*, n. 87, 1981, p. 371.

das ciências biológicas, ele não possibilita a compreensão do homem em sociedade. Ele minora qualquer participação do indivíduo e toda projeção de sentido que esse opera para apreender determinado evento. Na emoção, o sujeito é percebido como um resto negligenciável, assim como seu grupo e seu público. Compreende-se que tal aplainamento das dificuldades possa conduzir à ideia segundo a qual os animais superiores são infinitamente próximos afetivamente dos homens.

Da mesma forma que a experimentação realizada pelos pesquisadores nada tem a ver com a emoção efetivamente vivida pelo indivíduo, as mímicas são suscitadas mediante o artifício do estímulo elétrico em total indiferença ao que possa sentir aquele que se submete à operação. Elas oferecem um artefato que se vincula exclusivamente ao impulso elétrico desferido sobre os músculos faciais. O recurso à fotografia é outro meio caro aos pesquisadores atentos aos mecanismos neuromusculares, que preferem evitar eventuais interações concretas com os indivíduos. Suas práticas são recorrentes em seus experimentos: trata-se do método dos julgamentos e do método dos componentes, para retomar o vocabulário de Ekman. Empregada a miúdo a partir dos anos de 1950 e de 1960, o primeiro consiste em estabelecer uma amostra das expressões faciais exibidas por indivíduos de culturas diferentes, uma vez determinadas as emoções sentidas, medindo-se os movimentos musculares faciais no intento de cotejar tais imagens.

O método dos julgamentos propõe fotografias de expressões faciais a correspondentes de diferentes culturas, solicitando-se que identifiquem as emoções retratadas[39]. Um método derivado em-

---

39. EKMAN, P. "L'expression des émotions". *La Recherche*, n. 117, 1980.

prega desenhos estilizados das emoções. Como qualquer fisiognomonia ou qualquer caracterologia, demonstrando a mesma falta de rigor e a mesma indução, trata-se de transformar as emoções em substâncias, em diagramas, dissociando-se o indivíduo do real e apurando-o numa álgebra facial indiferente à pessoa sobre a qual ela se inscreve. A emoção está associada de forma unívoca a uma expressão, que é levada ao seu paroxismo, de sorte que o homem é percebido como uma peça intercambiável. A dimensão temporal vai excluída, como se a emoção fosse um mero brilho, uma essência atemporal que se apossa do rosto. O contexto não é levado em consideração: essa empresa se mostra profundamente artificial. Em 1922, Fekely ofereceu ao comentário de uma centena de sujeitos a fotografia de uma atriz "exprimindo raiva", mas os termos usados para qualificá-la foram, por exemplo, o desgosto (11), a raiva (8), o escárnio (7), a aversão (5), a repugnância (5), o deságio (5) etc.[40] Em 1931, Kramer pediu a voluntários que identificassem o significado de uma pose adotada por um ator. A surpresa foi reconhecida por 77% dos sujeitos, o medo por 70%, o horror por 62%, a vergonha por 53%, a cólera por 50%, a pena por 19%[41]. Dickey e Knower[42] apresentaram a estudantes mexicanos e americanos um repertório de onze emoções exprimidas por dois atores, um homem e uma mulher, tiradas por dois fotógrafos. Dentro da codificação mecânica adotada, tratava-se de identificar uma emoção no absoluto, mas eles alcançam resultados nos quais as crian-

---

40. FRAISSE, P. "Les émotions". In: FRAISSE, P. & PIAGET, P. (orgs.). *Traité de psychologie expérimentale*. Vol. 5, 1968, p. 156.
41. Ibid.
42. DICKEY, E.C. & KNOWER, F.H. "A note on some ethnological difference in recognition of simulated expressions of the emotions". *American Journal of Sociology*, n. 47, 1941.

ças mexicanas (86%) reconheceram "melhor" as emoções simuladas dos atores que as próprias crianças americanas (69%). Para Ekman, Sorensen e Friesen[43], tratava-se igualmente de apreender emoções "puras", ou seja, inequívocas, sem ambivalências e sem mistura, caso contrário o dispositivo jamais funcionaria. Dentre um total de 3.000 fotografias de expressões faciais, excluindo-se o resto do corpo, apenas trinta preencheram as condições de uma pose sem nuances. Essas últimas foram então apresentadas a estudantes americanos, japoneses, brasileiros, chilenos e argentinos. Também nesse caso, as emoções foram arranjadas *a priori*, e tidas por substâncias incontestáveis. Seis dentre elas foram escolhidas: alegria, tristeza, cólera, medo, surpresa e decepção. Os resultados oscilaram entre 63% de reconhecimento da cólera pelos estudantes japoneses a 97% de reconhecimento da alegria pelos estudantes americanos. O próprio Ekman apontou a modéstia do índice de reconhecimento pelos japoneses das emoções experimentadas pelos modelos, atribuindo-a ao fato de que essas as "mascaram com sorrisos corteses". Todo o problema estava aí, devia-se tomar em conta a realidade na expressão da emoção ou o postulado segundo o qual as expressões devem ser universais? Izard[44], ao testar sob o mesmo princípio oito emoções com indivíduos de uma dezena de países, obteve resultados parecidos: os gregos, por exemplo, identificaram a excitação a 66%; a alegria a 93%; a surpresa a 80%; a angústia a 54%; a decepção a 87% etc. Os americanos, os brasileiros e os japoneses concordaram a 60%. Os habitantes da Nova Guiné confundiram a surpresa e o medo a 45%. A surpresa foi reconhecida apenas

---

43. EKMAN, P.; SORENSEN, E.R.; FRIESEN, W. "Pan-cultural elements in facial displays of emotion". *Science*, n. 164, 1969.
44. IZARD, C. *Face of emotion*. Nova York: Appleton, 1971.

por um entre dois indivíduos. Ekman e Friesen[45], tomando nove "culturas" (Estônia, Grécia, Hong-Kong, Japão, Escócia, Turquia, Estados Unidos, Alemanha e Sumatra), observaram concordâncias de 90% para a alegria, de 89% para a surpresa, de 85% para a tristeza, de 80% para o medo e de 73% para a decepção. Outra pesquisa de Ekman e Friesen[46], realizada em meio a uma população da Nova Guiné que teve apenas raros contatos com os ocidentais, jamais havendo assistido a filmes, e ignorante do inglês, pretende pôr um ponto-final no debate sobre o *status* cultural das emoções. No total, 189 adultos e 120 crianças deviam escolher duas ou três fotografias (cuja expressividade estava deliberadamente caricaturada) para descrever a história narrada por um colega. As correlações entre as respostas esperadas por Ekman e Friesen e as que foram oferecidas pelos aborígines resultaram entre 64% para o medo e 94% para a alegria. Os índices são bons para a tristeza, a alegria, a cólera e a decepção; a confusão, porém, reina entre o medo e a surpresa, o que já é suficiente para abalar a tese da universalidade. A metodologia beirava a indução, suscitando a questão da percepção do conteúdo das fotografias pelos indígenas: de fato, a experiência etnológica demonstra que ela não é nem um pouco óbvia para as sociedades que não as conheciam de antemão.

Numerosas sondagens da mesma ordem sucederam-se, mas nós não nos deteremos nesse assunto porque elas fazem prova de um vício formal: a pressuposição da universalidade biológica das emoções, compreendidas como estados absolutos. Daí decorre a ingenuidade que as levou a considerar as populações pesquisadas

---

45. EKMAN, P. & FRIESEN, W. "A new pan-cultural facial expression of emotion". *Motivation and Emotion*, n. 10, 1986.
46. EKMAN, P. *The face of man* – Expressions of universal emotions in a New Guinea Village. Nova York: Garland, 1980.

como uniformes e reveladoras das características de todo um país, deixando de lado as diferenças de classe ou simplesmente regionais, etárias etc. Com efeito, as sondagens se referiam aos japoneses, aos gregos etc. Para esses pesquisadores, é a emoção que se "exprime" e não o indivíduo. A rigor, caso a emoção fosse uma substância universalmente presente, isso deveria ensejar uma taxa de reconhecimento próxima a 100% em cada pesquisa, proporção da qual os resultados obtidos restaram distantes.

Outros trabalhos colocam em evidência a familiaridade dos informantes com a população estudada como critério para a correta apreciação dos sinais exprimidos pelos atores. Assim, as emoções traduzidas sobre os rostos dos ocidentais são mais facilmente reconhecidas na medida em que os indivíduos pesquisados mantiveram contatos com os europeus[47] ou em função de sua proporção urbana. Kilbride e Yarczower[48] ressaltaram as divergências de apreciação de uma emoção entre populações provenientes da Zâmbia e dos Estados Unidos. Outros pesquisadores, ao revés, fizeram prova de desconfiança com relação às formas procedurais[49] excessivamente simplificadoras do objeto de estudos e do modo de investigação. Langfeld mostrou que, caso se solicite a uma população que deduza o estado afetivo representado por atores a partir de uma série de fotografias, apenas 32% dos julgamentos resultarão conformes às pretensões dos mesmos. Inversamente, caso se informe aos indivíduos a denominação dos estados afetivos representados,

---

47. FEYEREISEN, P. & DE LANNOY, J.-D. *Psychologie du geste*. Bruxelas: Mardaga, 1985, p. 56.
48. KILBRIDE, J.E. & YARCZOWER, M. "Recognition and imitation of facial expression. A cross-cultural comparison between Zambia and United States". *Journal of Cross-Cultural Psychology*, n. 11, 1980.
49. BRUNNER, J.S. & TAGIURI, R. "The perception of people". In: LINDZEY, G. *Handbook of Social Psychology*. T. 2. Nova York: Addison-Wesley, 1954.

facultando-lhes aceitar ou recusar a categorização, apenas 43% dos julgamentos verificar-se-ão coincidentes[50]. Izard[51] consentiu que os sujeitos descrevessem com suas próprias palavras as fotografias produzidas, em vez de escolher entre uma lista preestabelecida de emoções. O grupo era constituído por indivíduos franceses, americanos, ingleses e gregos. A identificação correta dos estados afetivos, de acordo com os critérios de Izard, resultou em 56% para as mulheres e 50% para os homens, respeitando uma média idêntica para os quatro grupos. Novamente, tais resultados deveriam incitar os partidários da universalidade das emoções a um pouco mais de reserva. Nesse contexto de exercício artificial de reconhecimento de emoções, a margem de reconhecimento é acompanhada por uma margem de erro análoga, o que permite concluir que as famosas emoções "puras" nada têm de transparentes. Numa mesma população, esse experimento faz parte da vida quotidiana. Muitas vezes é difícil identificar o estado afetivo de um próximo unicamente por intermédio de suas expressões. Ademais, é de conhecimento geral a qual ponto a emoção experimentada pode ser exprimida de formas sensivelmente diferentes de acordo com os indivíduos, mesmo quando pertencem a uma mesma cultura.

---

50. LANGFELD, H.S. "The judgement of emotion from facial expressions". *Journal of Abnormal Social Psychology*, n. 2, 1929. – São resultados surpreendentes quando comparados aos números expostos por Ekman ou outros pesquisadores. Cumpre reconhecer o argumento em favor do caráter social e cultural da expressão emotiva. Essas investigações antigas foram efetuadas numa época em que a mídia ainda não influenciava as populações, de sorte que as diferenças culturais eram então muito mais pronunciadas do que o são atualmente. É de se perguntar se tais pesquisas, exclusivamente baseadas em fotografias e filmes, não mensuraram o poder de penetração midiático, particularmente da televisão e do cinema, no conjunto da população global. A familiaridade com as expressões ocidentais posteriormente reduziu as diferenças culturais sopesadas.
51. IZARD, C. *Face of emotion*. Op. cit.

Crítica do Facs: a face incorpórea da emoção

O empreendimento de Ekman e Friesen, neste ponto, talvez se configure um dos mais incisivos e contestáveis do ponto de vista de uma antropologia das emoções. Ekman reivindicou uma filiação darwiniana, evocando com admiração o trabalho de Duchenne, embora tenha corrigido alguns pormenores, principalmente no que tange ao sorriso "verdadeiro" e o sorriso "trucado". Ele observou que "a maioria das pessoas são de fato capazes de contrair a parte inferior do orbicular, o qual fecha as pálpebras (*pars palpebralis*); embora sejam raras as pessoas capazes de contrair voluntariamente a parte exterior, aquela que eleva as bochechas e puxa para o interior a pele situada em torno aos olhos (*pars lateralis*)"[52]. Arraigando-se, ambas, numa mecânica muscular das emoções, essas diferenças de apreciação revelam-se inconsequentes: amenidades trocadas entre pesquisadores que concordam no essencial e que assim reforçam mutuamente suas hipóteses. Ekman e Friesen propõem um estudo sistemático dos diferentes feixes musculares implicados na expressão das emoções, no espírito dos trabalhos de Duchenne. Sua ferramenta, o Facs (*Facial Action Coding System*[53]), a versão refinada do protótipo de 1971, revela-se interessante por sua indiferença em relação aos homens reais engajados nas relações afetivas experimentadas[54]. Trata-se outra vez de um trabalho executado na abstração do laboratório, distante de qualquer

---

52. EKMAN, P. & FRIESEN, W. "La mesure des mouvements faciaux". In: COSNIER, J. & BROSSARD, A. (orgs.). *La communication non verbale*. Neuchâtel: Delachaux et Niestlé, 1984, p. 20.

53. Sistema de Codificação das Ações Faciais.

54. Trata-se de uma ferramenta cuja utilização demanda, segundo R. Dantzer, uma centena de horas de assíduo trabalho de familiarização e da qual, nada obstante, resulta apenas 80% de concordância entre observadores experimentados (cf. DANTZER, R. *Les émotions*. Op. cit., p. 20).

contaminação com a vida concreta, e num contexto autista. Sem embargo, esse empreendimento ambicionava enunciar verdades objetivas sobre a emoção. Durante um ano, na companhia de um espelho, escreveram eles, "nós aprendemos a contrair separadamente os músculos de nosso rosto. Quando pensávamos ter contraído os músculos adequados, fotografávamos nossos rostos. Em geral, nós não tínhamos dúvida em relação à contração do músculo planejado; na realidade, o problema era simplesmente aprender a fazê-lo. Apalpando nossos rostos, podíamos em geral determinar se o músculo pretendido estava de fato contraído"[55]. Os dois pesquisadores estimulavam eletricamente os músculos ou registravam as modificações da atividade elétrica resultado das contrações musculares voluntárias provocadas por uma agulha. Virando a página na construção do Facs, eles recorreram a catorze indivíduos que haviam aprendido, amparados por Ekman e Friesen, a controlar músculos específicos, arquivando subsequentemente centenas de gravações em vídeo que ilustravam uma série de emoções. O inventário meticuloso dos feixes musculares da face atuantes nas emoções visava estabelecer uma correspondência "termo por termo"[56] entre um número finito de emoções e a mecânica fisiológica que mobiliza precisamente certas fibras nervosas e musculares. "Como cada movimento resulta de uma atividade muscular, nós deduzimos que um sistema exaustivo poderia ser obtido mediante a descoberta do papel de cada músculo nas mudanças de aparência do rosto. Recolhendo tal conhecimento, nós deveríamos ser capazes de analisar cada movimento da face segundo a mobilização de cada unidade mínima de ação anatômica"[57].

---

55. Ibid., p. 111.
56. WINKIN, Y. "Croyance populaire et discours savant, 'langage du corps' et 'communication non verbale'". *Actes de la Recherche en Sciences Sociales*, n. 60, 1985.
57. EKMAN, P. & FRIESEN, W. "La mesure des mouvements faciaux". Art. cit.

O Facs pretendia medir o início e o fim de uma emoção, transpondo-a num diagrama. Ele aspirava a se estabelecer como uma ferramenta incontestável de avaliação da emoção provada pelo sujeito mediante a descrição precisa das unidades musculares e nervosas requeridas. Ao invés de empreender uma apreciação subjetiva relativa à alegria experimentada pelo indivíduo, o Facs propunha uma fórmula fisiológica pretendendo inclusive sopesar a sinceridade do indivíduo descrito. Nada obstante, os dois autores reconheceram uma significativa falha no sistema: o Facs media tão somente as transformações visíveis da face, desinteressando-se pelas mudanças tônicas cuja importância não pode ser tratada de irrelevante. Caroll Izard sugeriu um sistema de avaliação análogo, o MAX (*Maximally Discriminating Facial Movement Coding System*[58])[59], o qual emprega 29 unidades de movimento elementares. Utilizável com maior simplicidade, ele foi alvo das mesmas críticas, por estabelecer *a priori* as emoções – embora de forma diferente e mais particularizada do que as emoções propostas por Ekman e Friesen. Um desacordo tão sensível entre dois adeptos da universalidade da expressão convida a refletir. Em adição, as interações entre indivíduos, mesmo numa mesma região do mundo, jamais contrapõem simplesmente suas cabeças ou rostos, como se fossem gatos do Cheshire provenientes de uma página de Lewis Caroll; trata-se de homens e de mulheres que possuem no mínimo um corpo, que mexem as mãos, que se deslocam e adotam atitudes peculiares, os quais se tocam ou abstêm-se de contato ao conversarem etc. A emoção se encarna no corpo e na voz, ela não se limita a invadir a face.

---

58. Sistema de Codificação Facial de Discriminação Máxima.
59. DANTZER, R. *Les émotions*. Paris: PUF, 1988, p. 20s.

As emoções primárias

Algumas emoções estudadas pelos pesquisadores de inspiração naturalista são, evidentemente, consideradas primárias e universais. Contudo, num saboroso paradoxo, não há acordo em relação ao repertório das emoções de base, pretensamente inatas e fisiologicamente descritíveis. Guiando-se pelos trabalhos de Tomkins, Ekman[60] enumerou seis delas: cólera, medo, tristeza, alegria, decepção e surpresa. Plutchnik[61] listou oito: aceitação, cólera, antecipação, decepção, alegria, medo, tristeza e surpresa. Schaver e Schwartz[62] arrolaram cinco: medo, surpresa, alegria, cólera e tristeza. Kemper propôs: medo, cólera, depressão e satisfação[63]. Izard[64] catalogou onze: alegria, surpresa, cólera, medo, tristeza, desprezo, angústia, interesse, culpa, vergonha, amor. Frijda[65] avançou dezessete, dentre as quais figuram a arrogância, a confiança, a pena, o esforço etc.

Outros pesquisadores propuseram sistemas ainda mais diversos. Ortony e Turner[66] realçaram que os fundamentos teóricos das classificações podem corresponder a estudos das expressões faciais

---

60. EKMAN, P. "An argument for basic emotions". *Cognition and emotion*, n. 6, 1992.
61. PLUTCHNIK, R. *Emotion* – A psychoevolutionary synthesis. Nova York: Harper and Row, 1980.
62. SCHAVER, P.; SCHWARTZ, J.; KIRSON, J.; O'CONNOR, C. "Emotion knowledge – Further exploration of prototyp approach". *Journal of Personnality and Social Behavior*, n. 52, 1987.
63. KEMPER, T.D. "Social constructionist and positivist approaches to the sociology of emotions". Art. cit.
64. IZARD, C. *Human emotion*. Nova York: Plenum Press, 1977.
65. FRIJDA, N.H. *The emotions* – Studies in emotion and social interaction. Paris: MSH, 1986.
66. ORTONY, A. & TURNER, T.J. "What's basic about basic emotions?" *Psychological Review*, vol. 97, n. 3, 1990.

(Ekman e Friesen), a esquemas adaptativos de base (Plutchnik)[67], ou ao enraizamento de uma programação neurológica (Gray, Izard, Tomkins etc.). Kemper apoiou-se mormente na convicção de que a afetividade baseia-se em estruturas psicológicas universais – o que remete, em última análise, a um fundamento biológico. Nessas abordagens, a cultura de pertencimento e a singularidade individual não passam de um fenômeno superficial e negligenciável. As definições diferem segundo os autores. Os princípios de explicação e o vocabulário dão margem a divergências sensíveis (Ortony e Turner). Enquanto alguns se referem ao "medo", outros evidentemente preferem evocar a "ansiedade". Enquanto uns falam de "cólera", outros fazem alusão à "raiva". Sob diversas plumas, a "alegria" se torna "felicidade" ou "elação". A conotação positiva ou negativa dos estados afetivos não é considerada neste ponto, o que provoca novos questionamentos. O "interesse" é interpretado como uma emoção de base por Fridja, Izard e Tomkins, embora ele melhor se enquadre como um estado cognitivo, como salientam Ortony e Turner[68]. Esses dois autores interrogaram-se sobre o *status* afetivo do "desejo", evidenciando a sua complexidade, a especificidade provocada pela dessemelhança dos objetos.

A simples identificação das emoções de base gera enormes dificuldades. Além de contrariar a realidade concreta das sociedades humanas, em nome das quais se realiza tal digressão (malgrado a recusa em perceber as semelhanças entre os homens), ela ainda enfrenta um importante desmentido: nenhuma estrutura neurofi-

---

67. A abordagem estreitamente darwiniana de Plutchnik conduziu-o até mesmo a afirmar que a alegria está ligada ao impulso humano de reprodução, o medo à necessidade de proteção, a tristeza com a necessidade de manter uma relação durável com os objetos de deleite.

68. Ibid., p. 318.

siológica justifica a distinção de tais emoções[69]. A noção de emoções de base permanece uma hipótese acadêmica cuja validade depende da poda de todas as diferenças entre as sociedades. A consequência da satisfação dessa condição de validade é a declaração de uma marcante semelhança emotiva entre o homem e o chimpanzé, apesar de ainda existir, para uma dezena de pesquisadores anglo-saxões, desacordo mesmo em relação àquilo que pode ser considerado universal na própria afetividade humana. A botânica propugnada por tais pesquisadores classifica a afetividade, a embala em celofane e a estoca num herbário. Ela está condenada a para sempre trabalhar sobre um tipo, seguindo o exemplo das obras que propõem chaves gestuais nas quais cada desenho ilustra uma fisionomia: a Alegria, a Dor, a Cólera ou o Desprezo. Para Ekman, a polissemia do rosto é reduzida a algumas fórmulas exemplificativas, olvidando-se o corpo, tido invariavelmente por uma estátua, como se a emoção solicitasse apenas um punhado de fibras musculares faciais[70]. É difícil entender como possam relatar emoções reais essas emoções de laboratório, herborizadas numa série de imagens exageradas, desprovidas de voz, exteriores a qualquer contexto e desvinculadas do movimento do corpo e dos membros. Ortony e Turner provocaram um dilema de impossível resolução: "a recusa em aceitar a noção de emoções de base não obriga à rejeição da ideia da possível existência de elementos de base em combinação a partir dos quais diversas emoções se construem... Esses consistem mais verossimilmente em elementos de conhecimento, pressentimentos etc. Assim, a pergunta 'quais são as emoções primárias?' não é do tipo que se possa responder. Trata-se de uma questão mal formulada, como se perguntássemos

---

69. Ibid., p. 320.
70. LE BRETON, D. *Des visages...* Op. cit.

'quais são os povos de base?', buscando uma resposta capaz de explicar a diversidade da humanidade"[71].

A botânica das emoções

Ekman e Friesen estão à procura de uma linguagem natural das emoções, anatômica e fisiologicamente identificável. Eles logicamente se empenham em suprimir toda inferência individual no estudo de suas expressões. Inferências tanto ainda mais incômodas para a elaboração de sua botânica na medida em que essa se funda num dualismo. Ela contrapõe, de um lado, as emoções erigidas em substância psicológica (alegria, cólera etc.) e, de outro lado, o indivíduo, sobre o qual elas se instalam provisoriamente, "exprimindo-se" em total indiferença a seu suporte. Aliás, nenhuma equivocabilidade poderia comprometer a pureza das expressões, que são necessariamente correlatas a uma emoção. Tratar-se-ia da alegria ou da cólera em estado puro, sem o menor refugo ou a menor nuança. Ekman vive num mundo plácido, onde basta aplicar sua grade para compreender o outro, ainda que esse trapaceie, visto que o autor sabe muito bem identificar a mentira mediante uma série de sinais corporais incontroláveis ao indivíduo. Mantendo-se coerente com o dualismo da compreensão literal dos termos "expressão das emoções", ele afasta o indivíduo real, massa desimportante que compromete o delineamento da emoção que tenta se manifestar através de seus feixes musculares. "O conhecimento das bases musculares da atividade e a confiança no diagnóstico preciso dos movimentos permitem evitar os escolhos das diferenças

---

71. ORTONY, A. & TURNER, T.J. "What's basic about basic emotions?" Art. cit., p. 329.

individuais"[72]. Nenhuma importância é conferida à ambivalência, às variações pessoais, sociais ou culturais. Contudo, a vida afetiva é sempre um tanto clara, um tanto obscura, embaralhada, muitas vezes incompreensível.

É de se perguntar como Ekman se desembaraçaria desta bela descrição de Proust, em *Sodoma e Gomorra*, quando Morel, anunciando sua ausência uma noite, atiça os ciúmes de Charlus: "Assim, o amor causa verdadeiras sublevações geológicas em pensamento. Na mente de Charlus, que parecia, há alguns dias, uma planície tão uniforme onde, fitando-se o horizonte, não se percebia à distância nem mesmo uma ideia rasteira, erigiu-se bruscamente um maciço duro como pedra de montanhas ricamente cunhadas, fazendo crer que um escultor, ao invés de prover-se de mármore, tenha tortuosamente gravado no local, em grupos gigantes e titânicos, o furor, os ciúmes, a curiosidade, a vontade, a raiva, o sofrimento, o orgulho, o espanto e o amor"[73]. Ekman e Friesen jamais miram um rosto, mas uma face partilhada em emaranhados musculares, uma máscara sem ambiguidade, como os desenhos de Le Brun, ou seja: caricaturas da vida real. A pele é eliminada. O indivíduo assim considerado mais parece uma face esfolada retirada de uma sala de anatomia e disposta, sem rancor, a "exprimir" sua alegria, seu interesse ou sua surpresa com as fibras musculares que lhe restam. São igualmente descartadas as nuanças do olhar, os movimentos corporais, o ritmo, os gestos manuais, os ombros, a posição do busto, os deslocamentos, as sequências rituais que inscrevem a emoção no passar do tempo e a modificam de acordo com as circunstâncias etc.

---

72. EKMAN, P. & FRIESEN, W. "La mesure des mouvements faciaux". Art. cit., p. 110.
73. PROUST, M. *Sodome et Gomorrhe*. Paris: Gallimard, p. 539-540 [Coll. "Folio"].

A dimensão simbólica que percorre as pulsações íntimas do rosto é neutralizada em benefício de um modelo biológico que nada ensina sobre a forma como o ator experimenta afetivamente os episódios de sua vida e os traduz ante os demais. Observando os outros, nós não percebemos uma série de contrações musculares, mas um homem sorridente ou amargo, exibindo em seu rosto todos os entretons próprios à singularidade de sua história. Os músculos não compõem o sorriso ou a tristeza em maior cota que o cérebro produz o pensamento: é o homem que sorri ou que pensa com a carne que o compõe e dele faz um ser pensante e sensitivo. Destacadas da vida real, essas perspectivas excluem a ambivalência, a brincadeira, as variações individuais (timidez, pudor, discrição, fleuma, dissimulação etc.), os matizes transmitidos pelas rugas faciais, ou seja, pela pele nua, em cuja textura leem-se os sentimentos que um ator experimenta ou exibe na tentativa de iludir. Essa abordagem também cerceia todas as diferenças sociais e culturais, as quais se tornam tanto mais sensíveis quanto mais comovente for a situação; solicitando não apenas a face, mas a pessoa inteira e todos os movimentos de seu corpo, sua palavra, seus deslocamentos no espaço etc. Nesses casos, as emoções superam o controle relativo operado pelo ator sobre aquilo que ele quer exibir de seus sentimentos e de suas maneiras de ser. Tal apresentação pessoal é ainda modulada segundo as circunstâncias, de acordo com os interlocutores e a trama sutil das mútuas interpretações que se tece entre os indivíduos presentes. Ekman e Friesen desconhecem as mesas de pôquer em torno das quais cada jogador controla suas afeições e elabora uma estratégia de mímicas aptas a proteger seu jogo, propiciando-lhe melhor sorte. Eles esquecem o teatro, onde um ator gesticula a seu público e propõe sinais extraídos de um repertório cultural, exibindo emoções que ele não experimenta. As abordagens biológicas da emoção desenraízam metódica ou forçosamente os movimentos corporais e faciais de seu fundo pessoal, relacional, social ou cultural. Um exemplo de Eibl-Eibesfeldt[74] tacha de universal um movimento particular das sobrancelhas que se elevam fugazmente durante os rituais de saudação das sociedades humanas[75]. Um gesto infinitesimal e isolado, como se fosse um fragmento declarado absoluto, ao passo que sua existência é unicamente concebível no seio de um código, ou seja, numa relação necessária com o conjunto das demais mímicas, gestos, posturas, deslocamentos ou palavras, o qual compõe a saudação. É como se nos esforçássemos em descobrir um som comum aos diferentes idiomas, exatamente num campo onde os homens compreendem-se unicamente mediante o emprego de uma língua específica, dentro da qual os sons existem apenas transcodificados em sinais inseridos em articulações significantes, as únicas que têm o condão de transmitir significado. Um gesto não passa de um sinal; ele é dotado de validade somente em sua relação com os outros gestos dos rituais de encenação corporal e verbal.

Os universalistas contêm o tempo da expressão. Eles a fixam, trabalhando sobre a face ao invés do semblante[76], sobre a anatomofisiologia e não sobre a carne. Eles negligenciam a totalidade corporal como se os músculos da face detivessem o monopólio

---

74. EIBL-EIBESFELDT, I. *Biologie du comportement*. Paris: Ophrys, 1984.

75. Entretanto, ele mesmo admite não tê-lo percebido entre os japoneses, embora se regozije de havê-lo observado quando eles brincam com crianças. Em Samoa, a elevação das sobrancelhas acompanha a anuência. Na Grécia, ela é reconhecida como um dos sinais de recusa, mormente se acompanhado da projeção da cabeça para trás (EIBL-EIBESFELDT, I. *Biologie du comportement*, p. 544-548). Quando um mesmo sinal remete a significados tão divergentes, é difícil reconhecer a pertinência de proclamar sua universalidade. A mesma ambiguidade ocorria com Ekman, que via na expressão afetiva a aplicação de programas musculares; reconhecendo, entretanto, que certas regras de expressões culturais "interferiam" nos mesmos (Ekman).

76. LE BRETON, D. *Des visages*. Op. cit.

expressivo. O corpo é destacado do homem, entendido como uma simples estrutura fisiológica, um objeto entre outros, dentre os quais o indivíduo é apenas um anfitrião secundário e intercambiável. Eles isolam as substâncias (a alegria, a cólera etc.) cuja realidade intrínseca afirmam independentemente de qualquer indivíduo. Em verdade, o método adotado evoca a caracterologia e sua simplificação desmedida, suas projeções fantasmáticas, sua indiferença ao rosto, à vida real e a qualquer objeção emitida pelo próprio sujeito. Elas obedecem à lógica das histórias em quadrinhos: trata-se da conjuração simbólica da infinita complexidade da condição humana mediante seu ordenamento segundo algumas figuras simples. Trabalho realizado sobre "máscaras" e não sobre seres humanos[77]. O Facs ou o MAX decorrem da aversão à desordem da vida, revelando uma aposta sobre a bela regularidade das fórmulas teóricas, da mesma forma que uma chave onírica dispensa todo questionamento sobre os mistérios do sonho. Caso se reconhecesse a emoção como uma questão muscular afetando de forma idêntica a espécie humana, ela deixaria de ser um sinal de liberdade e se tornaria a marca tranquilizadora de uma pura fisiologia, assim permitindo que fosse para sempre estudada dentro do laboratório, de onde não seria necessário sair.

A emoção não é uma substância

No curso da vida quotidiana, a emoção não é uma substância, uma entidade indescritível, um estado imóvel e imutável que pode ser encontrado sob a mesma forma e nas mesmas circunstâncias no conjunto da espécie humana. Ela é uma tonalidade afetiva que

---

77. WINKIN, Y. "Croyance populaire et discours savant, 'langage du corps' et 'communication non verbale'". Art. cit., p. 77.

cobre como uma mancha de óleo o conjunto dos comportamentos e não cessa de continuamente se modificar cada vez que a relação com o mundo se transforma ou que os interlocutores mudam. A emoção não é objeto possuído ou possuidor (no sentido dos transes de possessão), um indivíduo tributário das particularidades da espécie. Na experiência afetiva corriqueira, a emoção ou o sentimento jamais se compõem de uma única tintura, frequentemente eles são mesclados e oscilam de uma tonalidade à outra, marcados pela ambivalência. É possível rir de uma situação ou de uma tirada humorística sem se eximir completamente da angústia decorrente da espera de um exame médico; também é possível sentir-se ao mesmo tempo mortificado e culpado após a morte de um próximo ou sentir ciúmes ao mesmo tempo em que se reprova esse sentimento ou que se considera injustificado nas circunstâncias. Alguém pode sentir vergonha de uma situação e pensar ter chegado o momento de retomar as rédeas e rejeitar uma educação excessivamente pudibunda etc. A emoção não possui a claridade da água de fonte. Ela, no mais das vezes, constitui uma mistura incompreensível cuja intensidade não cessa de variar ou de se traduzir mais ou menos fielmente através da atitude do indivíduo. As condutas que o laboratório estimula entre tal e tal hora com um punhado de voluntários remunerados ou de estudantes mobilizados para a circunstância, sob o olhar mais ou menos discreto dos experimentadores, fora das verdadeiras interações sociais, nada tem a ver com aquela que dimana dos acasos da vida quotidiana.

A redução da emoção a uma substância é grosseira e decorre da cegueira sobre uma infinidade de aspectos da dinâmica da afetividade. Ela anula toda a história social e cultural dos sentimentos, declarando tranquilamente que nada sob o sol evoluiu após o homem de Neandertal. As emoções ou o sentimento não são libélulas etiquetadas sob uma vidraça, cujas características e cores podem-se descrever no intuito de serem previstas em libélulas vivas. Não é possível operar tal associação, pois as emoções são estados transitórios, enquadrando-se num mosaico de movimentos permeado de ambiguidades e de sombreamentos, de fleuma e de arrebatamentos etc. São formas sociais de conhecimento que alimentam os estados afetivos, as quais são mais ou menos prontamente identificáveis pelos homens de um mesmo grupo. Fazendo da emoção uma substância biológica, os naturalistas trabalham sobre um artefato. Eles transformam noções compreensíveis ao bom-senso (alegria, tristeza etc.) em realidades materiais associadas a mecanismos hormonais. Tal representação faz do corpo uma reserva de estados dos quais a pessoa é mera vítima passiva[78]. As emoções experimentadas e expressas são atributos do homem imerso na turbulência de um mundo jamais rematado e não apenas reflexos de uma coleção de músculos ou de um mero programa genético. A afetividade provada destila-se com o tempo, ela dura mais ou menos, apresentando intensidades variáveis e traduzindo-se por uma série de manifestações físicas cambiantes que mobilizam a totalidade dos recursos faciais, gestuais, posturais e orais do homem. Em momento algum, o rosto e o corpo cessam de mover-se, de fazer sinais, exceto após a morte. Assim, jamais um museu poderá expor uma bela figura da Alegria ou dos Ciúmes, da Cólera ou do Amor. Ele mostrará simplesmente uma criança sorrindo com uma bola entre as mãos num parquinho em Lisboa sob os olhos de sua mãe ou dois namorados beijando-se sobre um banco de praça em Roma ante a objetiva de um fotógrafo.

---

78. SARBIN, T.R. "Emotion and act. Role and rhetoric". In: HARRÉ, R. *The social construction of emotions*. Oxford: Basil Blackwell, 1986, p. 84. • SALOMON, R.C. "Getting angry. The Jamesian theory of emotion in anthropology". In: SHWEDER, R. & LEVINE, R.A. (orgs.). *Culture Theory* – Essay on mind, self and emotion. Cambridge: Cambridge University Press, 1984, p. 238.

Com efeito, não existe uma expressão da emoção, mas inúmeras nuanças do rosto e do corpo, as quais demonstram a afetividade de um ator social em dado contexto. Não existe homem que "exprima" a alegria, mas homens alegres em seus estilos particulares, de acordo com suas ambivalências e sua singularidade. Tampouco se pode encontrar um homem que "exprima" a "aflição", apenas um homem que sofre porque está de luto ou mortificado pelos acontecimentos. A cólera não pode ser dissimulada detrás da tela do gesto que a manifesta, ela é o próprio gesto, esse grito, essa atitude em relação ao mundo. As pesquisas realizadas na posteridade darwiniana colidem com o dualismo (o homem de um lado e a emoção, como estado independente, do outro), com a ambiguidade da noção de expressão (quem exprime o quê?) e com o exagero dos rostos que pretensamente "exprimem" a emoção. Essa última é naturalizada (no duplo sentido do termo), alfinetada como uma borboleta sob o rótulo de sua espécie. Além disso, perscrutam-se as mímicas faciais que a elas correspondem, como se a emoção fosse uma quantidade finita e inequívoca, destacável do ator social como os ossos podem ser extraídos do esqueleto. Tentando gravá-las mediante um esquema simples, numa espécie de retrato-falado que as depura das possíveis objeções, as emoções não mais se encontram em lugar algum; abstraídas, elas se tornam ilusórias como um esboço que pretendesse se confundir com a verdadeira paisagem. Ademais, esses trabalhos distinguem de forma deveras arbitrária o rosto do resto do corpo, reduzindo à insignificância a multidão de sinais e de símbolos que se entrelaçam ao sentimento provado.

Os sentimentos nascem num indivíduo preciso, numa situação social e numa relação particular ao evento. A emoção é ao mesmo tempo avaliação, interpretação, expressão, significado, relação e regulamento do intercâmbio. Ela se modifica de acordo com os públicos e com o contexto. De acordo com a singularidade pessoal, ela varia em intensidade e nas formas de manifestação. A tonalidade afetiva da relação com o mundo é sempre simultaneamente a relação com os outros, a qual se simboliza através dos vínculos sociais, implicando as modulações introduzidas pelos demais e, portanto, uma atividade pensante. Ela flui dentro da simbólica social e dos ritos em vigor: não se trata de uma natureza descritível de forma descontingente e independente dos atores, pois que, segundo os indivíduos e suas histórias pessoais, um dado evento pode suscitar múltiplas reações afetivas e uma pluralidade de respostas. As pesquisas efetuadas em laboratório, com base em fotografias ou filmes, ou que consistem no estímulo, por qualquer meio, dos músculos da face de um punhado de voluntários com vistas a identificar os trajetos nervosos, decorrem de uma paixão autista pela emoção, pois elas jamais são concebidas em sua relação com outrem. Elas não superam o estado do espelho[79].

O Efeito Koulechov

Na vida real, apenas a interação, como ela é vivida pelos diferentes protagonistas no interior de uma ordem simbólica identificável, esclarece (de forma relativa) o significado dos ritos afetivos dos atores. Nunca se vê um rosto ou um gesto isoladamente, mas uma *gestalt* do outro que se move numa situação precisa e cuja conduta pode ser interpretada. Nenhuma transparência alivia o indivíduo do esforço em compreender o outro, de atribuir um sentido particular a seus movimentos expressivos. Sem conhecimento do contexto, a identificação dos estados afetivos torna-se uma atividade abstrata e aleatória. A vida quotidiana o revela abundantemente, mas diversas pesquisas foram dedicadas a rememorá-lo,

---

79. LE BRETON, D. *Des visages...* Op. cit.

empregando o mesmo repertório de métodos de que se servem os naturalistas. Assim, por exemplo, pode-se apresentar a fotografia de um homem que faz uma careta, informando-se o sujeito que se trata de um espectador retratado numa multidão enquanto ocorria um enforcamento. A outro, pode-se apresentar a mesma fotografia, explicando-se que se trata de um homem fazendo um enorme esforço durante uma prova esportiva. No primeiro caso, os sujeitos interrogados evocam uma imagem de decepção e de ansiedade. No segundo, eles notam a determinação de seu caráter, a tensão muscular e o esforço. A evidenciação pelo contexto induz o significado relacionado com o rosto. Caso se apresente um rosto sorridente, fazendo-se menção aos mesmos dois conjuntos de circunstâncias, os sujeitos leem, no primeiro caso, a satisfação decorrente de uma vingança ou de um voyeurismo mórbido e, no segundo, o maravilhamento e a elação após o esforço realizado.

Os pesquisadores que trabalham sobre as mímicas naturalizadas com o auxílio de fotografias, de desenhos estilizados, de filmes ou de mímicas emotivas realizadas por atores olvidam uma experiência decisiva para a história do cinema: o "efeito Koulechov" tornado célebre na versão de Poudovkine. Durante a exibição de um filme, um plano faz sentido apenas se relacionado com outros planos, formando assim uma sequência. No cinema, a montagem orienta o olhar dos espectadores e modula os sentimentos[80]. Para mostrar a projeção de sentido que o comediante recebe, Poudovkine tomou num filme anterior um grande plano de detalhe do rosto do ator Mosjoukine. Ele integrou esse plano a três séries de imagens: um prato fumegante, o cadáver de uma moça e uma criança brincando. Um público inadvertido assistiu à projeção dessas três sequências e foi convidado a comentar a atuação

---

80. Ibid.

do ator. Estabeleceu-se um consenso sobre a extensão de seu talento. A sobriedade de sua atuação foi percebida, mas isso não impediu o transparecimento das mais sugestivas expressões: os olhos gulosos de um homem que vai aplacar a fome, a dor intensa, embora contida, de um homem cuja jovem mulher faleceu, e a ternura transbordante de um homem que olha seu filho brincar. O público não desvelou o subterfúgio. Ele não percebeu a coincidência dos movimentos faciais do ator nas três cenas, tampouco o efeito das imagens que complementavam a sequência, condicionando a decifragem das mímicas de Mosjoukine. A projeção de sentido realizada pelo espectador sobre o ator em função do contexto é a ilusão que permite o funcionamento da narrativa. O significado não é transmitido pelo conteúdo em si do plano, mas pela relação significante que brota da série de imagens ao espírito do espectador. Igualmente, durante uma interação social, o contexto fornecido pelos atores presentes condiciona os supostos significados que são trocados por ambas as partes mediante as palavras oferecidas e os movimentos corporais e faciais. Significados sempre supostos, submetidos à decifragem recíproca dos parceiros que se baseia em seus sentimentos do plausível e nas ideias que fazem um do outro. Não existe conteúdo objetivo na comunicação, mas uma sucessão de interpretações que se modificam ao decorrer das circunstâncias. Nenhum ator resta transparente a si mesmo. A sociologia não pode restringir-se à visão cartesiana do homem dentro da qual este seria apenas aquilo que pensa ser.

Para nos opormos à visão naturalizada das emoções, também seria possível evocar a visão clínica que mostra a ambivalência emotiva de cada ator e a dificuldade de fundir seus sentimentos. Finalmente, o determinismo fisiológico que pesa sobre os comportamentos humanos não tem a mesma importância que as inúmeras maneiras de acordo com as quais os indivíduos se amoldam, reformulando-as como convém a sua comunicação. Salientando algumas semelhanças e sem exigir demais, é possível afirmar com petulância, por exemplo, que as línguas italiana, espanhola, francesa ou portuguesa são idênticas. Destacando algumas palavras daqui ou dali sem se preocupar com a semântica ou com a sintaxe, como o fazem os naturalistas em relação à emoção, e isolando-se certos elementos expressivos, poder-se-ia dizer que todas as diferenças são superficiais. Os locutores dessas diferentes línguas de fato compreendem-se pela improvisação, agindo de forma inventiva e paciente, mas a comunicação nesse caso permanece evidentemente superficial. Tampouco se poderia ter certeza de que eles compreenderam a mesma coisa e que não sobejam os mal-entendidos, pois não bastam alguns detalhes expressivos aparentemente similares para garantir a similaridade do sentido. Da mesma forma, as emoções e os sentimentos de diferentes culturas apenas podem ser associados caso os significados e seus ritualismos sejam podados, caso se tolere mal-entendidos muitas vezes severos. Não é possível compreender uma palavra de uma língua em isolamento de seu contexto linguístico, da mesma forma que não se pode apreender a natureza da emoção sem colocá-la na perspectiva da situação concreta. De fato, o conjunto cultural e social onde ela se apresenta complementa o significado da mesma, seus valores e formas. Ainda que os homens disponham fisiológica e anatomicamente do mesmo aparelho fonador, eles não fazem um uso idêntico do mesmo. Isso também vale para a constituição orgânica do homem. Ainda que ela seja similar para a totalidade da espécie, os homens não vivem na mesma dimensão de sentido e de valores: "o que importa é a forma pela qual a sociedade e a cultura condicionam as atuações do corpo e as turbulências da vida afetiva".

5 VER O OUTRO
Olhar e interação

> *O outro é, por princípio, aquele que me observa.*
> SARTRE, J.-P. *O ser e o nada.*

A tatilidade do olhar

A condição corporal do homem o faz imergir num banho sensorial ininterrupto. Em princípio, ele jamais cessa de ver, de escutar, de tocar, de sentir o mundo que o entorna. A menos que pertença ao mundo da cegueira, a visão e, portanto, o olhar que a expressa, se verifica uma constância da existência e especialmente da relação com os outros[1]. Quando ele está no princípio de um encontro possível, de um excesso, de um imprevisto podendo exacerbar-se, as convenções sociais cuidadosamente limitam o perigo. Pousar o olhar sobre o outro não é um acontecimento anódino. Em verdade, o olhar favorece e se apropria de algo para o melhor ou o pior. Pode-se dizer que ele seja imaterial, inobstante, que aja simbolicamente. Não é somente um espetáculo, e sim o exercício de um poder. Em certas condições, ele contém um temível poder metamorfoseador. O olhar de um ator sobre o outro é sempre uma experiência afetiva, mas ele também produz consequências físicas: a respiração acelera, o coração bate mais rapidamente, a pressão arterial eleva-se e a tensão psicológica aumenta. Os olhos do outro tocam metonimicamente o rosto e atingem o sujeito no seu todo.

---

1. LE BRETON, D. *Anthropologie du corps et modernité.* Paris: PUF, 1990, p. 93s.

O olhar toca o outro e este contato está longe de passar despercebido no imaginário social. A linguagem corrente o comprova: acariciamos, metralhamos, inspecionamos com o olhar, exercendo força sobre o olhar alheio. Ele pode ser penetrante, agudo, cortante, incisivo, cruel, indecente, carinhoso, terno, meloso. O olhar transpassa e fixa a pessoa no lugar onde está. Os olhos congelam, amedrontam, neles enxergamos a traição etc. Diversas expressões traduzem a tensão dos olhares que se fitam, expondo a nudez mútua dos rostos: fitar com ojeriza, olhar atravessado, com bons olhos, de um mau olho, de soslaio etc. Do mesmo modo, os amantes expressam olhares carinhosos, protegem-se, devoram-se com os olhos etc. Seria longa a enumeração dos qualificativos que atribuem uma tatilidade ao olhar, fazendo dele uma arma ou um gesto de carinho de acordo com as circunstâncias, a qual alveja seus pontos mais íntimos e vulneráveis.

Em nossas sociedades ocidentais, o olhar expõe e torna indefesa a intimidade do rosto do ator a uma tomada de poder simbólica. As análises clássicas de Sartre mostram a qual ponto o olhar reifica o outro, tranformando-o "em inseto", como dizia Stendhal. Diminuído, o indivíduo é tolhido de uma parte de seu ser, encravado irremissivelmente enquanto os olhos não largam sua presa. Ele perde momentaneamente a soberania de sua existência, reconhecendo sua impotência em escapar ao julgamento, à investigação do outro; exceto se deixa o lugar público ou caso se insurja contra tal atitude. "Não é exatamente que eu perca minha liberdade para tornar-me um objeto, diz Sartre. Mas ela lá está, fora da minha liberdade vivida, como um atributo deste ser que eu sou para o outro. Eu percebo que o olhar alheio se integra ao ato que executo como solidificação e alienação de minhas próprias possibilidades"[2]. O

---

2. SARTRE, J.-P. *L'Être et le neant.* Paris: Gallimard, p. 309.

olhar é poder sobre o outro, pois manifesta certa ascendência sobre sua identidade, causando-lhe um sentimento de não mais pertencer a si mesmo, de estar sob influência. Veremos que a crença no "mau-olhado" é uma forte cristalização social desta impressão. No rosto do outro, o olhar encontra uma moral a preservar, uma intimidade a respeitar. O opróbrio é a sanção imposta àquele que menospreza a regra e altera as feições alheias sem vergonha.

A ordem simbólica que rege os encontros funciona como uma disciplina, uma moral da ação recíproca cuja transgressão provoca um mal-estar para aquele que se sente vítima de indiscrição ou de injustificada insolência. A troca de olhares põe face a face dois indivíduos por meio da "mais imediata e pura reciprocidade que possa existir"[3]. Em nossas sociedades ocidentais, fitar insistente e unilateralmente os olhos alheios importa em privar a vítima do gozo da fruição de seu rosto numa confrontação que dela faz um objeto de investigação, salvo se ambos os atores aceitarem o desafio com a mesma impertinência, dando margem a uma guerra de nervos. A experiência mostra que um olhar inadvertidamente pousado pode ser percebido por aquele que o recebe, mesmo que o observador esteja situado a suas costas ou oculto à sua visão. Ao virar-se, o observando cruza instantaneamente com esse olhar, a menos que o indiscreto tenha tido tempo de desviá-lo.

Ritualismo do olhar

O olhar, diz Simmel, é um elo "ao mesmo tempo tão íntimo e tão sutil que apenas pode formar-se seguindo a via mais curta: a linha direta de um olho a outro. O mínimo desvio, o mínimo

---

3. SIMMEL, G. "Essai sur la sociologie des sens". *Sociologie et Epistémologie*. Paris: PUF, 1981, p. 227.

olhar de lado destrói completamente seu caráter único... Todo o comércio dos homens, suas simpatias e antipatias, sua intimidade ou frieza, seria consideravelmente transformada caso inexistisse a troca de olhares"[4]. Este contato dissipa toda distância, abole a reserva. Breve palpação ocular na qual se pode sentir a mútua nudez facial numa reciprocidade limitada apenas pela duração do intercâmbio. Desviar os olhos implicaria o rompimento do encanto, a retomada da liberdade, o reencontro da reserva pessoal. No curso das interações da vida cotidiana, o contato operado pelos olhos é infinitamente frágil. A reciprocidade baseia-se num fio precário que geralmente não tarda a romper-se: um ou outro dos atores, frequentemente os dois ao mesmo tempo, desvia o olhar e segue seu caminho. Em princípio, essa troca furtiva permanece inconsequente. A interação, que repousa em nossas sociedades ocidentais sobre uma supressão ritualística do corpo[5], exige que o olhar não se detenha sobre nenhum ponto para que ninguém sinta o peso de sua insistência. Nas calçadas, nas lojas ou nos cafés, uma espécie de estado de graça social permite o cruzamento inócuo dos olhos dos transeuntes e dos consumidores. A troca de olhares entre desconhecidos nas ruas ou nos corredores resta usualmente neutra, os rostos permanecem impassíveis e nada transparece do contato fugazmente tecido. Como ela insere-se no limiar de um possível encontro, de um excesso, de um incidente que pode se abrasar, as convenções sociais limitam cuidadosamente os riscos. Quando os indivíduos não se conhecem e que nenhuma troca foi claramente iniciada, nenhum deles deve sentir o peso da atenção do outro, os olhares afloram rapidamente sem envolver os rostos nem os corpos. Caso um olhar dissimulado seja dirigido ao outro sem

---

4. Ibid.
5. LE BRETON, D. *Anthropologie du corps et modernité*. Op. cit.

que ele saiba, esse pode fingir não se aperceber. Do mesmo modo, num terraço de café, os consumidores observam discretamente os passantes para assim protegê-los do incômodo e para evitar serem descobertos. Nesta situação, em meio ao caminhar da multidão e dos transeuntes, torna-se possível um deleite visual tranquilo e inconsequente[6]. O homem que espia um rosto em meio à multidão o faz discretamente, desenvolvendo a arte sutil de ver sem deter a mirada. Respeitoso da indiferença ritual, oportuna em tal situação, ele se disfarça com sinais de sua boa-fé. Manifesta uma impassibilidade tão ritualística quanto a do ladrão que se aproxima das mercadorias fingindo insignificância, apropriando-se furtivamente do objeto cobiçado e afastando-se como se nada tivesse acontecido, sem interpelar qualquer pessoa com seu rosto, do qual ele apaga cuidadosamente toda aspereza suscetível de chamar a atenção. Uma "falta de atenção polida" (Goffman) preside o contato ocular e dissipa o incômodo que poderia surgir nesse momento. Uma discrição eminentemente ritual cumpre seu papel de manutenção do recato individual. No entanto, parece que pedestres, ao cruzarem-se, trocam olhares uma fração de segundos mais longos caso sejam de sexos opostos[7]. A duração suplementar que diferencia uma olhadela da observação submete-se a regras imperativas.

A interação fortuita nos transportes coletivos, nas salas de espera ou nos elevadores, proíbe os contatos visuais, exceto quando da entrada de um novo companheiro, geralmente acolhido com um

---

6. Em relação ao jogo estival de olhares masculinos e femininos voltados aos seios nus expostos nas praias, sobre essa forma masculina de observar discretamente e sobre a maneira feminina de fintar a ignorância desses olhares, "o olhar normal, segundo J.-C. Kaufmann, é aquele que não se percebe" (*Corps de femmes et regards d'hommes*, p. 104).

7. CARY, M.S. "Gaze and facial display in pedestrian passing". *Semiotica*, n. 28, 1979.

breve sorriso. A proximidade física torna o olhar alheio inconveniente, eventualmente o tranformando num sinal provocativo ou despudorado – num "abuso da situação". O rosto apresenta-se como uma barreira sagrada do indivíduo, o olhar do outro não pode fitá-lo sem incorrer no risco de incomodá-lo. Na promiscuidade dos transportes coletivos, o olhar acrescenta uma ameaça intolerável, aquela de ver-se momentaneamente furtado de sua intimidade, de perda de autonomia. No vagão ou no elevador, todos se resguardam em seus universos privados, exceto pelos esforços exigidos para manter essa sábia desatenção, dificilmente sustentável quando o outro está frontalmente contraposto. A preservação da intimidade do rosto quando se está cara a cara realiza-se por um turvamento do olhar, que interpõe uma espécie de tela simbólica entre os atores. Posição sutil, mas que cada um sabe reconhecer imediatamente, da mesma forma que a transgressão não escapa a ninguém.

No curso de uma conferência ou de uma apresentação de teatro, ao contrário, os olhares da plateia são unanimemente fixados sobre aquele que se expressa. Aqui, no entanto, a reciprocidade dos olhares é impensável. O olhar do orador flutua sobre a sala, ele fita, por um instante, um rosto, mas submete-se desde logo ao mesmo constrangimento que surgiria nas ruas ou nos cafés. Caso se demore observando um dos membros do público, ele dará margem a interrogações. O olhar de um desconhecido, dirigido de forma inopinada, surpreende, suscita questionamentos acerca do motivo de tal atenção e aumenta a tensão emocional. No mais das vezes, é o observando quem desvia o olhar, recordando, por intermédio de sua afetada indiferença, a regra que o observador negligenciou intoleravelmente. Contudo, um olhar imotivadamente aferrado suscita uma reação de incômodo ou de fuga. Conhecemos a experiência de Ellsworth e seus colaboradores, os quais solicitaram a seus auxiliares que fixassem um olhar neutro sobre os condutores retidos no sinal vermelho. Confrontados com essa insistência inesperada, que rompe claramente com as regras de discrição, e incomodados por uma situação incompreensível a seus olhos, os condutores arrancavam mais rapidamente, ansiosos por fugir dessa tensão[8].

Exceto no ato de paquerar ou na tentativa de intimidação, é comum olhar inconscientemente para outras pessoas. Os olhos vagam, escorregam sobre o outro sem se deter. Se, por inadvertência, eles se cruzam por uma fração de segundo, o incômodo é mutuamente aliviado pela continuação do movimento ocular em outra direção, como um olhar comprometedor em busca de uma saída honorável. Afirmando a pureza das intenções, um rápido sorriso também pode fornecer uma maneira elegante de escapar ao embaraço. Da mesma forma, um olhar prolongado que é detectado pelo observando cria um incômodo frequentemente recíproco. Os desvios visam então a prevenir o embaraço ou a apagá-lo. Ao ser encarado, o homem pode sair da posição inconveniente onde se encontra ignorando deliberadamente o olhar que lhe é dirigido, isentando seu rosto de qualquer comprometimento. Assim, ele demonstra ritualmente que não se importa com a insistência. Salvam-se as aparências, os olhos se cruzam, mas retomam simultaneamente sua reserva original, sem qualquer quebra sensível da regra de discrição. Caso o desvio ocorra tardiamente, a vítima ainda pode encabular o indiscreto no intento de se defender: "você quer tirar uma foto minha?", "você nunca me viu?" Ao reagir desse modo, ela impõe resistência a uma ação percebida como a tomada ilegítima de uma parte de sua substância.

---

8. ELLSWORTH et al. "The stare as stimulus to flight in human subjects – A series of field experiments". *Journal of Personality and Social Psychology*, n. 21, 1972.

Em outro contexto, o olhar firmado funciona como indutor da troca. O garçom de um café não pode ignorar o cliente que procura chamar sua atenção, mesmo que prefira por um momento negligenciar os impacientes a fim de poder organizar coerentemente seu trabalho. Da mesma forma, o mediador de um debate não pode, em princípio, "esquecer" por muito tempo a expressão indignada do participante que solicita a palavra, mesmo que ele hesite em concedê-la por se tratar de um personagem notoriamente conhecido como habitual causador de problemas. O ato de paquerar submete-se a um ritual diferente, pois que se tolera o olhar insistente do homem sobre a mulher, que faz, em princípio, finta de ignorá-lo (o incômodo também surge amiúde quando o homem é submetido ao mesmo olhar). Nesse caso, o ato de encarar alguém tem, sobretudo, valor avaliativo, ele mede a disponibilidade, faz testes para ponderar suas chances. Se os olhos não são desviados, o outro pode responder com um sorriso encorajador. A partir desse momento, instala-se um encontro. Ao evitar responder a tal convite, o indivíduo mantém sua reserva, recusa-se a entrar em comunicação e bloqueia essa via de acesso. Toda troca de olhares cria provisoriamente uma afiliação, uma intimidade. Casanova descreveu as estratégias de olhares das madrilenhas à procura de aventuras amorosas no rígido ambiente espanhol do século XVIII. "Nos passeios, nas igrejas, nos espetáculos, elas falam com os olhos, cuja linguagem sedutora elas dominam perfeitamente"[9].

Os olhos recebem e simultaneamente transmitem informações, eles concorrem para o desenrolar da interação. Da mesma forma, informam sobre as mímicas que acompanham a voz e sobre os

---

9. CASANOVA. *Mémoires*. T. 3. Paris: La Pléiade, 1960, p. 613. – Em outro contexto social, Mead e Bateson descrevem os comportamentos de paquera entre os jovens balineses como muito mais uma questão de olhares do que de palavras (*Balinese Character*, p. 37).

momentos propícios à tomada da palavra. Para convencer-se, basta pensar no incômodo causado pelo desvio do olhar do interlocutor durante uma conversa. A dissimulação dos olhos por detrás dos óculos escuros filtra uma larga parte das informações confiáveis que reforçam a comunicação. Ela desequilibra a troca e provoca uma relativa inferiorização daquele que não dispõe do mesmo meio e cuja expressão aparece com uma perturbante nudez. A visão capta o significado dos gestos produzidos pelo outro. Nesse sentido, o olhar é mais relevante para a colheita de informações sobre esse último do que para transmiti-las[10]. Proust o descobriu ao perceber o desconforto de sua avó doente: "Eu compreendi que ela não enxergava pela estranheza do sorriso de acolhida que exibira assim que abrimos a porta, e que manteve até que se lhe tomava em saudação. Esse sorriso começara prematuramente e permanecera estereotipado sobre seus lábios, fixo e frontal para que fosse visto de toda parte. Ela já não mais dispunha da ajuda visual para regulá-lo, para lhe indicar o momento e a direção, para ajustá-lo, fazendo-o variar conforme os deslocamentos ou as expressões da pessoa que chegava"[11].

Justapostos numa discussão, os atores das sociedades ocidentais raramente deixam de se fitar nos olhos, seus rostos permanecem em estreita correspondência, um refletindo as expressões do outro. Do mesmo modo, ao caminharem perfilados sobre a calçada ou numa trilha, eles constantemente trocam olhares que sinalizam o comprometimento comum e a necessária atenção prestada às indicações exibidas pelo rosto. O olhar orienta a troca de enunciados. Para tanto, os atores podem buscar apoiar suas reflexões

---

10. ARGYLE, M. *Bodily communication*. Londres: Methuen, 1975, p. 229.
11. PROUST, M. *Le cote de guermantes*. Paris: Classiques Français, 1994, p. 340.

no assentimento do olhar alheio, inquirir em qual momento devem tomar a palavra, mostrar ao interlocutor que ainda têm algo a dizer ou perscrutá-lo para avaliar sua sinceridade etc. Diversos estudos mostram que, em nossas sociedades, os sujeitos em interação observam-se durante 60% do tempo da troca, embora existam relevantes variações individuais. No mais das vezes, quem detém provisoriamente a palavra reduz a atenção visual dedicada a seu parceiro. A situação se inverte quando o falante anterior passa a ouvir[12]. Os olhares são ferramentas de sincronização[13], eles tendem a se acentuar no momento em que o interlocutor termina seu discurso e constituem uma demanda de aprovação, de posicionamento, ou um convite para que outra pessoa faça, por sua vez, uso da palavra. Eles duram entre três e dez segundos. Além dessa duração, provocam ansiedade. Não fosse pelos contatos oculares, os indivíduos presentes não teriam o sentimento de estar em interação. Observamos muito mais a pessoa pela qual temos uma afeição mais acentuada. Os apaixonados passam muito mais tempo trocando olhares do que os casais tidos por pouco apaixonados[14]. O indivíduo ao qual se atribui, de maneira arbitrária, uma competência qualquer, ou uma apreciação social positiva, atrai para si mais olhares do que os sujeitos incógnitos[15].

---

12. KENDON, A. "The role of visible behavior in the organization of social interaction". In: VON CRANACH, M. & VINE, I. (orgs.). *Social Communication and Movement.* Londres: Academic Press, 1973. • RIMÉ, B. "Les déterminants du regard en situation sociale". *L'Année Psychologique*, n. 77, 1997.

13. ARGYLE, M. "La communication par le regard". *La Recherche*, n. 132, 1982.

14. RUBIN, Z. "Measurement of romantic love". *Journal of Personality and Social Psychology*, n. 16, 1970.

15. ARGYLE, M. & COOK, M. *Gaze and Mutual Gaze.* Cambridge: Cambridge University Press, 1976.

Algumas experiências[16] colocam em relação o olhar sobre o outro e o *status* social dos locutores. O sujeito hierarquicamente inferior sói fitar mais detidamente seu interlocutor. A porcentagem é ainda mais acentuada caso se trate de militares de patentes diferentes. Ademais, o indivíduo de *status* inferior observa mais cuidadosamente quando escuta do que quando fala. Embora os sujeitos evitem os contatos oculares quando estão em estreita proximidade física (transportes em comum, por exemplo), quanto mais aumenta a distância com relação ao outro, maior é a solicitação do olhar como um dos suportes da comunicação, como o canal visual que compensa as perdas impostas pelo distanciamento[17]. Igualmente, se a interação ocorre num ambiente rumoroso, a qualidade da comunicação pode ser mantida pela focalização visual sobre o outro. O olhar impõe-se, então, como uma modalidade de restauração do contato físico e especialmente auditivo, prejudicado pelas condições externas da relação. Pode acontecer também que um olhar expresse a indisponibilidade quando pousa sobre o outro e sobre ele se detém momentaneamente. O narrador de *Em busca do tempo perdido* descreve esta atitude do Sr. de Norpois: "Conversando com um colega, ele por vezes me lançava olhares que, após examinarem-me inteiramente, desviavam-se impassivelmente na direção de seu interlocutor. Omitindo o mínimo sorriso ou aceno, parecia que ele nem ao menos me conhecia. Para esses importantes diplomatas, observar dessa maneira não tem por objetivo anunciar que eles o viram; mas que eles não o notaram e que estão a tratar de uma questão importante"[18].

---

16. CORRAZE, J. *Les communications non verbales*. Paris: PUF, 1980, p. 111.
17. RIMÉ, B. "Les déterminants du regard en situation sociale". Art. cit.
18. PROUST, M. *Le cote de guermantes*. Op. cit., p. 382.

Fugir da vista alheia, disfarçar o olhar por trás de óculos escuros ou recusar a fitar os olhos (expressão carregada de sentido) cria uma impressão de desajeitada duplicidade, de dissimulação, ou sinaliza o surgimento de um problema; em todo caso, a comunicação é dificultada. Caso o ator não possa justificar essa atitude embaraçada com sua timidez ou com uma emoção particular, ele perderá a estima de seus pares. "Quando lhe dirigimos a palavra, ele não nos olha nos olhos". Aquele que continuamente desvia o olhar, que simbolicamente se recusa a tomar a expressão do outro em consideração – negando igualmente a apreciação de sua própria expressão como penhor moral da palavra proferida aos demais – cria um mal-estar e se sujeita ao recebimento do mesmo tratamento. Ele impõe certa distância, uma desigualdade em detrimento do outro, ao qual restará indagar-se sobre o suposto significado de tal atitude. Em alguns casos, não olhar o falante pode indicar uma desagradável distração ou até mesmo a indiferença. A aparente falta de anuência do auditório leva o locutor a gaguejar ou a perder sua linha de pensamento, sentindo que sua palavra carece de interesse na opinião de seus parceiros. Reconhecendo-se que o olhar não é neutro, é de se notar que a evasão tampouco o é. No imaginário popular ou nas revistas em quadrinhos, o traidor tem um olhar oblíquo, fitando de soslaio. Os olhos fugidios denotam mal-estar, uma vontade de manter a distância. Interrompendo a dialética (baseada na igual dignidade dos indivíduos presentes e no valor compartilhado dos semblantes) entre o ato de ver e o de ser visto, aquele que "perde a face" em consequência de uma ação moralmente repreensível, perde simultaneamente o direito de olhar o outro nos olhos. Eventualmente, ele será apedrejado pelos olhares das testemunhas de sua falta. Confuso e envergonhado, ele baixa os olhos e os cobre com as mãos. Agindo deste modo, ao menos em nossa sociedade, que confere ao semblante uma eminência simbólica apta a sustentar o sentimento de identidade pessoal[19], o indivíduo traduz seu acanhamento ou sua culpa, ele se entrega ao olhar julgador dos demais e consente em não mais olhá-los no rosto. O indivíduo reconhece desse modo seu erro e se esforça para compensá-lo. O fracasso pessoal é evidenciado; porém, tal atitude preserva o ator. Caso insistisse em manter a reciprocidade do olhar malgrado o conhecimento de sua falta, ele deixaria indefesa sua interioridade, aceitando ter seu âmago perscrutado pelos outros e sendo assim despossuído de si mesmo. Do mesmo modo, aquele que comete um ato de violência contra alguém tende a evitar seu olhar. Na famosa experiência de Milgram[20] em que um colaborador pedia aos sujeitos, em nome de um pretenso protocolo científico de pesquisa, que disparassem choques eletrônicos num homem ligado a uma cadeira (na verdade, um ator fintando o sofrimento), aqueles que aceitavam fazê-lo não toleravam ver a "vítima" retorcer-se de dor. Igualmente em relação ao ator, esse mesmo processo de dissimulação que causa a duplicidade do semblante reduz os olhares na direção do sujeito tapeado, a menos que a experiência seja encenada por um excelente comediante.

É certo que o olhar não está desvinculado da atitude global que mobiliza a integralidade do corpo[21]. A tonalidade afetiva traduz-se tanto pelos movimentos do corpo e do rosto quanto pela qualidade,

---

19. LE BRETON, D. *Des visages* – Essai d'anthropologie. Paris: Métailié, 1992.
20. MILGRAM, S. *Soumission à l'autorité* – Un point de vue expérimental. Paris: Calmann-Lévy, 1974.
21. Um exemplo proveniente do Magrebe: "Como observar e como ser observado são o objeto de um preciso e minucioso aprendizado, parte integrante da socialização do muçulmano..." Uma série de prescrições comanda o olhar lícito. "Deus, o Sublime, disse a mim: 'O olhar é como uma flecha demoníaca disparada por *Iblis*. O homem que dele se desviar por medo de mim verá a transformação deste olhar em ato de fé, cuja doçura ele saboreará em seu próprio coração'" (BOUHDIBA, A. *La sexualité en Islam*, p. 51-53).

pela duração e pela direção do olhar. É preciso evitar o isolamento do olhar da trama simbólica que atravessa as práticas físicas dos parceiros de interação. O olhar solidariza-se com a maneira de ser diante do outro, ele não é analiticamente destacável ou efetivo independentemente. Seu ritualismo varia de acordo com as sociedades, correspondendo a uma ordem simbólica[22]. Ele também varia consoante as respectivas posições sociais dos atores presentes, seu grau de parentesco ou de familiaridade, seu sexo e idade. Nesse sentido, toda análise excessivamente rígida da interação dos olhares expõe-se ao desmentido de uma realidade ambivalente e infinitamente contrastada de acordo com os lugares e grupos.

Entretanto, o viés antropológico rompe com a evidência de que toda troca passa primeira e necessariamente por uma relação face a face, onde o olhar desempenha seu papel regulatório. Na verdade, conhecem-se posturas diferentes em outras sociedades, onde os atores podem ficar quase de costas uns aos outros, de sorte que as modulações da voz oferecem preciosas indicações sobre a tonalidade da troca. Os vezo, marinheiros seminômades do sudoeste de Madagascar, revelam um exemplo: "Na área cultural vezo, quando um locutor emite palavras defronte a alguém, ele baixa os olhos, ao passo que suas mãos podem manipular pequenos galhos no chão ou desenhar figuras na areia"[23]. Também na sociedade japonesa evitam-se os olhares durante as conversas: fitar o outro nos olhos é considerado inconveniente e sinaliza agressividade. No sumô, cujas condutas submetem-se a um rigoroso ritualismo, os

---

22. Os atores orientais praticam um ritualismo afirmado do olhar: em Bali, na Ópera de Pequim, no Kathakali etc. o ator fixa os olhos em direções precisas, mas para além de um uso quotidiano do olhar. Deste modo, ele constrói uma espacialidade, faz viver personagens e acontecimentos de maneira concreta em cena.
23. KOECHLIN, B. "À quoi sert la gestuelle produite par les membres des communautés humaines?" *Geste et Image*, n. 8-9, 1991, p. 166.

lutadores põem-se em guarda com as mãos coladas ao solo e se divisam longamente, medindo suas forças e procurando desestruturar moralmente o adversário.

O encontro dos olhos

A troca de olhares por vezes excede a indiferença cortês e modifica a relação do indivíduo com o mundo mesmo que não provoque uma interação mais duradoura. O olhar é uma instância que retira ou confere valor. Ele toma em consideração a expressão do parceiro, confirmando-lhe simbolicamente a mútua identificação. Na relação com o outro, o olhar é fortemente apreendido como experiência emocional, ele é sentido como uma marca de autorreconhecimento: suscita no locutor o sentimento de ser apreciado e lhe informa sobre a intensidade do interesse do auditório por sua palavra. O "ele olhou pra mim" entusiasmado do fã invocando o olhar de seu ídolo tem valor de batismo, confere uma inesperada dignidade. O olhar outorga um rosto social, ao mesmo tempo em que legitima a presença do ator no mundo e ante os demais. Assim, essa troca pode reunir, para o melhor ou para o pior, atores em posição assimétrica, um dentre eles estando em posição difícil (doente, renegado, incapacitado etc.) e o outro gozando de patentes sinais de uma incontestável identidade social. Por meio desse olhar cúmplice, o ator em situação problemática acredita ser reconhecido pelo que é. Logo, seu sentimento vacilante de identidade é restaurado pela eficácia simbólica de um olhar que, sem querer, representa o conjunto de uma comunidade que reluta em acolher tal ator. Isso também ocorre com o doente inquieto sobre sua sorte que procura segurança no olhar das pessoas que o acodem ou com o homem que acredita ser vítima de uma injustiça e procura em torno de si uma aprovação, uma confirmação de sua dignidade.

A face perdida é recuperada por meio do encontro mútuo dos rostos, mediante um olhar que restitui simbolicamente ao ator a concretude da identidade da qual ele se acreditava privado. O contato pode se encerrar nesse instante, mas seus efeitos permanecem sensíveis graças a essa metamorfose. O sentimento de identidade de um ator jamais é um fato objetivo, mas o efeito de uma construção simbólica permanentemente submetida ao assentimento alheio. Por vezes, "à primeira vista" (como reza a lenda), um encontro amoroso ou amistoso pode se entrelaçar. Quando Albertine encontrou Saint-Loup, seu amante repentinamente desapareceu de sua consciência: "Albertine respondia distraidamente ao que eu lhe dizia. Ela o fitava com olhos arregalados. Durante alguns minutos, senti que é possível estar perto da pessoa que se ama e, no entanto, não tê-la consigo. Eles pareciam estar numa misteriosa conversa privada, emudecida por minha presença..."[24] Da mesma forma, malgrado seus esforços, Albertine fracassa em esconder seu amor das mulheres: "Seu olhar estreito e aveludado fixava-se, colava-se sobre uma transeunte, aderente e corrosivo, parecendo que, ao retirá-lo, arrancar-lhe-ia a pele"[25]. O imperativo de manter uma "cortês indiferença" não foi capaz de vencer a emoção nesse encontro, e o rito foi estendido pela atração suplementar. A conotação sexual do olhar agiu sem encontrar obstáculo. Olhos nos olhos, o charme entrou em ação, operando um mútuo reconhecimento. Sob uma forma metonímica, a abertura do rosto ao olhar já prenunciava a ligação que devia se seguir[26].

---

24. PROUST, M. *Sodome et Gomorrhe*. Paris: Gallimard [s.d.], p. 470 [Coll. "Folio"].
25. PROUST, M. *La prisonniere*. Paris: Le Livre de Poche, p. 211.
26. ROUSSET, J. *Leurs yeux se rencontrèrent* – La scène de la première vue dans le roman. Paris: Corti, 1981.

J. Agee descreveu o abrasante momento do encontro com uma mulher em circunstâncias nas quais as convenções impedem qualquer explicitação dos sentimentos e onde nenhuma palavra pode ser pronunciada para manter a intensidade do instante, sem, entretanto, criar implicações para o futuro. Ele conduzia uma pesquisa sobre as condições sociais de existência de algumas famílias de cultivadores pobres do Alabama. Numa noite de tempestade, uma família desconhecida convidou o estudioso a abrigar-se em sua casa. Ele entra, o espaço é sombrio, parcamente clareado por um lampião de querosene. O homem e a mulher sentam-se próximos à lareira, diversas crianças brincam pelo chão ou sobre a cama. Louise, a filha mais velha, segura em seus braços o bebê recém-nascido. O pai apresenta J. Agee à família sem dizer qualquer palavra, nenhuma conversa foi iniciada. A solenidade do silêncio envolve a espera enquanto cai a chuva no exterior. De tempos em tempos, o pai, que não aguenta o silêncio, profere uma palavra, sem lograr qualquer resposta. Repentinamente, Louise e Agee trocam um olhar, e a cumplicidade logo se instaura. O escritor percebe que ela não deixou de fitá-lo desde sua chegada. Para dissipar o mal-estar vindouro, ele lhe enviou um sorriso. "Eu permiti que todo o meu sentimento por ela, tudo o que eu poderia ter-lhe dito horas a fio se as palavras pudessem tudo exprimir, fosse expresso em meus olhos. Voltei meu rosto e plantei meus olhos nos seus, e ficamos lá sentados, em meio a uma vibração crescente que me deixou em parte inconsciente, de maneira que eu persistia, ao invés de, cego e mudo, fugir dali"[27]. A situação durou um longo momento, ao mesmo tempo discreto, invisível aos olhos dos outros, mas intenso para os dois protagonistas. "Eu continuava a observá-la, e ela a mim,

---

27. AGEE, J. *Louons maintenant les grands hommes.* Paris: Plon, 1972, p. 388.

cada um de um olhar 'frio' e 'inexpressivo'. De minha parte, acrescentei um sentimento de proteção. Ela correspondia sem medo, surpresa ou qualquer admiração, mas com uma aura extraordinária de aplicação e de serena receptividade que beirava a luminosidade. Entretanto, ela não revelava a chave secreta de sua atitude: se se tratava de calor, de raiva, ou de curiosidade pura e simples". Louise finalmente baixou os olhos, observou as roupas e mãos do pesquisador. Quando elevou novamente o olhar "fui eu quem, enrubescendo, desta vez mudou de atitude, como se a ela dissesse: 'Meu Deus, se com isso eu lhe provoquei algum mal, se despertei em você alguma mudança prejudicial, se eu fui na sua direção e a toquei de forma ofensiva, perdoe-me se puder, menospreze-me se for preciso, mas pelo amor de Deus não tenha medo de mim'". Os olhares se separam. Entre Agee e Louise nenhuma palavra foi trocada, poucas serão em seguida, mas tudo foi inequivocamente dito. Reconhecimento mútuo, momento precioso de encontro pelo efeito de um olhar em outra dimensão da realidade, o qual não tem outra incidência sobre essa última. Contudo, a emoção não seria menor se os dois corpos estivessem entrelaçados[28].

Os olhos tocam aquilo que percebem, e implicam o sujeito no mundo. Numa passagem do seu diário, Charles Juliet também expressa a força simbólica do olhar. Ele se senta num terraço de café em frente a uma mulher. "Ela estava com a cabeça abaixada e meus olhos chamavam-na. Ao levantar o rosto, ela foi literalmente empalada pelo meu olhar. Permanecemos assim durante dez a quinze longos segundos, entregando-nos, investigando-nos, misturando-nos um ao outro. Ela logo recobrou o aleento, a tensão caiu e ela desviou o olhar. Nenhuma palavra foi pronunciada, mas acredito

---

28. LE BRETON, D. *Anthropologie du corps et modernité*. 4. ed. Paris: PUF, 1998.

nunca ter-me comunicado tão intimamente com alguém, nem haver penetrado de forma tão completa uma mulher. Em seguida, não mais ousamos olhar um ao outro, eu sentia que ela estava perturbada e que parecia que havíamos acabado de fazer amor"[29]. Há casos em que um olhar trocado não deixa a pessoa indene, podendo até mesmo transformar sua existência[30].

O olhar que pousa sobre o outro pode significar encontro, emoção compartilhada, alegria inconfessa. Ele contém a ameaça do excesso. Não é nada surpreendente que a Igreja haja combatido os olhares "concupiscentes" ou assim supostos. Olhar já é dar-se em excesso e ser visto causa um despojamento de si que o outro aproveita. Desse modo, por exemplo, a vida das religiosas é compelida a uma "modéstia do olhar". Elas são submetidas à necessidade de humildemente baixar os olhos em todas as circunstâncias[31] a fim de evitar os maus pensamentos ou o contato fatal com a ambivalência do mundo. O olhar faz aparecer o risco do pecado. Aflorar simplesmente o desejo, mesmo que ele permaneça confinado à intimidade, já macula a alma. Santo Agostinho é explícito: "Se seus olhos pairam sobre alguém, não devem ser fixados em ninguém, pois quando você encontra homens não pode furtar-se de vê-los ou de ser visto. Os maus desejos não nascem somente com o toque, mas também com os olhares e os movimentos do coração. Não pensem que seus corações possam ser castos quando seus olhos não o são. O olho que não tem pudor anuncia um coração que tampouco o tem. Quando, apesar do silêncio, seus corações impudicos se comunicam e aproveitam do seu ardor mútuo, de nada serve que o

---

29. JULIET, C. *Journal* (1957-1964). Paris: Hachette, 1978, p. 259.
30. Veja-se, por exemplo, a tradução literária deste tema tal como o analisa Jean Rousset.
31. ARNOLD, O. *Le corps et l'âme* – La vie des religieuses au XIXe siècle. Paris: Seuil, 1984, p. 88.

corpo se mantenha puro: a alma terá perdido sua castidade"[32]. Aos olhos da Igreja, o olhar jamais se resume à contemplação e distância; ele implica envolvimento mundano. O desejo imaginado é para a alma um desejo realizado que a conspurca. O Evangelho o expressa inequivocamente: "todo aquele que lançar um olhar de cobiça sobre uma mulher, já cometeu adultério em seu coração"[33].

Virulência do olhar

No amor ou na ternura, o olhar "toca" o outro com uma rara emoção, podendo oferecer a ele um formidável poder criador. Ao revés, os ciúmes ou o mau-olhado podem conferir-lhe uma temerosa força destrutiva. O filósofo F. Bacon observa que "Existem tão somente dois sentimentos: o amor e a inveja, que podem fascinar ou enfeitiçar. Os dois comportam desejos veementes que cedem de bom grado a imaginações e a sugestões, os quais sobem facilmente aos olhos, especialmente em presença do seu objeto, e engendram assim a fascinação, se é que algo parecido existe... Parece ser sempre possível reconhecer no ato volitivo uma erupção ou irradiação do olho"[34]. O rosto é sensível às emanações positivas ou negativas advindas de coisas ou pessoas, pois ele é o mediador privilegiado da comunicação e a sede essencial da identidade[35].

Socialmente habilitado a conferir legitimidade e a garantir simbolicamente a existência, o olhar tem igualmente o condão de contestá-la, de negá-la ou de suspendê-la. A tonalidade das trocas oculares nem sempre é amistosa. O olhar ausente ou que fita outros

---

32. "Règle de Saint-Augustin". In: *Règles des moines.* Paris: Seuil, 1982, p. 43.
33. Mt 5,28. *Bíblia Sagrada.* Petrópolis: Vozes, 1982.
34. BACON, F. "De l'envie". *Essais.* Paris: Aubier, 1948, p. 37.
35. LE BRETON, D. *Des visages...* Op. cit.

lugares é expressão do declínio de uma atenção vencida pelo desinteresse ou por uma grande indiferença com relação ao outro. "Ele nem olhou para mim", "ele quase nem te olha quando fala contigo", são fórmulas que demonstram a decepção de não haver sido reconhecido, de nem mesmo ter suscitado a modesta atenção de um olhar que, mesmo fugaz, ampara a certeza de existir. Não ser visto quando se dirige a palavra a outrem impede a sustentação de uma "face"; ela não é perdida pelo simples fato de que não foi nem mesmo reconhecida. Não fitar o outro é como riscá-lo do mapa simbolicamente, rejeitá-lo ou considerar seu rosto insignificante, isto é: vilificá-lo no meio social. Daí decorre o desespero daquele que procura restabelecer uma situação comprometida: "Olha para mim quando falo com você", ou seja, reconheça minha existência inteiramente diante da sua. O contato face a face requer a mediação facial, ele não pode ser estabelecido sem recurso ao olhar mútuo. As frases inaugurais da obra de Ralph Ellison sobre a condição negra nos Estados Unidos podem ilustrar: "Eu sou um homem que não se vê... Sou um homem real, de carne e osso, de fibras e de líquidos, poder-se-ia mesmo dizer que possuo um espírito. Eu somente sou invisível, compreendam-no bem, porque as pessoas se recusam a me enxergar... Minha invisibilidade tampouco se deve a um acidente bioquímico advindo à minha pele: essa invisibilidade de que falo decorre de uma disposição particular dos olhos das pessoas que eu encontro"[36].

A mímica da desaprovação ou do menosprezo, forma ritual de rompimento da etiqueta de discrição, marca uma tentativa de intimidação do outro, de reprovação de sua aparência ou de sua conduta, a qual pode ser mais ou menos bem-sucedida segundo

---

36. ELLISON, R. *Homme invisible, pour qui chantes-tu?* Paris: Grasset, 1969, p. 20.

as situações. Apoiado, ostentatório, redobrado por uma careta, o olhar formula um julgamento de valor. Diferindo, ele se opõe à raiz simbólica do sentimento identitário, depende do acordo dos demais. O "racismo ordinário" frequentemente reside naquele olhar cortante e furtivo que dispara sua flecha de menosprezo ao partir imediatamente. A vítima pode ignorar a agressão ritual de que é objeto e seguir seu caminho, desconstituí-la com uma tirada de humor ou com uma atitude desembaraçada e desenvolta. No entanto, ela também pode ceder à agressão abaixando os olhos e aceitando ser "fuzilada pelo olhar", proporcionando ao ofensor a satisfação que esperava obter. Temendo uma exação mais grave, a vítima pode se submeter, ao menos provisoriamente, a esse tratamento, esperando que o ofensor esteja satisfeito. Ela também pode altivamente desviar o olhar, manifestando um menosprezo recíproco. Exasperada, pode também responder com uma agressão física à agressão simbólica e querer "quebrar a cara" daquele que intentou fazê-la "ficar com a cara no chão": "Você viu como ele olhou pra mim?"

Podem decorrer sinistras consequências – ilustradas pelos imaginários racistas, que levam tais fantasias ao pé da letra – caso o olhar alheio seja percebido como uma influência, como um contato físico ou mesmo como uma mácula. Observar os rostos das pessoas que estão em volta não é um direito, mas um privilégio que o racista concede a si, sem tolerar a réplica de suas vítimas. Ele deseja a assimetria do olhar, espera ver as pessoas baixarem a cabeça quando se aproxima e assim testemunhar do medo e da subordinação dos outros. Quando é a sua vez de ser observado, ele se sente ameaçado, receia o questionamento de sua autoridade fantasiosa, sentindo sua dignidade atingida e mesmo comprometida pela ofensa percebida. O racista somente tolera sobre si um olhar deferente ou, ainda melhor, o abaixamento dos olhos; mas ele não se priva de exaltar a sua posição de força por intermédio de um olhar carregado de agressividade e de menosprezo, um olhar praticamente fatal. De fato, isso seria apenas a primeira etapa da progressão histórica natural, que somente espera as condições favoráveis para se iniciar. O morticínio já está simbolicamente contido na virulência do olhar racista, que se contenta em apreender apenas a aparência corporal de sua vítima.

Nas relações entre homens e mulheres, especialmente nos estados meridionais dos Estados Unidos, o olhar é uma obsessão, de forma que cada negro deve ostensivamente baixar os olhos quando passa uma mulher branca, que poderia sentir-se perturbada pela promiscuidade de um possível contato ocular. Nos anos de 1960, colocando-se "na pele do negro", Griffin recebe conselhos a esse respeito antes de ir ao Mississipi: "Saiba que você não deve nem mesmo olhar para uma mulher branca. Na verdade, você deve olhar para o chão, sem desviar o rosto... É um assunto complicado aqui. Você pode ignorar que esteja olhando em direção a uma mulher branca, mas eles não hesitarão em fazer disso um pretenso incidente"[37]. De acordo com Calvin Hernton, um negro nunca deve fitar os olhos de uma mulher branca e deve fingir que ignora sua existência. Nos meios de transporte, deve permanecer distante. "No Mississipi, graceja-se que um negro deve descer da calçada quando percebe a aproximação de uma mulher branca. Pouco falta para que deva fazê-lo deveras"[38]. Toda palavra elogiosa a respeito de uma mulher branca torna-se perigosa caso seja ouvida por alguns brancos sulistas. O simples fato de trazer consigo uma fotografia de mulher branca não seria menos arriscado.

---

37. GRIFFIN, J.H. *Dans la peau d'un noir.* Paris: Gallimard, 1962, p. 92 [Coll. "Folio"].
38. HERNTON, C.C. *Sexe et racisme aux Etats-Unis.* Paris: Stock, 1966, p. 71.

A obsessão de se macular em consequência do olhar alheio rendeu diversos episódios. C. Hernton lembra de um caso de estupro mediante "olhadela insolente", que protagonizou as crônicas dos anos de 1950 no Sul. Uma mulher branca havia se sentido agredida pelo olhar de um negro, que a observava do outro lado da rua. Ela começou a gritar, dizendo que o homem tinha a intenção de estuprá-la. Os passantes fizeram-na observar que o homem estava do outro lado da rua e parecia seguir calmamente seu caminho, indo na direção oposta. "Mesmo assim ele olhou pra mim como se tivesse a intenção de me estuprar". O homem foi preso e condenado[39]. C. Hernton, tendo crescido nesse contexto ambíguo, relatou seu deslumbramento ao chegar em Nova York, podendo caminhar por onde desejasse, sentar-se em qualquer lugar, usar todo tipo de meio de transporte. No entanto, ele igualmente recordou a perturbação que sentia cada vez que defrontava uma mulher branca, mesmo em situações ordinárias da existência. "A primeira vez que uma branca sentou-se ao meu lado no metrô, tive dificuldade em manter o sangue frio. Eu a espiava furtivamente, e observava os outros viajantes para conferir suas reações. O perfume daquela mulher invadia meus pensamentos e fiquei muito aliviado quando ela partiu"[40]. Nas agências de emprego, "cada vez que a pessoa encarregada de interrogar os postulantes era uma mulher branca, todos os meus músculos ficavam contraídos e minhas mãos encharcadas de suor. Um dia tive de abreviar a entrevista e precipitei-me para fora da agência"[41]. Os contatos inter-raciais são marcados pela obsessão da sexualidade nos estados sulistas. Nos encontros amorosos entre brancos e negros abundam os mal-entendidos. Os casais "mistos"

---

39. Ibid.
40. Ibid., p. 84-85.
41. Ibid., p. 85.

dificilmente convivem sem sofrer ostracismo ou zombaria. Griffin, maquiado de negro e pedindo carona, assombrou-se com a quantidade de perguntas a respeito de sua sexualidade que os condutores brancos incessantemente faziam: seus supostos parceiros, o comprimento do seu membro, as posições que pratica etc. Protegida pela discrição do automóvel e pela assimetria da relação, toda uma mitologia era liberada[42].

"Mau-olhado"

Segundo Jean Starobinski, "Ver é um ato perigoso. É a paixão de Linceu, mas provoca a morte das esposas de Barba-Roxa. Nesse ponto, as mitologias e as lendas são peculiarmente unânimes. Orfeu, Narciso, Édipo, Psique e Medusa ensinam-nos que, ao tentar estender o alcance do olhar, a alma se submete à cegueira e à noite"[43]. Mas, ser visto, nos exemplos citados, revela-se igualmente virulento. Na mobilidade dos olhos e em sua capacidade de apoderar-se das coisas apesar da distância reside uma periculosidade latente que surge em relação àquele que foi visto e cujo rosto foi atingido diretamente pela nocividade do olhar. O mau-olhado, por exemplo, é uma ação que força a vulnerabilidade do indivíduo em seu próprio rosto. Ele requer uma confrontação, mesmo distante e fugaz, e na virulência de um olhar do qual não foi possível se esquivar e que atingiu seu alvo.

Alguns indivíduos não são capazes de conter a violência que seus olhos emitem, e suas comunidades os responsabilizam pelo poder de fazer o mal simplesmente olhando para alguém. O mau-olhado ou o "olho gordo" é o atributo involuntário de um homem

---

42. Ibid., p. 132s.
43. STAROBINSKI, J. L'Œil vivant. Paris: Gallimard, 1962, p. 14.

ou de uma mulher cujo contato supostamente enseja efeitos funestos. A influência é exercida independentemente da vontade daquele a quem ela é destinada. Tal poder é atribuído a certas categorias sociais geralmente estigmatizadas: ciganos, mulheres velhas, inválidos, caolhos, cegos etc. Basta que seus olhos se demorem sobre a pretensa vítima ou que essa sinta o peso de um olhar inesperado para despertar a crença e explicar em seguida um infortúnio que nada permitia prever. O olhar traz infelicidade, carrega a má sorte (*guigne*[44]). Socialmente habilitado a conferir legitimidade e a garantir a existência, o olhar também se presta a sua contestação, negação ou suspensão.

O "mau-olhado" atinge fortemente a mãe demasiado confiante que se entrega indefesa aos olhares das invejosas, ou que permite que uma delas tome seu filho em mãos. O mesmo olhar afeta os bons caçadores e pescadores, despertando a inveja dos outros membros da comunidade, também o camponês cujos animais desenvolvem-se bem, cujas safras são abundantes e aquele que recebe palavras de admiração sem reagir. Ele acomete o ingênuo que imprevidentemente atraiu para si a cólera do olho-grande. Não se deve jamais oportunizar a apreciação do outro, e sim permanecer na discrição. Não atrair o olhar é a melhor garantia contra o mau-olhado. Os ciúmes motivam o contato nocivo estabelecido pelos olhos no ponto mais exposto e vulnerável da vítima: o rosto. O mau-olhado pode matar, pode tornar a pessoa doente ou estéril, enfraquecer a vítima, tomar conta de sua alma, destruí-la etc. Decorrendo da raiz latina *invidere*, que significa olhar de forma perniciosa, a inveja tem – pela energia perversa que espalha por meio

---

44. *Guigne*, em francês, refere-se a *guigner*: entrecerrar os olhos, olhar de maneira disfarçada.

do olhar invejoso – esse poder de desestabilizar a existência de seu alvo, caso se fixe sobre um de seus atributos.

O mau-olhado é também a arma daqueles que querem intencionalmente prejudicar em situações em que as representações comuns conferem-lhes este poder: bruxos, feiticeiros etc. Seus olhares trazem infelicidade. O poder tátil dos olhos, acompanhado da intenção nefasta, produz um efeito de metamorfose que priva a vítima de sua soberania. Jeanne Favret-Saada[45] conta as desventuras de um fazendeiro do departamento francês de Mayenne aterrorizado por um vizinho, o qual suspeitava fosse um bruxo. Caso não estivesse carregando um punhado de sal no bolso para se proteger, o fazendeiro ficava desesperado toda vez que cruzava com o vizinho. Para escapar incólume, aquele devia enfrentar o olhar desse último sem baixar o seu, mas ele não era suficientemente forte para se manter impassível e o contato maléfico dos olhos do vizinho produziu seus efeitos. Sua esposa também temia os olhares do vizinho em relação à fazenda, suas searas e rebanhos. Ela declarou que cada vez "eu pensava: lá vem coisa ruim". Efetivamente, nos dias que se seguiam, uma vaca abortava, um acidente de carro acontecia ou alguns gansos morriam sem razão. A mulher estava convencida de que, para anular o mau-olhado do bruxo, jamais se devia deixá-lo emitir o último olhar. Ela afirmou à etnóloga nunca ter estado doente graças a essa habilidade. Mas seu marido era demasiado tíbio para resistir, não conseguia deixar de baixar os olhos e de ser assim atingido diretamente pelo olhar agourento. Bastava que o mesmo vizinho caminhasse detrás de uma mulher para que ela logo sentisse dor nas costas – a fazendeira apresentava exemplos precisos. A inveja era claramente a fonte da perseguição, já que a vítima das más inten-

---

45. FAVRET-SAADA, J. *Les mots, la mort, les sorts.* Paris: Gallimard, 1977, p. 150-154.

ções do bruxo acabara de tomar o seu lugar no conselho municipal. O olhar do pretenso bruxo emitia uma força negativa que provocava o esvaecimento das energias de seu alvo. Para defender-se havia técnicas diferentes, segundo as tradições locais: punhado de sal no bolso, gesto de conjuração, encantamentos etc. Importava criar uma proteção à possível penetração do olhar perigoso para neutralizar simbolicamente seus malefícios[46].

Numerosos ritos lucanianos descritos por E. de Martino visavam proteger do mau-olhado mediante precauções particulares (ritos ou gestos de conjuração ou de proteção etc.). O leito nupcial dos recém-casados não podia ser visto por ninguém, a não ser pelos sogros, pois um simples olhar de inveja seria capaz de estragar a noite de núpcias. As crianças, proporcionalmente a sua beleza ou saúde, eram as vítimas precípuas do mau-olhado, que podia causar-lhes enfermidades e mesmo levá-las à morte. A criança que despertava a inveja de uma mulher grávida, que essa última lhe desejasse tais malefícios ou não, ficava perigosamente vulnerável. Também nesse caso, ritos e gestos de proteção visavam a neutralizar os efeitos do mau-olhado[47]. As mulheres deviam igualmente cuidar em não fazer de seu seio repleto de leite um motivo para despertar a inveja em outras mães menos aquinhoadas. Entendia-se que o ciúme conferia um poder destrutivo ao olhar, de eficácia deliberada ou incontrolável, mas que somente algumas mulheres detinham esse poder. Elas podiam secar o peito materno e assim

---

46. Carl Havelange analisa os poderes do olhar dos animais nos imaginários ocidentais da Idade Média e da Renascença, especialmente o do Basilisco, e mostra igualmente o tema do mau-olhado agindo nas crenças ligadas à bruxaria, cf. HAVELANGE, C. "Autour du basilic – Les pouvoirs du regard aux débuts de l'époque moderne". *Voir*, n. 3, 1991.
47. Vimos que alguns gestos obscenos como os cornos ou o manguito (banana de braço) eram da mesma forma utilizados para afastar o perigo do "mau-olhado".

colocar uma criança em perigo. Amamentando, as mulheres eram particularmente vigilantes nesse aspecto. Uma noite, conta Martino, um homem atravessou um vilarejo onde uma mulher, sentada na soleira de sua casa, aleitava seu bebê. Ele olha para ela enquanto passa, seu desejo é por um instante aceso, porém segue seu caminho quando, repentinamente, sente seu peito cheio de leite. Ele então retorna para restituir à mulher aquilo que havia involuntariamente subtraído ao observá-la. O homem a encontra aos prantos, pois nada mais possuía que pudesse oferecer a seu filho. Um curandeiro local desfaz o incidente graças a uma fórmula e à execução de um ritual: a *pigliata d'occhio*[48] tem força capaz de roubar o leite do peito da mulher. Este olhar carregado de desejo, mesmo que permaneça pudico e não formulado, apropria-se de parcela do outro, compromete os protagonistas do acontecimento.

Um olhar repleto de ciúmes, mesmo sem intenção de prejudicar, e sem que o próprio agente saiba, provoca erupções de desordem e de infelicidade. E. de Martino descreve a *jettatura* segundo a tradição histórica napolitana. Novamente, trata-se de homens e mulheres que disparam olhares reconhecidos como temíveis armas, mesmo que nem sempre tenham consciência desse poder. Por sobre tudo aquilo que seus olhares se fixam, dramas são semeados. Numa obra do fim do século XVIII, a *Cicalata* de Valletta, professor de Direito, a *jettatura* é tratada de uma forma a meio caminho entre a seriedade e a ironia. Martino considera esse texto como um instrumento de fixação e de difusão da crença[49]. Nos moldes de "eu bem sei, mas em todo caso...", ele cristaliza uma fórmula de aproximação dos napolitanos cultos ante a *jettatura*: "Não é verdade, mas eu acredito", "pela qual eles se desembaraçam de uma situação

---

48. Em italiano no originial, refere-se a "tomar" algo com a força do olhar.
49. DE MARTINO, E. *Italie du Sud et magie.* Paris: Gallimard, 1963, p. 183.

difícil rindo da imaginação supersticiosa da *jettatura*, e fazendo, ao mesmo tempo, uma concessão ao 'nunca se sabe', própria das pessoas que carregam amuletos em forma de cornos, de chaves, e de outras coisas que nossa pluma não seria capaz de transcrever"[50].

Descrevendo sua forma de ação, Valleta confessou haver sido vítima em duas ocasiões. Numa primeira vez "minha filha, em roupa de banho, estava sendo espiada pelo olhar torvo e oblíquo de um *jettatore* ímpio, o que a fez deixar uma vida extremamente feliz e encontrar a morte"[51]. Numa segunda vez, cansado de sua carga de trabalho e desejando solicitar uma pensão, dirigiu uma súplica ao rei, preparando um longo documento para embasar seu caso. Havendo obtido uma audiência, ele malfadadamente cruzou em seu caminho com um *jettatore* e logo em seguida uma chuva diluviana desabou sobre a cidade. Seu condutor foi encontrado ébrio, seu cavalo contorcia-se de dor e, no momento em que ele finalmente encontrou o rei, descobriu que seus documentos haviam desaparecido de sua bolsa. As ambivalências são diversas em Valletta, que num momento recorre à análise psicológica, explicando a eficácia da *jettatura* pela simples imaginação exagerada da vítima, e em outro momento parece acreditar em misteriosas emanações que emanam do corpo do *jettatore*, sobretudo por meio do olhar, que é o operador da ação. De Jorio, conhecido no ramo da antropologia do corpo por ser o autor de uma obra sobre a linguagem gestual, na primeira metade do século XIX era reputado como *jettatore*. Durante quinze anos, desejoso de mostrar ao rei uma monografia sobre aquela matéria, ele solicitou debalde uma audiência. Conhecendo os rumores a respeito, Fernando I recusou recebê-lo. Um dia enfim, tendo cedido às pressões do seu meio, ele acolheu o bom

---

50. Ibid., p. 181.
51. Ibid., p. 172.

cônego; evidentemente, o soberano faleceu no dia seguinte em decorrência de um ataque de apoplexia. Alexandre Dumas viveu em Nápoles em 1835 e ficou impressionado pela ambivalência dos napolitanos em relação à *jettatura*. Imbuído de ironia, ele descreveu caricaturalmente o personagem maldoso para alertar os eventuais ingênuos que não sabiam reconhecê-lo nas ruas. Se tal encontro acontece "e caso ele tenha percebido você primeiro, o mal está feito. Não existe remédio, curve a cabeça e espere. Se, ao contrário, você o viu primeiro, vá logo mostrar-lhe o dedo médio estendido e os dois outros retraídos: o prejuízo será exorcizado... Todas as vezes que você vir dois homens conversando na rua em Nápoles, caso um deles tenha a mão dobrada às costas, guarde as feições do outro: trata-se de um *jettatore*, ou, ao menos, de um homem que desditosamente passa por sê-lo". Dumas faz uma ilustração romanesca da *jettatura* ao contar a história de um príncipe vitimado por esse sinistro poder, e que prodigaliza infelicidade a cada passo[52].

A clássica alusão à força percutidora do olhar e a sua nocividade corresponde na mitologia grega à medusa Górgona, cujos olhos lançam uma chama capaz de petrificar quem ousasse divisá-la. O

---

52. DUMAS, A. *Le corricolo*. Paris: Desjonquères, 1984. – T. Gautier retomou o assunto, narrando, num romance de 1856 intitulado *Jettatura*, a história de Paul Aspremont, um jovem aristocrata francês que descobre em Nápoles os poderes maléficos de seu olhar. A população o rejeita, ele provoca infelicidade por onde passa. Um dia, observou longamente seu rosto em frente ao espelho, nele lendo seu infortúnio: "Parecia que, uma vez refletidas no espelho, as emanações de seus olhos revertiam pra ele como dardos envenenados. Imagine Medusa observando seu horrível e fascinante rosto no ruivo reflexo de um escudo de bronze". Para livrar-se de seu infortúnio e para salvar sua noiva, Paul causa a própria cegueira ao olhar por uma última vez a luz: "Malditos sejam, meus olhos fatais. No entanto, antes de se fecharem para sempre, fiquem saturados de luz, contemplem o sol, o céu azul, o mar imenso..." O sacrifício de Paul é inútil, o poder de *jettatore* independe de sua vontade, como havíamos dito, e sua noiva perece apesar de tudo, não lhe restando outra via senão o suicídio. Cf. GAUTIER, Th. *Récits fantastiques*. Paris: Flammarion, 1981.

rosto de Górgona contém elementos de assombro (mistura surpreendente de humanidade e de animalidade), de beleza (Posídon não resta insensível) e de fealdade, de masculino e de feminino. Em sua face, reina o caos. Sobre a mesma, todo possível reconhecimento vai desfigurado. "O rosto, diz J.-P. Vernant, largo e arredondado, lembra uma face leonina. Os olhos são arregalados, o olhar é fixo e perfurador. A cabeleira é uma hirsuta crina de serpentes. As orelhas são grandes, deformadas, parecidas às de um boi. O crânio pode ter chifres. A boca, constantemente aberta, é longa o suficiente para cobrir toda a extensão do rosto, deixando descoberta uma fila de dentes pontiagudos como presas felinas ou defesas de javali. A língua projeta-se pra fora, o queixo é peludo e barbudo. A pele, enrugada. Essa face apresenta-se mais como uma careta do que como um rosto"[53].

O assombro encarnado no rosto de Górgona reverbera sobre o desafortunado que cruza seu olhar, logo petrificado. Medusa é uma criatura mortífera. O caos de seus traços, essa desfiguração – que nem pode ser assim nomeada, porquanto tal é a natureza de seu rosto – representa a alteridade absoluta, o limiar do inominável: a morte. Mas apenas o limiar dessa, pois a insanidade que compõe seus traços ainda contém elementos reconhecíveis cuja ordem é somente modificada. Górgona reina, efetivamente, no país dos mortos. Ela impede a entrada de qualquer pessoa viva, é a guardiã do extremo confim, aquele do qual não se pode retornar, onde o homem perece imediatamente. A face de medusa já anuncia as dissoluções às quais o homem tomado pelo fogo de seu olhar não escapa. Em seu retiro, apagam-se as referências que distinguem

---

53. VERNANT, J.-P. *La mort dans les yeux*. Paris: Hachette, 1985, p. 32. • VERNANT, J.-P. *L'Individu, la mort* – Soi-même et l'autre en Grèce Ancienne. Paris: Gallimard, 1989, p. 117-129.

o rosto da desordem, que o toma no além. Ela indica a fronteira entre o vivo e o nada. Medusa é a guardiã do Hades, pois ser desprovido do seu rosto equivale a perecer e, diante de Górgona, não existe qualquer outro rosto possível.

Fortemente enraizado no imaginário coletivo, o tema meduseu percorre toda a arte ocidental[54] e ilustra o poder ambíguo do olhar. A face da medusa, ou Górgona, ilustra vasos, moedas, esculturas monumentais, havendo mesmo sido gravada sobre o escudo de Aquiles. Figura contraditória, ela protege quem a detém e fere mortalmente quem a ela se opõe. Ela recorda a ambivalência do homem diante de seu próprio rosto, que resta entrepercebido, inatingível em sua verdade, a qual prenuncia a lenta progressão para uma morte inelutável, mas que encarna, simultaneamente, sua precariedade e seu poder[55].

---

54. Caravaggio, Parmesan, Rubens, Bernin, Lorrain, Klimt etc. (cf. CLAIR, J. *Méduse*).
55. LE BRETON, D. *Des visages...* Op. cit.

6 O PARADOXO DO ATOR
Esboço de uma antropologia do corpo em cena

> *A profissão de ator e o fundamento de sua arte revelam algo de monstruoso, pois ele é feito da mesma carne, do mesmo sangue, dos mesmos músculos que usa para realizar tarefas ordinárias e para executar seus gestos verdadeiros. O corpo com o qual você faz amor é o mesmo com o qual você finta fazer amor com alguém que não ama, que odeia mesmo, a quem você se opõe ou por quem você detesta ser tocado; no entanto, você se atira em seus braços com a mesma espécie de vivacidade, de entusiasmo e de paixão que demonstraria por seu amante verdadeiro – e não apenas por seu amante verdadeiro, mas pelo mais verdadeiro de seus amantes!*
>
> STRASBERG, L. *Le travail a l'actors studio.*

A plasticidade do corpo

O rosto e o corpo constituem a cena onde se leem tanto os sinais que dizem a emoção quanto a função assumida na interação. Como o homem jamais exprime exclusivamente seu *cogito*, ambos se prestam a ambivalências. Não existe uma natureza que se exprima por seu intermédio, apenas certa maneira de se desnudar ou de se cobrir mediante um jogo de sinais. Dividido por seu inconsciente, o homem jamais controla totalmente aquilo que exibem seus traços ou suas atitudes. Tampouco é da natureza do olhar alheio separar o joio do trigo, extraindo a verdade expressiva que o indivíduo possa deixar escapulir: ele está exposto à ambiguidade, aos mal-entendidos oriundos da projeção imaginária de outrem sobre os sentimentos que supostamente tentou dissimular ou que sem querer demonstrou. A fantasia da verdade incontrolável expressa involuntariamente pelo corpo, que o desvela em toda sua nudez, é uma ilusão corriqueira de onipotência sobre outrem, favorável a manipulações. Um mundo imaginário se insere entre as mímicas e os movimentos do corpo, o qual torna a vida social mais espessa, da mesma forma que essa dimensão enriquece o palco, propiciando a construção de seus significados pelo espectador.

Por outro lado, o corpo e o rosto permitem a dissimulação ou duplicidade na medida em que expõem socialmente os sinais de autenticidade emotiva, mesmo nas representações ou por ironia, de sorte que a eficácia da arte cênica decorre exatamente de sua inserção na vida social. De fato, todo homem dispõe dessa faculdade de representar um papel (conforme seu talento) e notadamente de emitir sinais cujos significados foram cuidadosamente previstos. O "paradoxo do ator" é o paradoxo do simbolismo corporal, o prolongamento da peculiaridade humana de exibir aos demais unicamente os significados almejados. O homem não está aferrado aos ditames de sua natureza, ele é o criador dos significados e dos valores que guiam sua existência, mas também daqueles que ele pretende ostentar diante dos outros. A sinceridade é uma questão metafísica, inacessível à penetração psicológica. "Tu olharás o rosto do traidor, diz um personagem de Danilo Kis. Mas cuida para que não te enganem as aparências: o rosto do traidor pode tomar feições da maior honestidade"[1]. A aparência é exatamente a cena escolhida pelo homem ordinário para a leitura de seus parceiros. É

---

1. KIS, D. *Un tombeau pour Ivan Davidovitch*. Paris: Gallimard, 1979, p. 13.

vedado o acesso ao camarim: ele é de difícil acesso até mesmo para o próprio sujeito. Muitos recantos escapam a seu controle, os quais dissimulam o brilho ofuscante de sua autopercepção e da imagem que ele gostaria de oferecer aos demais. A arte do ator explora essa jazida de sinais, com ela tecendo um conjunto de inscrições que exibem o estado anímico do personagem. Segundo Bernstein: "Há uma verdade que todos os dramaturgos reconhecem: os espectadores ouvem inicialmente com os olhos. Nós constatamos que o lapso de um ator que pronuncia uma fala exatamente contrária àquela que fora prevista no roteiro pode passar despercebido pelo público, o qual continua lendo nossos pensamentos nos movimentos e no rosto do ator". A inteligibilidade do espetáculo demanda a inteligibilidade da atuação corporal do artista. Simultaneamente à palavra enunciada ou em ruptura com a mesma, de acordo com a dramaturgia escolhida, o corpo também se faz narrativa, transmitindo o significado da prestação artística em igualdade com a palavra.

O laboratório das paixões

O palco teatral é o laboratório cultural onde as paixões ordinárias desvelam sua contingência social, oferecendo-se à vista na forma de uma partitura de sinais físicos, cujo conteúdo semântico é imediatamente reconhecido pelo público. O comediante dispensa ao público a impressão de estar vivendo pela primeira vez os eventos com os quais se confronta, mesmo que a peça esteja há semanas em cartaz. Assim, ele dilui sua pessoa no personagem, embora os críticos jamais se enfastiem de comparar o intérprete a esse último, avaliando as diferentes representações do mesmo papel que presenciaram. Contudo, o ator não se confunde com o personagem, ele o interpreta: prodigaliza à sala os sinais que compõem a inteligibilidade de seu papel. Ele atua, introduzindo, em outras palavras, uma distância lúdica entre suas próprias paixões e aquelas promovidas por seu personagem. Como artesão, ele inventa com seu corpo uma maneira de repelir sua afetividade individual, visando conferir todas as chances às emoções de seu personagem. O ator transmite ao público a crença em seu papel graças ao trabalho de elaboração por ele executado com o auxílio do diretor. Contudo, essa transmutação é possível apenas porque as paixões não decorrem de fatos naturais: elas advêm de uma construção social e cultural, exprimindo-se mediante símbolos que o homem sempre pode mobilizar, mesmo que não os experimente.

O artista não é a "supermarionete" idealizada por Gordon Craig, mas um homem que dedilha uma composição sobre um teclado de emoções. Ele se permite chorar, abater-se no desespero ou gargalhar abertamente. Mesmo que exiba com sua pessoa as aflições ciumentas, Orson Welles não é Otelo. Ele deve, aliás, cumprir todas as noites com as exigências de seu papel pessoal. A atriz que interpreta Antígona tampouco consegue esquecer as tarefas que lhe incumbirão após o baixar das cortinas, momento em que enfim separam-se pessoa e personagem. O ator meneia simbolicamente o instrumento de trabalho constituído por seu corpo. Com o mesmo, ele desenha formas imaginárias, extraídas do veio comum de sinais partilhados com seu público. Seu talento repousa no suplemento oferecido por sua própria personalidade, em sua capacidade de obter a adesão da sala. Portanto, não se trata de reproduzir um texto, mas de encarná-lo e de torná-lo vivo aos olhos do auditório – seu mister é fazer-se um Otelo credível. Esse sutil acréscimo recorda que, nesse imemorial ofício, o ator é um artista e não um simples reprodutor.

Entretanto, não basta ostentar os sinais adequados se eles não se assemelham à vida real. O papel não é uma série de fórmulas prontas a serem declinadas, mas uma elaboração pessoal e significante baseada numa trama comum à qual o ator adiciona sua particular originalidade, ou seja: o papel é uma composição. A tarefa não se resume a encarnar um tipo, um soldado, por exemplo. Trata-se de obter a adesão do público ao dar vida a um soldado singular de carne e osso, dotado de um nome e de uma psicologia que se destacam daquelas assumidas pelo ator em sua vida privada. Esse desdobramento constitui uma arte e a experiência comum demonstra a dificuldade em corporificar uma construção imaginária. "Há mil coisas que um ator realiza facilmente na vida, mas que sofre para realizar em cena sob condições fictícias, visto que, como ser humano, não está apto a atuar imitando a vida. Ele deve acreditar na adequação daquilo que faz e de alguma forma lograr convencer-se a si mesmo; caso contrário, não será capaz de doar-se profundamente em cena"[2]. Igualmente, no desenvolvimento de um personagem, o trabalho do ator jamais se encontra peremptoriamente acabado; cada representação implica a retomada da matéria-prima que constitui o papel e uma nova apropriação dessa última no contexto afetivo sempre cambiante que emana de sua vida pessoal. O ator é um intérprete, como frequentemente se diz dos músicos: sua criação consiste em dar crédito aos olhos do público à ficção de seu papel.

O paradoxo do ator

O teatro e a dança expõem à apreciação do público o corpo inteiro do comediante ou do dançarino. O material utilizado em sua criação é sua própria pessoa, moldada pela plasticidade dos papéis, pela pluralidade afetiva e pela relativa liberdade expressiva ou de movimento que lhe franqueiam o palco e as expectativas do público. O ator é um profissional da duplicidade. Ele faz todo seu ofício

---

2. STRASBERG, L. *Le travail de l'actors studion*. Paris: Gallimard, 1969, p. 81.

e seu talento da habilidade de se destacar dos sentimentos pessoais e de alterá-los graças ao uso apropriado dos sinais. Daí a expressão de Antonin Artaud que os descreve como "atletas afetivos"[3], homens capazes de endossar – sem transição, sem vínculo com seus próprios sentimentos e após haver ensaiado diversas versões – as aparências exteriores das emoções ou dos sentimentos que seu papel requer. A estrutura antropológica do teatro reside neste privilégio do homem de emitir sinais eficazes, mesmo que neles creia apenas parcialmente. A sinceridade se resume a um artifício de encenação, a uma arte de submeter-se judiciosamente ao julgamento de outrem, fazendo-os acreditar que se está pronto a dar fé de todo o ocorrido. Como a arte dramática baseia-se na aplicação física de sinais, ela implica a possibilidade de destacar-se do papel a qualquer momento. Assim o fez Frédérick Lemaître, com a cumplicidade da sala, em *L'Auberge des adrets*[4], violando certamente uma regra de representação, mas não a regra sociológica da manutenção da conformidade a uma ordem simbólica para compreensão do público.

O paradoxo do ator consiste nesse ofício de afeiçoar sinais, de transformar o corpo numa escrita inteligível a fim de mobilizar, em horários determinados, as aflições da dor ou dos ciúmes, ou ainda para resgatar a gargalhante hilaridade de uma réplica ensaiada centenas de vezes. Ele representa indiferentemente a alegria, a dor ou a melancolia, servindo-se simplesmente de um repertório social e cultural. Ele pode encontrar-se abatido por um luto ou devorado por uma mágoa, mas, quando entra em cena, funde-se às convenções de conduta de seu personagem e torna credível sua

---

3. ARTAUD, A. *Œuvres complètes*. Paris: Gallimard, 1964, p. 195.
4. Lemaître foi um célebre ator francês do séc. XIX. A peça *L'Aubarge des adrets* foi inicialmente concebida como um drama grave, recheado de falas requintadas. No entanto, descrente no valor melodramático da obra, Lemaître a interpretou de forma burlesca, triunfando na abordagem tragicômica do enredo original (N.T.).

psicologia mediante a atenção sociológica conferida à expressão corporal e oral desse último.

Seu profissionalismo se mede de acordo com sua aptidão a se mover no interior dos códigos de expressão próprios a seu público. Com efeito, o ator distribui aos espectadores os sinais sociais da emoção que ele encarna provisoriamente, pouco importando seu estado anímico. Sobre o palco, ele pode declarar a chama de sua paixão a uma parceira execrada, imbuído de seu ofício de ourives, sentimentos fintos, ou que fabrica temporariamente de acordo com as demandas de seu papel. O comediante enriquece sua atuação com as nuanças afetivas disponíveis no registro simbólico de seu grupo. "Por vezes, a cabeça do ator causa um transtorno passageiro em suas entranhas, escreve D. Diderot; ele chora como um padre incrédulo que predica a Paixão; como um sedutor aos joelhos de uma mulher que não ama, mas que quer iludir; como um mendicante na rua ou à porta da igreja, que profere injúrias ao passo que tenta desesperadamente comovê-lo; ou como uma cortesã que nada sente, mas que se esvaece entre seus braços"[5].

A arte do ator ou do mímico, que é a mesma do contador de histórias, baseia-se inteiramente sobre os ritualismos faciais e corporais, bem como sobre aqueles da postura, dos deslocamentos e da respiração[6]. Não seria possível modificar tais costumes sem

---

5. DIDEROT, D. Le paradoxe du comedien. Paris: Garnier/Flammarion, 1967, p. 133-134.

6. "O alento, escreve Artaud, acompanha o sentimento, de sorte que se pode penetrá-lo por intermédio da respiração, contanto que se saiba discriminar qual fôlego convém a um determinado sentimento" (ARTAUD, A. Œuvres completes. Op. cit., p. 201). Uma respiração inadequada desqualifica os efeitos da dicção e da expressão corporal do comediante. O alento também baseia uma técnica empregada para despertar os sentimentos pelos atores que experimentam dificuldades para encontrar seu ritmo. De maneira análoga, Stanislavski e Strasberg insistem sobre o relaxamento do ator. Jouvet afirma que ensina os jovens comediantes a respirar no Conservatório de Arte Dramática de Paris.

quebrar o significado do espetáculo, exceto caso esse último decorra exatamente da aposta lançada na dramaturgia de Brecht, que é a de fazer, por exemplo, os intérpretes atuarem no sentido contrário das convenções expressivas, atribuindo papéis femininos a homens e vice-versa. Enquanto o teatro tradicional se empenha em suprimir a diferença entre a cena e o exterior, buscando fazer da representação uma janela indiscreta sobre o mundo, Brecht rememorou a arbitrariedade de tal situação. Ele introduziu uma distância entre o evento representado e a maneira como ele era vivido pelos atores. Para Brecht, provocar a atitude crítica do espectador equivale a romper a adesão emotiva que o une aos personagens[7]. Quando o comediante assume seu papel com distanciamento, com perplexidade ou exercendo certo contraditório, ele, em princípio, rompe os mecanismos de identificação ou, ao menos, impede uma entrada cabal no imaginário da peça. Ocorre que a vontade de distanciamento funciona apenas em combinação com uma nova ordem ritual de emprego do corpo que permita ao público operar uma correção mental, recompondo o espetáculo e preservando-o de suas liberdades.

O corpo forma a narrativa

Embora seja possível falar de "possessão" do ator, como escreveu Louis Jouvet, essa se inscreve no âmbito das paixões ordinárias e não da chegada de um deus a uma celebração religiosa. Ela é

---

7. Enquanto que Brecht acentuava o distanciamento, Artaud ou Grotowski visavam a precipitar o público no fogo do espetáculo. Sem embargo, ambas as abordagens (assim como tantas outras) visavam a romper a "passividade" dos espectadores. Para produzir tal efeito, os comediantes decidem previamente se inscrever numa dramaturgia "não naturalizada", introduzindo-se num outro universo de sentido.

provisória, lúcida e trabalhada, consistindo na transformação do corpo do ator em sinais, influência da qual o ator se liberta assim que termina de executar sua partitura. Jean Duvignaud, invocando suas lembranças pessoais, descreveu o ator Daniel Sorano ensaiando um texto de Molière e com ele pelejando numa sucessão de caretas e de gestos. "Sorano ainda não estava interpretando, ele estava elaborando e conquistando o terreno sobre o qual se realizaria o combate pelos significados exprimíveis: Sganarelo tomava forma em sua estrutura física"[8]. O ator elabora uma emoção da mesma forma que um músico se conforma ao diapasão da orquestra. Para entrar na musicalidade de seu personagem, ele se afina como o faz um instrumentista. Passemos mais uma vez a palavra a Stanislavski, o qual descreveu um procedimento próximo: "Observei um dia um grande ator num de seus melhores papéis: ele atacou um longo monólogo, mas não encontrou imediatamente o sentimento apropriado. Como um cantor, procurava o *lá*. Aí está. Não, demasiado grave. Muito agudo. Finalmente, reconheceu o bom-tom, compreendeu, ouviu, ajustou e: ei-lo a prumo. Já podia gozar de sua arte. Passa então a falar livremente, simplesmente, num tom pleno e inspirado. Naquele momento, estava confiante no que fazia"[9].

A composição do ator não é simples possessão, mas trabalho sobre si, cinzeladura da afetividade, dos gestos, dos deslocamentos e da voz, a qual deve conduzi-lo à disciplina física e mental requerida pelo papel desempenhado. Stanislavski desmontou esse mecanismo de transposição sobre o palco ao enfatizar a necessária moldagem dos sinais, a qual confere soberania do ator. Ele invoca a dor que invade o indivíduo atingido por um drama e que o incapacita para comunicar. Com o tempo "ele pode enfim falar de

---

8. DUVIGNAUD, J. *L'Acteur*. Paris: Écritures, 1993, p. 229-230.
9. STANISLAVSKI, C. *Ma vie dans l'art*. Paris: Librairie Théâtrales, 1950, p. 188.

tais eventos de forma coerente, calma e inteligivelmente, podendo permanecer senhor de si ao contar a história enquanto choram os demais". Esse é o objetivo que Stanislavski assinala aos atores: "é por isso que nossa arte exige que um ator experimente as angústias de seu papel, que chore em casa ou durante os ensaios todas as lágrimas de seu corpo, de forma a atingir a calma, de forma a se desembaraçar de todos os sentimentos alheios a seu papel que possam prejudicá-lo. Ele então poderá exibir-se em cena, comunicando ao público as angústias que percorreu em termos claros, atraentes, profundamente experimentados, inteligíveis e eloquentes. Nesse momento, o público estará mais afetado do que o autor, que conservará todas as forças e poderá dedicá-las aos momentos em que mais necessitará delas para reproduzir a vida interior do personagem que representa"[10].

Contudo, a cena pode metamorfosear um ator, fazendo-o mergulhar tão profundamente no sentimento de seu personagem de forma a olvidar a contingência do papel. Os problemas de elocução de Roger Blin cessavam quando ele entrava em cena. Henri Rollan, padecendo de uma dolorosa ciática, fez-se carregar até o palco e nada sentiu durante sua apresentação, tendo inclusive subido uma escada sem dificuldades, mas a dor acometeu-o novamente assim que o espetáculo terminou. André Villiers relata que Mounet-Sully sofria da alucinação do punhal sobre a chaga, que Antoine, em *Les Revenants*, saiu da cena como um sonâmbulo, olvidando o espetáculo e os espectadores. Há vezes em que o contágio do papel invade a vida do ator. La Duse criava mil conflitos a seu entorno quando representava um drama, e se mostrava jovial e serena quando se tratava de uma comédia. O espectro do papel não se circunscreve à

---

10. STANISLAVSKI, C. *La construction du personnage.* Paris: Perrin, 1966, p. 75.

cena, embora a emoção em questão não seja a do personagem, mas a do ator em sua interpretação.

No fabrico de um personagem, Stanislavski exige do ator que mergulhe inteiramente numa situação afetiva da mesma ordem e que encontre tais sensações mediante a revisitação de eventos vividos, no fito de transmutá-los sobre o palco com uma sinceridade de certa forma "relocada". Lee Strasberg, no *Actors Studio*, radicaliza o mesmo princípio. "A memória afetiva não se confunde com a memória ordinária, ela engaja pessoalmente o ator a tal ponto que ele pode suscitar experiências profundamente enraizadas. Seu instrumento desperta e torna-se capaz de recriar, em cena, essa forma de viver que é essencialmente 'reviver'. A experiência emotiva original pode abarcar ciúmes, raiva, amor, pode decorrer de doenças ou acidentes... Se esse tipo de experiência não lhe vem ao espírito rapidamente, isso é sinal que elas foram vividas, mas relegadas ao inconsciente, de onde não gostam de sair"[11]. Stanislavski visa suprimir a distância ao papel decorrente da exterioridade da atuação, ele pretende manter as fontes da emoção absolutamente inalteradas, mesmo que para isso seja necessário procurá-las na matriz pessoal. Um trabalho de imaginação dramática e de reminiscência cria a força expressiva do ator, que entrelaça memória afetiva e os sentimentos presumidos de seu personagem no curso das diferentes peripécias do enredo. A prova consiste em inserir as emoções pessoais na ação do personagem imaginário enquanto se conserva o autocontrole nesses dois segmentos.

A afetividade constitui o material do ator quando está ao seu alcance e quando esse logra corporificá-la. Ele a trabalha nas diferentes implicações de seu papel, modulando-a conforme as circunstâncias. Tal composição conduz à descoberta de si e ao

---

11. STRASBERG, L. *Le travail de l'actors studion*. Op. cit., p. 111.

percurso reiterado da história individual através de diferentes caminhos, com o distanciamento necessário à exploração de sua liberdade. Stanislavski afirmou "haver representado centenas de vezes o mesmo papel nas peças de Tchekhov, o que permitia descobrir a cada oportunidade não apenas novos sentimentos em mim, mas também profundidades e nuanças da própria obra, que me passaram inicialmente despercebidas"[12]. A dialética do atual e do rememorado e o uso da emoção como instrumento de conhecimento, de penetração no outro, não são estéreis para o autoconhecimento do ator que faz da procura de empatia com os personagens um dos elementos de seu profissionalismo. A memória afetiva é uma das matérias-primas da criação dramática.

A duplicidade é a própria condição da arte do ator, o qual profissionalmente recompõe, toda a noite e durante meses, o semblante do personagem sem atentar para seus próprios sentimentos. A qualidade da atuação implica tanto a distância quanto a escritura simbólica sobre o corpo. Diderot tinha razão em enunciar que o princípio dessa prestação é a facticidade da sensibilidade. Da mesma forma que um escritor não é uma natureza que exprime sua verdade sobre o papel, mas um inventor de palavras; o comediante é um inventor de emoções que não existem em estado bruto, mas que ele molda com seu talento peculiar ao executar sinais expressivos socialmente reconhecíveis. O debate entre Stanislavski e Brecht mantém intocada a famosa expressão de Diderot segundo a qual "a extrema sensibilidade faz os atores medíocres, a sensibilidade medíocre origina a multidão de atores ruins e a total falta de sensibilidade caracteriza os atores sublimes"[13]. A arte do ator é a de escrever com o próprio corpo. Para tanto, ele emite de sua

---

12. STANISLAVSKI, C. *Ma vie dans l'art*. Op. cit., p. 144.
13. DIDEROT, D. *Le paradoxe du comédien*. Op. cit., p. 33.

própria iniciativa um julgamento preciso sobre as atuações rituais da palavra e do corpo nas diferentes circunstâncias da vida social. Ele conhece profundamente a sociologia do corpo. "Necessito encontrar neste homem, disse ainda Diderot, um espectador frio e sereno. Dele eu exijo, por conseguinte, uma grande capacidade de penetração e nenhuma sensibilidade: a arte de tudo imitar, ou, o que dá no mesmo, uma aptidão equivalente para todos os tipos de caracteres e de papéis"[14].

Outras concepções da atividade cênica são possíveis, mas todas se apoiam de uma forma ou de outra na expressividade comum, ainda que seja no desejo de romper e provocar admiração ou interrogação. Em *Akropolis*, por exemplo, Grotowski pedira ao ator que compusesse uma máscara de desespero, de sofrimento, de indiferença etc., devendo o rosto permanecer rígido durante toda a representação enquanto que seus corpos permaneciam livres para mover-se em função das circunstâncias[15]. Grotowski quebrou a barreira simbólica entre cena e sala, misturando atores e espectadores numa relação bastante física. Ele incluiu o público em seu cenário sem consultá-lo, transformando-o em figurante e o retirando de sua inocência habitual. Da mesma forma, o teatro da crueldade de Artaud visa colocar o espectador em estado de transe, assimilando o ator a um supliciado e a apresentação a uma zona de difusão da peste. Outro exemplo, assaz diverso, é o de Dario Fo, que representava sozinho todo um elenco de atores, atuando em diversos papéis ao mesmo tempo, passando de um registro a outro e comentando a ação antes de encarnar um personagem e depois outro etc.[16]

---

14. Ibid. p. 127-128.
15. GROTOWSKI, J. *Vers un théâtre pauvre.* Lausanne: Le Cité, 1971, p. 68.
16. FO, D. *Le gai savoir de l'acteur.* Paris: L'Arche, 1990.

Uma mimese deslocada

Mesmo quando não se verifica ruptura radical no fluxo de sinais entre o palco e a sala, ainda ocorre que dizer "eu te amo" a um parceiro em cena ou dizê-lo alhures não têm exatamente o mesmo significado para a atriz. O teatro exige uma transposição, não se trata da "natureza" examinada através de uma lupa, mas de uma criação que desvia ludicamente os sinais sociais. Sua evidência decorre exatamente da elaboração, do cálculo, da seleção empreendida entre as possibilidades expressivas dessa sociedade. O ator não poderia compará-las nem ignorá-las sem tornar sua atuação ininteligível aos olhos do público. Uma mera análise prática (acústica, visibilidade etc.) basta para evidenciar a diferença entre o palco teatral e o da vida quotidiana. Na tradição ocidental, a arte dramática é uma mimese deslocada, ela retoma gestos corriqueiros num contexto diferente, onde a espessura do vínculo social perde toda consistência em benefício de outro modo de comunicação.

Os mesmos sinais são corriqueiramente empregados tanto em cena quanto na vida ordinária, mas, sobre o palco, eles são executados unicamente em função das necessidades do espetáculo, são desenraizados da afetividade quotidiana. Os gestos e as palavras da cena revelam aquilo que E. Barba definiu como "técnicas extraquotidianas". Certamente, Barba parece evocar principalmente as hipercodificadas técnicas das tradições cênicas próprias a algumas culturas em especial. Aliás, ele retoma uma categorização da dança indiana[17]. No dia a dia, os movimentos do corpo se inscrevem

---

17. Sanjukta Panigrahi informou ao autor que existem dois termos para designar o comportamento humano na Índia: o primeiro, *lokadharmi*, assinala o comportamento (*dharmi*) da gente comum (*loka*); o segundo, *natyadharmi*, designa o comportamento do homem na dança (*natya*) (cf. BARBA, E. "Anthropologie théâtrale", p. 5).

na evidência da relação com o mundo; em cena, o ator submete-se a um recondicionamento de suas maneiras de ser: falar, bocejar, caminhar etc. Essas vão deslocadas ainda que se apoiem sobre ritos sociais da palavra e do gesto. Trata-se de gestos submetidos às modulações do espaço cênico e da dramaturgia. Eles também são o objeto de tensões pessoais. Barba explica que as técnicas extraquotidianas fundam-se no desperdício de energia. Sobre esse assunto, ele cita uma expressão japonesa de saudação do ator: *otsukaresama*, que significa "tu estás cansado". "O ator que interessou o espectador ou o comoveu está cansado, pois não economizou energias, pelo que lhe agradecem"[18]. O ator é o homem da despesa, do trabalho sobre si mesmo, o qual se opõe nesse sentido ao homem comum que, não estando adstrito a uma composição, pode contentar-se de ser ele mesmo. Barba caracteriza as técnicas extraquotidianas pela qualidade da presença de um comediante contendo sua energia e vibrando a tal ponto que seu corpo se torna teatralmente vivo, pouco importando se ele ocupa o centro da cena nesse momento ou se está temporariamente imóvel. "Talvez seja por isso que as assim chamadas 'contracenas' se tornaram o quadro predileto de tantos atores célebres: nesse caso, proibidos de agir, eles se mantêm distantes enquanto que os demais atuam na ação principal, mas continuam capazes de atrair, graças a movimentos quase imperceptíveis, a energia da ação da qual estavam apartados, por assim dizer. É justamente nesses casos que seus organismos emergem com uma força particular, impressionando o espírito do espectador"[19].

---

18. BARBA, E. "Anthropologie théâtrale". In: BARBA, E. & SAVARESE, N. *Anatomie de l'acteur*. Cazillac: Bouffonneries/Contrastes, 1985, p. 6.

19. Ibid., p. 13.

O real efeito do palco

A fronteira entre o palco e a sala é uma linha simbólica, que, porém, se inscreve em termos físicos, definindo duas zonas exclusivas no que tange ao ritualismo das atitudes. A passividade física exigida do espectador o torna extremamente sensível aos afetos trocados em cena. Ele jamais dispõe da faculdade de se deslocar ou, como faz rotineiramente, de executar mil gestos fúteis ou de conversar. O espectador resta imóvel, absorto pelas emoções emitidas pelos atores, as quais reanimam a sua própria memória afetiva; paradoxalmente, ele se desarma mais intensamente em presença dessas agitações do que em sua própria existência, contanto que uma narrativa coerente se depreenda da cena. Outro paradoxo consiste no efeito de realidade que o teatro produz. A facilidade de identificar-se aos personagens induz todos os espectadores a uma solidariedade interior com as emoções da cena, levando-os a conhecer as agruras de uma situação para a qual restariam impassíveis na vida corrente. A consciência do caráter fictício dos personagens em nada obsta a emoção que surge ao vê-los enfrentar as vicissitudes de suas existências. Como vimos, a emoção também se nutre do imaginário: o fato de que Antígona seja uma personagem fictícia inserida numa situação passada há mais de dois mil anos não impede a ressonância afetiva nas pessoas sentadas às fileiras. O espectador nunca fica indiferente, mesmo que possa eventualmente entediar-se. Em teoria, ele deve participar da aventura patética da cena, terminando por se engajar, mediante procuração, no combate interior dos personagens.

A dinâmica dos sinais e a fixação do imaginário sobre um local e personagens precisos iniciam um desenvolvimento que engendra uma intensificação da realidade das situações. Jean Duvignaud trata nesse tocante de uma "copulação psíquica entre um público que aguarda, apoia e prolonga as emoções construídas pelo atuante ou pelo ator, e que reflete sobre o artista os efeitos do tormento que está recebendo"[20]. Diderot bem observou, nesse tocante, o contraste entre os eventos da vida real e as cenas teatrais. "Uma mulher entristecida e realmente desventurada pode chorar sem comovê-lo, mas há coisa pior: pode ocorrer que uma feição sutilmente desfigurada o faça rir, pode acontecer que seu sotaque destoe e fira a seus ouvidos, ou que um movimento prosaico torne sua dor vil e desairosa a seus olhos"[21]. Conhece-se igualmente a intensa abstração que a televisão opera, especialmente durante os noticiários, cujo desfile de dramas pessoais e massacres não interrompe nem incomoda a refeição dos espectadores. Encarnando personagens socialmente impossíveis para seu público, mas representando-os de acordo com elementos de veracidade social, o ator realiza uma parte das potencialidades de cada homem ou mulher presentes na sala, satisfazendo seus desejos de ser outra pessoa ou de percorrer toda a extensão potencialmente oferecida à condição humana. Segundo J. Duvignaud, "o ator, ainda que seja o mais prosaico dos maridos ou dos amantes, abala as referências definidas pelos controles e determinismos sociais ao se deixar invadir por um personagem imaginário. Ele permite aos espectadores a experimentação da liberdade pelo espetáculo, pessimista e desolador, das impotências do homem para superar as barreiras que encontra. Assim, ele logra, ainda que momentaneamente, despertar a efervescência inovadora daqueles que desse modo descobrem o amor, a coragem, a mágoa, a volúpia, o tédio, a adversidade ou a alegria em sua perfeição absoluta – destacada de qualquer aderência ao quotidiano"[22].

---

20. DUVIGNAUD, J. L'Acteur. Op. cit., p. 49.
21. DIDEROT, D. Le paradoxe du comédien. Op. cit., p. 137.
22. DUVIGNAUD, J. L'Acteur. Op. cit., p. 204.

O ofício do ator caracteriza-se por sua capacidade de assumir múltiplos papéis que não o concernem pessoalmente e cujas atitudes e emoções ele inventa, mesmo que seja humanamente avesso aos mesmos. Nada o detém, nem a fronteira dos sexos nem da idade, as quais o comediante pode transformar no interesse da encenação. Trata-se do homem da pluralidade de mundos, capaz de passar de um sistema semântico a outro sem fragilizar suas bases identitárias. Ser ele mesmo e alguém mais é uma fórmula que ao ator se aplica com força, pois sua tarefa é a de endossar identidades provisórias, de cujo figurino ele se libera assim que o espetáculo se encerra, jamais se misturando àquilo que o identifica pessoalmente. Depois de uma incursão sociológica e psicológica que empreende em alguém, o intérprete reencontra suas paixões ordinárias, longe de Fedro ou de Calígula. "Entrando na pele" de um personagem, ele jamais abandona a sua própria. Contudo, por romper os limites sociais ao empregar à vontade diversos princípios de identidade que ocultam a sua própria, o ator paga o preço de sua vocação singular. Por muito tempo, o ator foi excluído e desprezado e, ainda que seja atualmente adulado, permanece à margem da trama coletiva. Os detratores do teatro denunciam uma linguagem imoral das paixões que decorreriam da pretensa hipocrisia cênica. Denunciam o modo de vida artístico e as atitudes adotadas sobre o palco, consideradas indecentes; além de deplorarem a adesão do público a tais paixões fictícias. "Não são traços mortos ou cores secas que estão a agir, escreveu Bossuet, mas personagens vivos, atores que possuem olhos reais e que derramam lágrimas reais, atraindo outras igualmente verdadeiras dos olhos dos espectadores"[23].

---

23. Apud GALOTTI, C. "Le voile d'honnêteté et la contagion des passions – Sur la moralité du théâtre au XVIIe siècle". *Terrain*, n. 22, 1994, p. 58. – Galotti demonstrou que os detratores do teatro atentam menos para o conteúdo do que para a forma da encenação, isto é: para o contágio passional da sala pelo palco.

Sob a disciplina expressiva de seu personagem, o ator apaga aquilo que sente enquanto homem inserido, como todos os outros, nas ambivalências da existência quotidiana. "Um ator não tem pai, mãe, mulher, filhos, irmãos, irmãs, conhecidos, amigos ou mesmo uma amante? Se ele fosse dotado dessa extraordinária sensibilidade (considerada a principal qualidade de sua condição), mas permanecesse sujeito como todos à infinidade de sucessivos infortúnios que tanto podem ressecar nossa alma quanto despedaçá-la, quantos dias sobrariam para que se dedicasse a nosso entretenimento? Pouquíssimos"[24]. O ator expulsa sua afetividade pessoal do palco a fim de que ela não vicie a expressão de seu papel[25].

O ator está cercado de companheiros que seguem cada qual o fio condutor de seus papéis, mas eles se harmonizam numa sinfonia rigorosa para que a representação não flua de forma rangente e de difícil acompanhamento, como se num livro houvessem sido

---

"Pouco importa o tema encenado, pois o teatro libera, mesmo no mais moralmente apreciável dos assuntos, uma energia passional essencialmente contrária à moral e, portanto, irreformável" (p. 55). Na República, tanto o teatro, por causa das emoções fintas que suscita, quanto o comediante, enquanto "mentiroso" profissional, recebem, em nome da virtude e da transparência, as efusivas críticas de Platão. Rousseau denuncia impetuosamente aqueles que "cultivam sem restrições o talento de enganar". O comediante apenas deixou de incorrer o risco de excomunhão após a aprovação pela Santa Sé das decisões do Concílio de Soissons em 1849.

24. DIDEROT, D. *Le paradoxe du comédien*. Op. cit., p. 162.

25. Entretanto, essa tarefa é muitas vezes árdua. Strasberg distingue os comediantes que se entregam completamente ao personagem sobre o palco porque eles se sentem protegidos pelo papel, que assim serve de máscara defensiva, e aqueles que permanecem vulneráveis, incapazes de liberar-se de sua personalidade própria. Ele oferece o exemplo da Duse para a qual "o aparecimento em cena causava enormes sofrimentos. Para ela, tratava-se de uma experiência aterrorizante. Ela sempre se sentiu desnudada sobre o palco, como se revelasse os recônditos mais íntimos de seu ser, de modo que odiava essa exposição tanto quanto qualquer ser humano" (STRASBERG, L. *Le travail à l'actor's studio*. Op. cit., p. 343).

mantidas todas as rasuras do autor. Os gestos e as palavras não funcionam no vazio. Além de fazer referências a outros sinais, elas devem ainda carrear um conteúdo de evidência a fim de afastar toda afetação, ou falta de profundidade, da representação. A adequação expressiva reside na necessidade do ato e do enunciado no contexto moral da cena e das relações mantidas com os demais personagens. Como o escritor padece o incômodo dos ruídos inesperados de sua vizinhança, os quais impedem sua concentração, o ator pode ser perturbado pelo parceiro inepto, cuja incapacidade lhe transmite o receio de que possa esquecer uma réplica ou cometer uma falta irreparável. O mínimo grão de areia pode arranhar o artifício da cena, um erro menor pode quebrar o cristal da encenação. O esquecimento de uma resposta causa um mal-estar na sala e desestabiliza os atores. Toda imperícia deve ser cuidadosamente reparada pelo ator, perseverando impassivelmente em sua atuação. Ela também pode ser dissolvida pela habilidade dos companheiros. A falta de profissionalismo do ator inábil ou iniciante salienta seu embaraço aos olhos de todos, expondo-o perigosamente ao riso ou à indulgência. "Este é o momento de lhes falar da pérfida influência do parceiro medíocre no trabalho do ator excelente, disse Diderot. Esse último concebeu grandiosamente sua atuação, mas será sempre forçado a renunciar a seu modelo ideal para se ater ao nível do pobre diabo com quem contracena"[26].

Do auditório ao palco

O teatro e a dança, na medida em que se traduzem em representações, colocam os atores ou dançarinos na proximidade do público. A convenção pugna, em princípio, pela mútua ignorância;

---

26. Ibid., p. 139.

entretanto, sem uma das duas partes do edifício, esse pode ruir. Essa construção se erige como redoma impenetrável: o público ali está imerso num universo reservado, onde nenhuma solicitação auditiva ou visual proveniente do exterior pode distrair sua atenção. Os olhares são cativados pelo cadinho de luz que ilumina o palco ou os lugares onde os atores exercem. O ambiente está disposto de forma a não comprometer a assiduidade do espetáculo. Tudo é concebido na perspectiva da captação moral do público ou da facilitação do contágio pelas paixões. Durante o espetáculo ouvem-se movimentos, reacomodações sobre as poltronas, a queda de jornais ao chão, sussurros, tosses, a eventual partida de alguém que atrai um pouco de atenção sobre si ao impor às pessoas sentadas na extremidade da fileira que recolham suas pernas ou que se levantem. A cena depende da presença física do público, e os atores ou dançarinos devem manter a compostura ante tais olhares exigentes. O comportamento dos espectadores é regido pela discrição, eles se mantêm imóveis e calados, propiciando o desaparecimento provisório de seus corpos e vozes. Ressalvada alguma exceção concebida pelo elenco, essa linha é intransponível. No teatro, apenas o ator dispõe de voz[27]. Na sala, o mínimo sussurro intempestivo invade o espaço como um ruído ensurdecedor. O barulho amola os demais espectadores e perturba notadamente os atores, rompendo sua concentração e fazendo-os recear que sua prestação seja medíocre, ou que o espetáculo esteja enfadonho. Caso se prolongue, tornando-se um verdadeiro incômodo, pode dissolver a tela imaginária que transforma os personagens em entes de aparência real. No silêncio particular da sala, oriundo do constrangimento ritual ao tomar assento e ao suspender eventuais lampejos, qualquer manifestação sonora da parte de um espectador será dotada da força

---

27. LE BRETON, D. *Du silence*. Paris: Métailié, 1997.

de um grito, de uma objeção radical, solapando os fundamentos da cerimônia[28].

No entanto, caso o público esteja fascinado, subjugado pela força da representação, ele pode se tornar um catalisador das emoções, reforçando a qualidade da atuação dos atores e amparando-os com sua exigência. Uma espécie de simbiose afetiva se cria entre o palco e a sala. Além disso, o ator se sente levado por essa expectativa, que lhe dá asas e nutre a substância de seu personagem. A adesão da sala é captada pelo ator e isso o fortifica para a simulação de condutas e afetividades que não são normalmente suas. Estabelece-se uma forma de sincronia afetiva que dissolve qualquer efeito de composição da parte do comediante, liberando-o a fazer seu papel fluir de forma natural. Há também "públicos ruins" que, pressentidos desde o início pelos atores, pesam sobre as atuações, impedindo-os de deixarem-se carregar pela ação. Outros, são públicos coniventes e que apoiam com sua expectativa as prestações dos comediantes. De um palco a outro, de acordo com os ambientes e a composição da sala, a tonalidade do espetáculo muda em função da qualidade da recepção do público. Peter Brook ofereceu um surpreendente exemplo, ocorrido durante uma turnê com obras de Shakespeare em países do Leste Europeu: "era fascinante perceber a qual ponto um público, composto na maior parte

---

28. Essa disposição é recente. Ainda nos meados do séc. XVIII, o palco e o auditório interagiam amiúde. Em momentos da peça particularmente aguardados pelos espectadores, um ator se destacava no palco e declamava seu texto sob as aclamações ou vaias da multidão, de acordo com a circunstância. Ele arrancava lágrimas do público, desmaios etc. O comediante podia repetir diversas vezes seu trecho se a audiência o reclamasse. A disciplina dos espectadores começa a se modificar em meados do séc. XIX, quando se torna inadequado interromper os comediantes ou aplaudir durante a cena, e quando o silêncio e a atenuação luminosa despontam como o nicho ecológico do teatro (cf. SENNETT, R. *Les tyrannies de l'intimité*).

de pessoas que pouco compreendiam do inglês, podia influenciar a trupe... A atenção que o público dedicava ao drama se exprimia por seu silêncio e concentração. Os atores captavam essa atenção e seu trabalho se iluminava em função da mesma, de tal sorte que as passagens mais obscuras terminavam esclarecidas"[29].

O fim do espetáculo e a saudação do público emocionam sempre pela ruptura que introduzem no comportamento dos atores que, repentinamente desfalcados de seu personagem, passam a vivenciar a fragilidade e a nudez de suas pessoas. É então evidenciada a tensão e a fadiga dos atores, somente protelada pelo emprego deliberado dos gestos cênicos. O ator se despe dos ouropéis do personagem que encarnou com fervor, mas que nem mesmo um esforço irrestrito conseguiria manter em vida além do palco. Submetendo-se ao veredicto da multidão, ele conhece a inclemência desse procedimento. O intérprete perscruta a sala, angustiado com as reações do público, espreitando seus parceiros nesse rito efêmero que é provavelmente o mais intenso e o mais penoso da atividade dramática. É o momento em que deita a máscara e sente toda a sua vulnerabilidade no aleno que sopra contra seu rosto. Mais tarde, no camarim, ele reencontra sua identidade particular, seu personagem social; mas no momento da saudação, rendendo-se ao julgamento do público, ainda está planando entre dois mundos.

---

29. BROOK, P. *L'Espace vide*. Paris: Seuil, 1977, p. 40.

Referências

ABU-LUGHOD, L. *Veiled Sentiments* – Honor and Poetry in a Bedouin Society. Berkeley: University of California Press, 1986.

AGEE, J. *Louons maintenant les grands hommes*. Paris: Plon, 1972.

ALMEIDA, I. "Un corps devenu récit". In: REICHLER, C. (dir.). *Le corps et ses fictions*. Paris: Minuit, 1983.

ANCELIN-SCHUTZENBERGER, A. *Contribution à l'étude de la communication non verbale*. Paris: Champion, 1978.

ANGENOT, M. "Les traités de l'éloquence du corps". *Semiotica*, VII-1, 1973.

ANSARD, P. *Les cliniciens des passions politiques*. Paris: Seuil, 1997.

_____. *La gestion des passions politiques*. Lausanne: L'Âge d'Homme, 1983.

ARGYLE, M. "La communication par le regard". *La Recherche*, n. 132, 1982.

_____. *Bodity Communication*. Londres: Methuen, 1975.

ARGYLE, M. & COOK, M. *Gaze and Mutual Gaze*. Cambridge: Cambridge University Press, 1976.

ARISTÓTELES. *Rhétorique*. Paris: Livre de Poche, 1991 [*Retórica*. São Paulo: Rideel, 2007].

ARMON-JONES, C. "The thesis of constructionism". In: HARRÉ, R. (org.). *The Social Construction of Emotions*. Oxford: Basil Blackwell, 1986.

_____. "The social functions of emotion". In: HARRÉ, R. (org.). *The Social Construction of Emotions*. Oxford: Basil Blackwell, 1986.

ASLAN, O. (org.). *Le corps en jeu*. Paris: CNRS, 1993.

AVERILL, J.R. *Anger and Agression*: an essay on emotion. Nova York: Springer-Verlag, 1985.

_____. "Emotion and anxiety: sociocultural biological and psychological determinants". In: RORTY, A.O. (org.). *Explaining Emotions*. Berkeley: University of California Press, 1980.

BACQUÉ, M.-E. *Mourir aujourd'hui*. Paris: Odile Jacob, 1997.

_____. *Le deuil à vivre*. Paris: Odile Jacob, 1995.

BADUEL-MATHON, C. "Le langage gestuel en Afrique Occidentale. Recherches bibliographiques". *Journal de la Société des Africanistes*, XLI, 2, 1971.

BARBA, E. "Anthropologie théâtrale". In: BARBA, E. & SAVARESE, N. *Anatomie de l'acteur*. Cazillac: Bouffonneries-Contrastes, 1985.

BATESON, G. *La cérémonie du Naven*. Paris: Biblio-Essais, 1986.

_____. *Vers une écologie de l'esprit*. T. 2. Paris: Seuil, 1980.

BATESON, G. & MEAD, M. *Balinese character*: a photographic analysis. Nova York: New York Academy of Science, 1942.

BAUDRY, P. *La pornographie et ses images*. Paris: Armand Colin, 1997.

_____. "Le sens de la virtualité funéraire". In: BACQUÉ, M.-E. *Mourir aujourd'hui*. Paris: Odile Jacob, 1997.

BECKER, H. *Outsiders* – Études de sociologie de la déviance. Paris: Métailié, 1985.

_____. "History culture and subjective experience: an exploration of the social bases of druginduced experiences". *Journal of Health and Social Behavior*, n. 8, 1967.

BELOTTI, E.G. *Les femmes et les enfants d'abord*! Paris: Seuil, 1983.

_____. *Du côté des petites filles*. Paris: Dir. des Femmes, 1974.

BENEDICT, R. *Échantillons de civilisations*. Paris: Gallimard, 1950.

BENOIST, J. & CATHEBRAS, P. "The body. From an immateriality to another". *Social Sciences and Medicine*, vol. 36, n. 7, 1993.

BENTHALL, J. & POLHEMUS, T. *The Body as a Medium of Expression*. Nova York: Dutton, 1975.

BERNARD, M. *Le corps*. Paris: Delarge, 1976.

_____. *L'Expressivité du corps*. Paris: Delarge, 1976.

BERNIER, L.; GAULEJAC, V. de; MARTIN, C. "L'individu l'affectif et le social". *Revue Internationale d'Action Communautaire*, 27-67, 1992.

BERTHELOT, J.M.; DRULHE, M.; CLÉMENT, S.; FORNE, J.; M'BODG, G. "Les sociologies et le corps". *Current Sociology*, 33, 2, 1985.

BIANQUIS, I.; LE BRETON, D.; MÉCHIN, C. (orgs.). *Usages culturels du corps.* Paris: L'Harmattan, 1997.

BIRDWHISTELL, R. *Kinesics and context*. Harmondsworth: Penguin Books, 1973.

_____. "L'analyse kinésique". *Langages*, n. 10, 1968.

_____. *Introduction to kinesics*. Louisville: University of Louisville Press, 1952.

BLACKING, J. *The Anthropology of the Body*. Nova York: Academic Press, 1977.

BLONDEL, C. *Introduction à la psychologie collective*. Paris: Armand Colin, 1927.

BONIS, M. de. *Connaître les émotions humaines*. Hayen: Mardaga, 1996.

BOUCHER, J. "Culture and emotion". In: MARSELLA et al. (orgs.). *Perspectives on cross-cultural psychology*. Londres: Academic Press, 1979.

BOUDHIBA, A. *La sexualité en Islam*. Paris: PUF, 1975 [*A sexualidade no Islã*. Rio de Janeiro: Globo, 2006].

BOUISSAC, P. *La mesure des gestes*. Paris: Mouton, 1973.

BOUVET, D. "Magie du verbe tabou du geste – Qu'advient-il au verbe qui se fait geste?" *Geste et Image*, n. 8-9, 1991.

_____. *La parole de l'enfant sourd*. Paris: PUF, 1982.

BRIGGS, J. *Never in anger*. Cambridge: Harvard University Press, 1970.

BROHM, J.-M. "Philosophie du corps: quel corps?" In: JACOB, D. *L'Univers philosophique*. Paris: PUF, 1989.

BROOK, P. *L'Espace vide*. Paris: Seuil, 1977.

BRUNER, J.S. & TAGIURI, R. "The perception of people". In: LINDZEY, G. *Handbook of Social Psychology*. T. 2. Nova York: Addison-Wesley, 1954.

CALAME-GRIAULE, G. "Pour une étude des gestes narratifs". *Langages et Cultures Africaines*. Paris: Maspero, 1977.

_____. *Ethnologie et langage* – La parole chez les Dogon. Paris: Gallimard, 1965.

CAMBAS, L.A. "Socialization of affect communication". In: LEWIS, M. & SAARNI, C. (orgs.). *The socialization of emotions.* Nova York: Plenum, 1985.

CARÉNINI, A. "La symbolique manuelle". *Histoire des mœurs.* T. 2. Paris: Gallimard, 1991 [Col. "Pléiade"].

CARY, M.S. "Gaze and facial display in pedestrian passing". *Semiotica*, n. 28, 1979.

CASSIRER, E. *Essai sur l'homme.* Paris: Minuit, 1975 [*Ensaio sobre o homem.* São Paulo: Martins Fontes, 2005].

CHANGEUX, J.P. *L'Homme neuronal.* Paris: Fayard, 1983.

CHEBEL, M. *Le corps dans la tradition du Maghreb.* Paris: PUF, 1984.

CLAIR, J. *Méduse.* Paris: Gallimard, 1989.

CLASTRES, P. *Chroniques des Indiens Guayaki.* Paris: Plon, 1972 [*Crônica dos Índios Guayaki* – O que sabem os Ache, caçadores nômades do Paraguai. Rio de Janeiro: Ed. 34, 1995].

COHEN, G. (org.). *Le Baiser.* Paris: Autrement, 1997.

CONDON, W.S. "Une analyse de l'organisation comportementale". In: COSNIER, J. & BROSSARD, A. *La communication non verbale.* Neuchâtel: Delachaux et Niestlé, 1984.

CORRAZE, J. *Les communications non verbales.* Paris: PUF, 1980.

COSNIER. *Psychologie des émotions et des sentiments.* Paris: Retz, 1994.

COSNIER, J. & BROSSARD, A. (orgs.). *La communication non verbale.* Neuchâtel: Delachaux et Niestlé, 1984.

COSNIER, J.; BERRENDONER, A.; COULON, J.; ORECCHIONI, D. *Les voies du langage* – Communications verbales, gestuelles et animales. Paris: Dunod, 1982.

COSNIER, J. & KERBRAT-ORECCHIONI, C. (orgs.). *Décrire la conversation*. Lyon: Presses Universitaires de Lyon, 1987.

CRANACH, M. von. "La communication non verbale dans le contexte du comportement de communication". In: MOSCOVICI, S. (org.). *Introduction à la psychologie sociale*. Paris: Larousse, 1973.

CRAPANZANO, V. "Réflexions sur une anthropologie des émotions". *Terrain,* n. 22, 1994.

CRESPO, E. "A regional variation: emotions in Spain". In: HARRÉ, R. (org.). *The social construction of emotions*. Oxford: Basil Brackwell, 1986.

CRESSWELL, R. "Le geste manuel associé au langage". *Langages*, n. 10, 1968.

CYRULNIK, B. *Les nourritures affectives*. Paris: Odile Jacob, 1993.

_____. *La naissance du sens*. Paris: Hachette, 1991.

_____. *Sous le signe du lien*. Paris: Hachette, 1989.

_____. *Mémoire de singe et paroles d'homme*. Paris: Hachette, 1983.

DAMASIO, A. *L'Erreur de Descartes*. Paris: Odile Jacob, 1994.

DAMISCH, H. "L'alphabet des masques". *Nouvelle Revue de Psychanalyse*, n. 21, 1980.

DANTZER, R. *Les émotions*. Paris: PUF, 1988.

DARWIN, C. *L'Expression des émotions chez l'homme et les animaux*. Bruxelas: Complexe, 1981 [*A expressão das emoções no homem e nos animais*. São Paulo: Cia. das Letras, 2000].

DAVIS, K. "Extreme isolation of a child". *American Journal of Sociology*, vol. XLV, 1940.

DELEUZE, G. *Logique du sens*. Paris: Minuit, 1969 [*Francis Bacon: lógica da sensação*. Rio de Janeiro: Zahar, 2007].

DE MARTINO, E. *Italie du Sud et magie*. Paris: Gallimard, 1963.

DENZIN, N.K. *Understanding Emotion*. São Francisco: Jossey-Bass, 1985.

DESCARTES, R. *Les passions de l'âme*. Paris: Gallimard, 1953 [*As paixões da alma*. São Paulo: Martins Fontes, 1998].

DEVEREUX, G. *Traité d'ethnopsychiatrie générale*. Paris: Gallimard, 1977.

DEVISCH, R. *Weaving the threads of life* – The Khyta gyn-eco-logical healing cult among the Yaka. Chicago: University of Chicago Press, 1993.

_____. "Soigner l'affect en remodelant le corps en milieu Yaka". *Antropologie et Sociétés,* vol. 17, n. 1-2, 1993.

DICKEY, E.C. & KNOWER, F.H. "A note on some ethnological differences in recognition of simulated expressions of the emotions". *American Journal of Sociology*, n. 47, 1941.

DIDEROT, D. *Le Paradoxe du comédien*. Paris: Garnier-Flammarion, 1967.

DOI, T. *Le jeu de l'indulgence*. Paris: L'Asiathèque, 1988.

DOSTIE, M. *Les corps investis*. Bruxelas: Éditions Universitaires, 1988.

DOUGLAS, M. *Natural symbols* – Exploration in cosmology. Harmondsworth: Penguin Books, 1973.

_____. *De la souillure*. Paris: Maspero, 1971.

_____. "Do dogs laugh? – A cross-cultural approach to body symbolism". *Journal of Psychosomatic Research*, 15, 1971.

DUBOIS, P. & WINKIN, Y. *Rhétoriques du corps*. Bruxelas: De Boek, 1988.

DUCHENNE DE BOULOGNE. *Le mécanisme de la physionomie humaine*. Paris: [s.e.], 1862.

DUMAS, G. *Le sourire*. Paris: PUF, 1948.

_____. *La vie affective*. Paris: PUF, 1948.

DUNCAN, S.D. & FISKE, D.W. *Face-to-face interaction*. Nova York: John Wiley and Sons, 1977.

DURKHEIM, É. *Les formes élémentaires de la vie religieuse*. Paris: PUF, 1968 [*As formas elementares da vida religiosa*. São Paulo: Martins Fontes, 2000].

DUVIGNAUD, J. *L'Acteur*. Paris: Écriture, 1993.

_____. *La genèse des passions sociales*. Paris: PUF, 1990.

_____. *Le don de rien*. Paris: Stock, 1977.

EFRON, D. *Gesture, race and culture*. Haia, Mouton, 1972.

_____. *Gesture and environment*. Nova York: King's Crown Press, 1941.

EIBL-EIBESFELDT, I. *Biologie du comportement*. Paris: Ophrys, 1984.

EKMAN, P. "An argument for basic emotions". *Cognition and Emotion*, n. 6, 1992.

_____. "L'expression des émotions". *La Recherche*, n. 117, 1980.

_____. *The face of man*. Expressions of universal emotions in a New Guinea village. Nova York: Garland, 1980.

_____. *Unmasking the face*. Englewoods Cliffs: Prentice Hall, 1975.

EKMAN, P. & FRIESEN, W. "A new pan-cultural facial expression of emotion". *Motivation and Emotion*, n. 10, 1986.

_____. "La mesure des mouvements faciaux". In: COSNIER, J. & BROSSARD, A. (orgs.). *La communication non verbale*. Neuchâtel: Delachaux et Niestlé, 1984.

_____. "The repertoire of non-verbal behavior – Categories origins usages and coting". *Semiotica*, 1, 1969.

EKMAN, P.; FRIESEN, W.; ELLSWORTH, P. *Emotion in the human face.* Nova York: Pergamon, 1982.

EKMAN, P.; SORENSEN, E.R.; FRIESEN, W. "Pan-cultural elements in facial displays of emotion". *Science,* n. 164, 1969.

ELIAS, N. "Human beings and their emotions". In: FEATHERSTONE, M.; HEPWORTH, M.; TURNER, B. (orgs.). *The body*: social process and cultural theory. Londres: Sage, 1991.

_____. *La dynamique de l'Occident.* Paris: Calmann-Lévy, 1975.

_____. *La civilisation des mœurs.* Paris: Calmann-Lévy, 1973.

ELLSWORTH et al. "The stare as stimulus to flight in human subjects: a series of field experiments". *Journal Pers. Soc. Psyc.*, n. 21, 1972.

FAUCHE, X. & NOETZLIN, C. *Le baiser.* Paris: Stock, 1987.

FAVRET-SAADA, J. "Weber les émotions et la religion". *Terrain,* n. 22, 1994.

_____. "Être affecté". *Gradhiva,* n. 8, 1990.

_____. *Les mots, la mort, les sorts.* Paris: Gallimard, 1977.

FEATHERSTONE, M.; HEPTWORTH, M.; TURNER, B. (orgs.). *The body* – Social process and cultural theory. Londres: Sage, 1991.

FEHER, M. (org.). *Fragments for a history of the human body.* T. 3. Nova York: Zone, 1989.

FEYEREISEN, P. & DE LANNOY, J.D. *Psychologie du geste.* Bruxelas: Mardaga, 1985.

FIRTH, R. "Postures and gestures of respect". In: POLHEMUS, T. (org.). *Social aspect of the human body.* Nova York: Pantheon, 1978.

FO, D. *Le gai savoir de l'acteur.* Paris: L'Arche, 1990.

FOUCAULT, M. *Surveiller et punir*. Paris: Gallimard, 1975 [*Vigiar e punir*. Petrópolis: Vozes, 2004].

_____. *La volonté de savoir*. Paris: Gallimard, 1976.

FRAISSE, P. "Les émotions". In: FRAISSE, P. & PIAGET, J. (orgs.). *Traité de psychologie expérimentale*. Vol. 5. Paris: PUF, 1968.

_____. "Émotion". *Encyclopedia Universalis*. Vol. 6, 1968.

FRANKS, D.D. & McCARTHY, E.D. (orgs.). *The sociology of emotions*: original essays and research papers. Greenwich: JAI, 1989.

FREUD, S. "Psychologie collective et analyse du moi". *Essais de psychanalyse*. Paris: Payot, 1973.

_____. *Cinq psychanalyses*. Paris: PUF, 1954.

FREY, S. et al. "Analyse intégrée du comportement non verbal et verbal dans le domaine de la communication". In: COSNIER, J. & BROSSARD, A. (orgs.). *La communication non verbale*. Neuchâtel: Delachaux et Niestlé, 1984.

FRIJDA, N.H. *The Emotions*: studies in emotion and social interaction. Paris: MSH, 1986.

GALIMBERTI, U. *Il corpo*: antropologia psichanalisi fenomenologia. Feltrinelli, 1983.

GALLOTTI, C. "Le voile d'honnêteté et la contagion des passions – Sur la moralité du théâtre au XVIIe siècle". *Terrain*, n. 22, 1994.

GHAPIB-ALI, M. "Symbolique des gestes koweïtiens de la tête, des yeux et du nez". *Geste et Image*, n. 8-9, 1991.

GARNIER, C. (org.). *Le corps rassemblé*. Montreal: Agence d'Arc, 1991.

GEERTZ, C. *Savoir local, savoir global* – Les lieux du savoir. Paris: PUF, 1986 [*O saber local*: novos ensaios em antropologia interpretativa. Petrópolis: Vozes, 1997].

_____. *Bali* – Interprétation d'une culture. Paris: Gallimard, 1983 [*A interpretação das culturas*. Rio de Janeiro: LTC, 1989].

_____. "The vocabulary of emotion". *Psychiatry*, n. 22, 1959.

Geste et Image. "La communication gestuelle dans les communautés méditerranéennes et latino-américaines", n. 8-9, 1991.

GIL, J. *Métamorphoses du corps*. Paris: La Différence, 1985.

GOFFMAN, E. *Stigmate* – Les usages sociaux des handicaps. Paris: Minuit, 1975.

_____. *Les rites d'interaction*. Paris: Minuit, 1974.

_____. *La mise en scène de la vie quotidienne*. T. 2. Paris: Minuit, 1973.

GOLEMAN, D. *Emotional Intelligence*. Batam Books, 1995 [*Inteligência Emocional*. Rio de Janeiro: Objetiva, 1996].

GORDON, S.L. "Institutional and impulsive orientations". In: FRANKS, D.D. & McCARTHY, E.D. (orgs.). *The sociology of emotions* – Original essays and research papers. Greenwich: JAI, 1989.

_____. "The sociology of sentiments and emotion". In: ROSENBERG, M. & TURNER, R.H. (orgs.). *Social psychology, sociological perspectives*. Nova York: Basic Books, 1981.

GORER, G. *Ni pleurs ni couronnes*. Paris: Epel, 1995.

GRANET, M. "Le langage de la douleur d'après le rituel judiciaire de la Chine Classique". *Études Sociologiques sur la Chine*. Paris: PUF, 1953.

GREIMAS, A. "Conditions d'une sémiotique du monde naturel". *Langages,* n. 10, 1968.

GROCE, N.E. *Everyone here spoke sign language* – Hereditary deafness on Marthas Vineyard. Cambridge: Harvard University Press, 1985.

GROTOWSKI, J. *Vers un théâtre pauvre*. Lausanne: Le Cité, 1971.

GUERRAND, R.-H. *Les lieux*. Paris: La Découverte, 1985.

GUIRAUD, P. *Le langage du corps*. Paris: PUF, 1980.

HALL, E.T. *La dimension cachée*. Paris: Seuil, 1978 [Col. "Points" – *A dimensão oculta*. São Paulo: Martins Fontes, 2005].

HARKNESS, S. & SUPER, C.M. "Child-enviromnent interactions in the socialization of affect". In: LEWIS, M. & SAARNI, C. (orgs.). *The socialization of emotions*. Nova York: Plenum, 1985.

_____. "The cultural construction of child development: a framework for the socialization of affect". *Ethos*, n. 11, 1983.

HARRÉ, R. (org.). *The social construction of emotions*. Oxford: Basil Blackwell, 1986.

HARRÉ, R. & PARROTT. *The emotions social cultural and biological dimensions*. Londres: Sage, 1996.

HARRIS, P.L. *Children and emotion*: the development of psychological understanding. Oxford: Basil Blackwell, 1989.

_____. "What children know about the situations that provoke emotion". In: LEWIS, M. & SAARNI, C. (orgs.). *The socialization of emotions*. Nova York: Plenum, 1985.

HAYES, A.S. "Paralinguistics and kinesics – A pedagogical perspective". In: SEBEOK, T.A.; HAYES, A.S.; BATESON, M.C. *Approaches to semiotics*. Haia: Mouton, 1964.

_____. "Gestures – A working bibliography". *Southern Folklore Quarterly*, 21, 1957.

HEELAS. "Emotion talk across cultures". In: HARRÉ, R. (org.). *The social construction of emotions*. Oxford: Basil Blackwell, 1986.

HENGELBROCK, J.L.J. "Examen historique du concept de passion". *Nouvelle Revue de Psychanalyse,* n. 21, 1980.

HENRI, P. *Les aveugles et la société*. Paris: PUF, 1958.

HENRY, J. "The linguistic expression of emotion". *American Anthropologie*, n. 38, 1936.

HÉRITIER, F. *Masculin-féminin*. Paris: Odile Jacob, 1996.

HERNTON, C.C. *Sexe et racisme aux États-Unis*. Paris: Stock, 1966.

HERZFELD, M. "Honor and shame – Problems in the comparative analysis of moral system". *Man*, n. 19, 1980.

HEWES, G. "World distribution of certain postural habits". *American Anthropologist*, n. 57, 1955.

HIGGINS, P.C. *Outsiders in a bearing voice* – A phenomenology of sound. Beverly Hill: Sage, 1980.

HOCHSCHILD, A.R. *The managed heart* – Commercialization of Human Feeling. Berkeley: University of California Press, 1983.

_____. "Emotion work feeling rules and social structures". *American Journal of Sociology*, 85, 1979.

HUIZINGA, J. *L'Automne du Moyen Âge*. Paris: Payot, 2002 [Col. "Petite Bibliothèque Payot"].

IZARD, C. *Human emotions*. Nova York: Plenum Press, 1977.

_____. *Face of emotion*. Nova York: Appleton, 1971.

JAKOBSON, R. "Le 'Oui' et le 'Non' mimiques". *Essais de linguistique générale*. T. 2. Paris: Minuit, 1973.

_____. *Essais de linguistique générale*. Paris: Minuit, 1964.

JAMES, W. & LANGE, C.G. *The emotions*. Nova York: Hafner, 1967.

KAUFMANN, J.-C. *Corps de femmes et regards d'hommes*. Paris: Nathan, 1995.

KEELER, W. "Shame and stage fright in Java". *Ethos*, vol. 11, n. 3, 1983.

KEMPER, T.D. "Social constructionist and positivist approaches to the sociology of emotions". *American Journal of Sociology,* n. 87, 1981.

_____. *A social interactional theory of emotions.* Nova York: Wiley, 1978.

KENDON, A. "Some uses of gesture". In: TANNEN, D. & SAVILLE-TROÏKE, M. *Perspectives on silence.* Newood: Ablex, 1985.

_____. "The role of visible behavior in the organization of social interaction". In: VON CRANACH, M. & VINE, I. (orgs.). *Social communication and movement.* Londres: Academic Press, 1973.

KERN, S. *Anatomy and destiny* – A Cultural history of the human body Indianapolis. Nova York: Bobbs Merrill, 1975.

KILBRIDE, J.E. & YARCZOWER, M. "Recognition and imitation of facial expressions – A cross-cultural comparison between Zambia and the United States". *Journal of Cross-Cultural Psychology,* n. 11, 1980.

KLINEBERG, O. *Psychologie sociale.* Paris: PUF, 1967.

_____. "Emotional expression in Chinese litterature". *Journal of Abnormal Social Psychology,* n. 33, 1938.

KOECHLIN, B. "La réalité gestuelle des sociétés humaines". *Histoire des mœurs.* T. 2. Paris: Gallimard, 1991 [Col. "La Pléiade"].

_____. "À quoi sert la gestuelle produite par les membres des communautés humaines?" *Geste et Image,* n. 8-9, 1991.

KRISTEVA, J. "Le geste pratique ou communication". *Langages,* n. 10, 1968.

LA BARRE, W. "The cultural basis of emotion and gesture". In: POLHEMUS, T. (org.). *Social aspects of the human body.* Nova York: Pantheon, 1978.

_____. "Paralinguistics kinesics and cultural anthropology. In: SEBEOK, T.A.; HAYES, S.; BATESON, M.C. (orgs.). *Approaches to semiotics*. Haia: Mouton, 1964.

LAFLAMME, S. *Communication et émotion* – Essai de microsociologie relationnelle. Paris: L'Harmattan, 1995.

LANE, H. *L'Enfant sauvage de l'Aveyron*. Paris: Payot, 1979.

Langages, n. 10, 1968.

LANGFELD, H.S. "The judgment of emotions from facial expressions". *Journal of Abnormal Social Psychology*, n. 2, 1929.

LAPORTE, D. *Histoire de la merde*. Paris: Christian Bourgois, 1978.

LAZARUS, R.S. "On the primacy of emotion". *American Psychologist,* n. 39, 1984.

LEBRA, T.S. "Shame and guilt – A psychocultural view of the Japanese self". *Ethos,* 11, 1983.

LE BRETON, D. *Du silence*. Paris: Métailié, 1997.

_____. *Anthropologie de la douleur*. Paris: Métailié, 1995.

_____. *La sociologie du corps*. Paris: PUF, 1993 [Col. "Que Sais-je?" – *A sociologia do corpo*. Petrópolis: Vozes, 2006].

_____. *Des visages* – Essai d'anthropologie. Paris: Métailié, 1992 [2. ed., 2003].

_____. *Anthropologie du corps et Modernité*. Paris: PUF, 1990 [4. ed., 2002].

LE BRUN, C. "Conférence sur l'expression des passions". *Nouvelle Revue de Psychanalyse*, n. 21, 1980.

LEFF, J. "The crosscultural study of emotion". *Culture Medicine and Psychiatry,* n. 4, 1977.

_____. "Culture and the differenciation of emotion states". *British Journal of Psychiatry,* n. 123, 1973.

LEENHARDT, M. *Do kamo.* Paris: Gallimard, 1947.

LE GUÉRINEL, N. "Note sur la place du corps dans les cultures africaines". *Journal des Africanistes*, t. 50, n. 1, 1980.

LEROI-GOURHAN, A. *Le geste et la parole.* 2 t. Paris: Albin Michel, 1964-1965.

LÉVI-STRAUSS, C. *Le totémisme aujourd'hui.* Paris: PUF, 1962.

LEVY, R.I. "Emotion knowing and culture". In: SHWEDER, R.A. & LEVINE, R.A. (orgs.). *Culture Theory* – Essays on mind self and emotion. Cambridge: Cambridge University Press, 1984.

LEWIS, M. & SAARNI, C. (orgs.). *The socialization of emotions.* Nova York: Plenum, 1985.

LIPOVETSKY, G. *L'Ère du vide.* Paris: Gallimard, 1983.

LIVET, P. "Évaluation et apprentissage des émotions". *Raisons Pratiques,* n. 6, 1995.

LOFLAND, L.H. "The social shaping of emotion: the case of grief". *Symbolic Interaction*, vol. 8, n. 2, 1985.

LOUX, F. *Le corps dans la société traditionnelle.* Paris: Berger-Levrault, 1979.

LOUX, F. & RICHARD, P. *Sagesses du corps.* Paris: Maisonneuve et Larose, 1978.

LUHMAN, N. *Amour comme passion* – De la codification de l'intimité. Paris: Aubier, 1990.

LUTZ, C. *Unnatural emotions.* Chicago: The University of Chicago Press, 1988.

_____. "Cultural patterns and individual differences in the child's emotional meaning system". In: LEWIS, M. & SAARNI, C. *The socialization of emotions.* Nova York: Plenum, 1985.

_____. "The demain of emotion words in Ifaluk. *American Ethnologist*, n. 9, 1982.

LUTZ, C. & ABU-LUGHOD, L. *Language and politics of emotion.* Cambridge: Cambridge University Press, 1990.

LUTZ, C. & WHITE, G.M. "The anthropology of emotions". *Annual Review Anthropology,* n. 15, 1986.

MALINOWSKI, B. *La sexualité et sa répression dans les sociétés primitives.* Paris: Payot, 1967 [reeditado na Coleção "Petite Bibliothèque Payot", 2001].

MALSON, L. *Les enfants sauvages.* Paris: UGE "10-18", 1964.

MAURY, L. *Les émotions de Darwin à Freud.* Paris: PUF, 1993.

MAUSS, M. "L'expression obligatoire des sentiments". *Essais de Sociologie.* Paris: Minuit, 1968-1969.

_____. "Effet physique chez l'individu de l'idée de mort suggérée par la collectivité". *Sociologie et Anthropologie.* Paris: PUF, 1950.

MEAD, M. *Mœurs et sexualité en Océanie.* Paris: Plon, 1963.

MEO ZILIO, G. "Structuralisme phonologie et gestologie". *Geste et Image*, n. 8-9, 1991.

MERLEAU-PONTY, M. *Le visible et l'invisible.* Paris: Gallimard, 1964.

_____. *Signes.* Paris: Gallimard, 1960.

_____. *Phénoménologie de l'expression.* Paris: Gallimard, 1945.

MICHALSON, L. & LEWIS, M. "What do children know emotions and when do they know it". In: LEWIS, M. & SAARNI, C. (orgs.). *The socialization of emotions.* Nova York: Plenum, 1985.

MITTERAUER, M. & REINHARD, S. *The european family.* Patriarchy and partnership from the Middle Ages to present. Oxford: Basil Blackwell, 1982.

MONTANDON, C. "Processus de socialisation et vécu émotionnel des enfants". *Revue Française de Sociologie*, XXXVII, 2, 1996.

_____. "La socialisation des émotions – Un nouveau champ pour la sociologie de l'éducation". *Revue Française de Pédagogie,* n. 101, 1992.

MORBASCH, H. & TYLER, W.J. "A japanese emotion: amae". In: HARRÉ, R. (org.). *The social construction of emotions.* Oxford: Basil Blackwell, 1986.

MORRIS, D. *La clé des gestes.* Paris: Grasset, 1978.

MOSCOVICI, S. *L'Âge des foules.* Bruxelas: Complexe, 1991.

MYERS, E.R. "Emotions and the self – A theory of personhood and political order among Pintupi Aborigines". *Ethos*, n. 7, 1979.

NAHOUM-GRAPPE, V. "Le transport – Une émotion surannée". *Terrain*, n. 22, 1994.

O'NEILL, J. *Le corps communicatif* – Études en philosophie politique et sociologie communicatives. Paris: Méridiens-Klincksieck, 1994.

_____. *Five Bodies*: the human shape of modern society. Ithaca/Londres: Cornell University Press, 1985.

ORTONY, A. & TURNER, T.J. "What's basic about basic emotions?" *Psychological Review,* vol. 97, n. 3, 1990.

PAGES, M. *Trace ou sens* – Le système émotionnel. Paris: Hommes et Groupes, 1986.

PAPATAXIARCHIS, E. "Émotions et stratégies d'autonomie en Grèce Égéenne". *Terrain*, n. 22, 1994.

PATLAGEAN, E. "Pleurer à Byzance – La souffrance au Moyen Âge (France XIIe-XVe siècles)". *Les Cahiers de Varsovie.* Université de Varsovie, 1988.

PERINBANAYAGAM, R.S. "Signifying emotions". In: FRANKS, D.D. & McCARTHY, E.D. (orgs.). *The sociology of emotions* – Original essays and research papers. Greenwich: JAI, 1989.

PERRIN, E. *Cultes du corps* – Enquête sur les nouvelles pratiques corporelles. Lausanne: Favre, 1985.

PIAGET, J. "Les relations entre l'intelligence et l'affectivité dans le développement de l'enfant". In: RIMÉ, B. & SCHERER, K. (orgs.). *Les émotions.* Neuchâtel: Delachaux-Niestlé, 1988.

PICARD, D. *Du code au désir* – Le corps dans la relation sociale. Paris: Dunod, 1983.

PIERS, G. & SINGER, M.B. *Shame and Guilt.* Springfield: Thomas, 1953.

PIETTE, A. *Ethnographie de l'action* – L'observation des détails. Paris: Métailié, 1996.

PLESSNER, H. *Le rire et le pleurer* – Une étude des limites du comportement humain. Paris: Maison des Sciences de l'Homme, 1995.

PLUTCHNIK, R. *Emotion*: a psychoevolutionary synthesis. Nova York: Harper and Row, 1980.

_____. *The emotions*: facts theories and a new model. Nova York: Ramdom House, 1962.

POLHEMUS, T. (org.). *Social aspects of the human body.* Nova York: Pantheon, 1978.

Raisons Pratiques. "La couleur des pensées", n. 6, 1995.

RECTOR, M. & TRINTA, A.R. *Comunicação não verbal* – A gestualidade brasileira. Petrópolis: Vozes, 1985.

RIMÉ, B. "Langage et communication". In: MOSCOVI, S. *La psychologie sociale.* Paris: PUF, 1984.

_____. "Les déterminants du regard en situation sociale". *L'Année Psychologique,* n. 77, 1977.

RIMÉ, B. & SCHERER, K. (orgs.). *Les émotions.* Neuchâtel: Delachaux-Niestlé, 1988.

RIVIÈRE, C. *Les rites profanes.* Paris: PUF, 1995.

ROBARCHEK, C.A. "Learning to fear – A case study of emotional conditioning". *American Ethnologist,* n. 6, 1979.

RORTY, A.O. (org.). *Explaining emotions.* Berkeley: University of California Press, 1980.

ROSALDO, M.Z. "Toward an anthropology of self and feeling". In: SCHWEDER, R.A. & LEVINE, R.A. *Culture theory* – Essays on mind self and emotion. Cambridge: Cambridge University Press, 1984.

_____. "The shame of headhunters and the autonomy of self". *Ethos,* vol. 11, n. 3, 1983.

_____. *Knowledge and passion* – Illongot notion of self and social life. Cambridge: Cambridge University Press, 1980.

ROSSI, I. *Corps et chauvinisme.* Paris: Armand Colin, 1997.

ROUBINE, J.J. *L'Art du comédien.* Paris: PUF, 1985.

ROUSSET, J. *Leurs yeux se rencontrèrent* – La scène de première vue dans le roman. Paris: Corti, 1981.

RUBIN, Z. "Measurement of romantic love". *Journal of Personality and Social Psychology,* n. 16, 1970.

SACKS, O. *Des yeux pour entendre.* Paris: Seuil, 1990.

SALHINS, M. *Critique de la sociobiologie* – Aspects anthropologiques. Paris: Gallimard, 1980.

SALOMON, R.C. "Getting angry – The jamesian theory of emotion in anthropology". In: SHWEDER, R.A. & LEVINE, R.A. (orgs.).

Culture theory – Essays on mind self and emotion. Cambridge: Cambridge University Press, 1984.

SALTE, R.-L. & LEVENKA, E.J. *Handbook of gestures* – Columbia and the United States. Haia/Paris: Mouton, 1972.

SAPIR, E. *Anthropologie*. Paris: Seuil, 1967 [Col. "Points"].

SARBIN, T.R. "Emotion and act: roles and rhetoric". In: HARRÉ, R. (org.). *The social construction of emotions*. Oxford: Basil Blackwell, 1986.

SARTRE, J.-P. *Esquisse d'une théorie des émotions*. Paris: Hermann, 1965 [*Esboço para uma teoria das emoções*. Porto Alegre: L&PM, 2006].

_____. *L'Être et le néant*. Paris: Gallimard, 1943 [*O ser e o nada*. Petrópolis: Vozes, 2005].

SCHACHTER, S. & SINGER, J.S. "Cognitive social and physiological determinants of emotional state". *Psychological Review*, vol. 69, n. 5, 1962.

SHAVER, P.; SCHWARTZ, J.; KIRSON, D.; O'CONNOR, C. "Emotion knowledge: further exploration of a prototyp approach". *Journal of Personnality and Social Behavior*, n. 52, 1987.

SCHEFF, T.J. "Toward integration in the social psychology of emotions". *Annual Review of Sociology*, n. 9, 1983.

_____. "The distancing of emotion in ritual". *Current Anthropology*, n. 18, 1977.

SCHEFFLEN, A.E. *Body language and social order* – Communication as behavioral control. Englewoods Cliffs: Prentice-Hall, 1972.

SCHELER, M. *Nature et formes de la sympathie*. Paris: Payot, 1971.

_____. *L'Homme du ressentiment*. Paris: Gallimard, 1970.

_____. *Le sens de la souffrance*. Paris: Aubier, 1936.

SCHERER, K. & EKMAN, P. *Handboock of methods in non verbal behavior research*. Cambridge/Nova York: Cambridge University Press, 1982.

SCHERZER, J. "Verbal and non verbal deixis – The pointed lip gesture among the San Blas Cuna". *Language and Society*, 2, 1973.

SCHIEFFELIN, E.L. "Anger and shame in the tropical forest: on affect as cultural system in Papua New Guinea". *Ethos,* n. 11, 1983.

SCHMITT, J.-C. *La raison des gestes dans l'Occident Médiéval*. Paris: Gallimard, 1990.

SCHOTT, S. "Emotion and social life – A symbolic interactionist analysis". *American Journal of Sociology*, n. 84, 1979.

SCHWEDER, R.A. & LEVINE, R.A. *Culture theory* – Essays on Mind Self and emotion. Cambridge: Cambridge University Press, 1984.

SENNETT, R. *Les tyrannies de l'intimité*. Paris: Seuil, 1979.

SEYMOUR, S. "Household structure and status and expressions of affect in India". *Ethos*, n. 11, 1983.

SHILLING, C. *The body and social theory*. Londres: Sage, 1993.

SHIMODA, K.; ARGYLE, M.; RICCI-BITTI, P. "The intercultural recognition of emotional expressions by Three National Social Groups: English Italian and Japanese". *European Journal of Social Psychology*, n. 8, 1978.

SIMMEL, G. *Philosophie de l'amour*. Paris: Rivages, 1995 [Col. "Petite Bibliothèque" – *Filosofia do amor*. São Paulo: Martins Fontes, 2006].

_____. "La signification esthétique du visage". *La tragédie de la culture*. Paris: Rivages, 1988.

_____. "Essai sur la sociologie des sens". *Sociologie et épistémologie*. Paris: PUF, 1981.

SINGH, J.A.L. & ZINGG, R.M. *L'Homme en friche* – De l'enfant-loup à Kaspar Hauser. Bruxelas: Complexe, 1980.

SKIPPER, J.K. & LEONARD, R.C. "Children stress and hospitalization – A field experiment". *Journal of Health and Social Behavior*, n. 9, 1968.

SMITH, A.C. & KLEINMAN, S. "Managing Emotions in Medical School. Students' Contacts with the Living and the Dead". *Socio-Psychological Quarterty*, n. 52, 1989.

SOYLAND, A.J. *The body in culture*. Londres: Sage, 1995.

SPIRO, M. "Reflections on cultural determinism and relativism with special reference to emotion and reason". In: SCHWEDER, R.A. & LEVINE, R.A. (orgs.). *Culture theory* – Essays on mind self and emotion. Cambridge: Cambridge University Press, 1984.

SRAGE, M.N. "La communication gestuelle illustrant la variété des strates sociales au Liban". *Geste et Image,* n. 8-9, 1991.

STAFFE (Baronesa). *Usages du monde* – Règles du savoir-vivre. Paris: [s.e.], 1927.

STANISLAVSKI, C. *La formation de l'acteur*. Paris: Payot, 1979.

_____. *La construction du personnage*. Paris: Perrin, 1966 [*A construção da personagem*. Rio de Janeiro: Civilização Brasileira, 2001].

_____. *Ma vie dans l'art*. Paris: Librairie Théâtrale, 1950.

STAROBINSKI, J. "Le passé de l'émotion". *Nouvelle Revue de Psychanalyse*, n. 21, 1980.

_____. *L'Œil vivant*. Paris: Gallimard, 1962.

STEARNS, P.N. & STEARNS, C.Z. "Emotionology – Clarifying the study of the history of emotional standards". *American Historical Review*, n. 90, 1985.

STOKOE, W.C. *Semiotics and human sign langage*. Paris/Haia: Mouton, 1972.

STRASBERG, L. *Le travail de l'actors studio*. Paris: Gallimard, 1969.

STRATHERN, A. "Why is shame on the skin?" *Ethnology*, n. 14, 1975.

SYNNOTT, A. *The body social* – Symbolism self and society. Londres: Routledge, 1993.

Terrain. "Les émotions", n. 22, 1994.

THOITS, P.A. "The sociology of emotions". *Annual Review of Sociology*, n. 15, 1989.

_____. "Self-labeling processes in mental illness: the role of emotional deviance". *American Journal of Sociology*, n. 92, 1985.

THOMAS, L.V. *Anthropologie de la mort*. Paris: Payot, 1988.

_____. *Le cadavre*. Bruxelas: Complexe, 1980.

THUILLIER, G. *L'Imaginaire quotidien au XIXe siècle*. Paris: Économica, 1985.

_____. *Pour une histoire du quotidien au XIXe siècle en Nivernais*. Paris/Haia: Mouton, 1977.

TINLAND, F. *L'Homme sauvage* – Homo ferus et homo sylvestris. Paris: Payot, 1968.

TOMKINS, W. *Indian signs language*. Nova York: Dover, 1969.

TOUSSIGNANT, M. & HABIMANA, E. "Émotion et culture". *Encyclopédie Médico-chirurgicale Psychiatrie*. Paris: Techniques, 1993.

TOUSSIGNANT, M. & MALDONADO, M.S. "Depression and social reciprocity in Highland Ecuador". *Social Science and Medicine*, n. 29, 1989.

TURNER, B. *Regulating Body* – Essays in medical society. Londres: Routledge, 1992

_____. *The body and society*: explorations in social theory. Oxford: Basil Blackwell, 1984.

VALE DE ALMEIDA, M. "Émotions rimées – Poétique et politique des émotions dans un village du sud du Portugal". *Terrain*, n. 22, 1994.

VENDRYES, J. "Langage oral et langage par geste". *Journal de Psychologie Normale et Pathologique,* n. 1, jan.-mar./1950.

VERNANT, J.-P. *L'Individu. la mort* – Soi-même et l'autre en Grèce Ancienne. Paris: Gallimard, 1989.

_____. *La mort dans les yeux*. Paris: Hachette, 1985.

VIDAL, C. *Sociologie des passions* – Rwanda Côte-d'Ivoire. Paris: Karthala, 1991.

VIGARELLO, G. *Le sain et le malsain*. Paris: Seuil, 1993.

_____. *Le propre et le sale*. Paris: Seuil, 1985.

_____. *Le corps redressé*. Paris: Delarge, 1978.

VILLIERS, A. *L'Art du comédien*. Paris: PUF, 1962.

_____. *La psychologie de l'art dramatique*. Paris: Armand Colin, 1951.

VINCENT, J.D. *Biologie des passions*. Paris: Odile Jacob, 1986.

VINCENT-BUFFAULT, A. *Histoire des larmes*. Paris: Rivages, 1986 [Reeditado por Payot na col. "Petite Bibliothèque Payot", em 2002 – *História das lágrimas*. Rio de Janeiro: Paz e Terra, 1988].

VIROLLES-SOUIBÈS, M. "Les gestes du deuil – Exemples algériens". *Geste et Image*, n. 8-9, 1991.

WEIGERT, A. & FRANKS, D.D. "Ambivalence". In: FRANKS, D.D. & McCARTHY, E.D. (orgs.). *The sociology of emotions* – Original essays and research papers. Greenwich: JAI, 1989.

WIERZBICKA, A. "L'amour la colère la joie l'ennui – La sémantique des émotions dans une perspective transculturelle". *Langages,* n. 92, 1988.

WIKAN, U. "Shame and honour – A contestable pair". *Man,* n. 19, 1984.

WINKIN, Y. "Croyance populaire et discours savant 'langage du corps' et 'communication non verbale'". *Actes de la Recherche en Sciences Sociales,* n. 60, 1985.

WINKIN, Y. (org.). *La nouvelle communication.* Paris: Seuil, 1981.

ZAJONC, R.B. "On the primacy of affect". *American Psychologist,* n. 39, 1984.

ZBOROWSKI, M. *People in pain.* São Francisco: Jossey-Bass, 1969.

ZURCHER, L.A. "The war game – Organization scripting and the expression of emotion". *Symbolic Interaction,* 8-2, 1985.

ÍNDICE

Sumário, 7
Introdução, 9
1. Corpo e simbolismo social, 15
    As crianças selvagens ou as metamorfoses do Outro, 15
    As crianças acolhidas por animais, 19
    As crianças isoladas – O exemplo de Victor do Aveyron, 26
    A necessidade do Outro, 33
    O homem sem o Outro, 39
2. Corpo e comunicação, 45
    Linguagem e simbolismo corporal, 45
    O gesto como marcador cultural, 62
    Classificar os gestos?, 69
    O laconismo corporal, 87
    As línguas gestuais, 92
    Etiquetas corporais de integração, 96
    Rito de intimidade – O exemplo do beijo, 101
        Marca de afeição, 101
        Ritos de entrada e de saída da interação, 108
        Forma de felicitação, 111
    Dificuldade de integração social da língua dos sinais, 112
    Preservar o Outro, 117

Proxêmica, 120
Ritos íntimos – Satisfazendo as "necessidades naturais", 126
A interação como dança, 132
3. Antropologia das emoções 1, 137
Afetividade e vínculo social, 137
A emoção nasce da avaliação do acontecimento, 149
A expressão social das emoções, 157
Digressão sobre as lágrimas e sobre o riso, 170
A representação das emoções em sociedade, 177
A inadequação social da emoção, 182
Os lugares apropriados da emoção, 186
Dizer a emoção, 188
Culturas afetivas, 193
A influência do grupo, 205
Socialização das emoções, 207
4. Antropologia das emoções 2 – Crítica da razão naturalista, 225
Teorias ocidentais das paixões, 225
Crítica da razão darwinista, 232
Limites das abordagens naturalistas da emoção, 244
Crítica do Facs: a face incorpórea da emoção, 253
As emoções primárias, 256
A botânica das emoções, 259
A emoção não é uma substância, 263
O Efeito Koulechov, 267
5. Ver o Outro – Olhar e interação, 271
A tatilidade do olhar, 271
Ritualismo do olhar, 273
O encontro dos olhos, 285
Virulência do olhar, 290
"Mau-olhado", 295

6. O paradoxo do ator – Esboço de uma antropologia do corpo em cena, 305
    A plasticidade do corpo, 305
    O laboratório das paixões, 307
    O paradoxo do ator, 309
    O corpo forma a narrativa, 312
    Uma mismese deslocada, 318
    O real efeito do palco, 320
    Do auditório ao palco, 324

Referências, 329

CULTURAL

Administração
Antropologia
Biografias
Comunicação
Dinâmicas e Jogos
Ecologia e Meio Ambiente
Educação e Pedagogia
Filosofia
História
Letras e Literatura
Obras de referência
Política
Psicologia
Saúde e Nutrição
Serviço Social e Trabalho
Sociologia

CATEQUÉTICO PASTORAL

Catequese
  Geral
  Crisma
  Primeira Eucaristia

Pastoral
  Geral
  Sacramental
  Familiar
  Social
  Ensino Religioso Escolar

TEOLÓGICO ESPIRITUAL

Biografias
Devocionários
Espiritualidade e Mística
Espiritualidade Mariana
Franciscanismo
Autoconhecimento
Liturgia
Obras de referência
Sagrada Escritura e Livros Apócrifos

Teologia
  Bíblica
  Histórica
  Prática
  Sistemática

REVISTAS

Concilium
Estudos Bíblicos
Grande Sinal
REB (Revista Eclesiástica Brasileira)

VOZES NOBILIS

Uma linha editorial especial, com importantes autores, alto valor agregado e qualidade superior.

VOZES DE BOLSO

Obras clássicas de Ciências Humanas em formato de bolso.

PRODUTOS SAZONAIS

Folhinha do Sagrado Coração de Jesus
Calendário de mesa do Sagrado Coração de Jesus
Agenda do Sagrado Coração de Jesus
Almanaque Santo Antônio
Agendinha
Diário Vozes
Meditações para o dia a dia
Encontro diário com Deus
Guia Litúrgico

CADASTRE-SE
www.vozes.com.br

EDITORA VOZES LTDA.
Rua Frei Luís, 100 – Centro – Cep 25689-900 – Petrópolis, RJ
Tel.: (24) 2233-9000 – Fax: (24) 2231-4676 – E-mail: vendas@vozes.com.br

UNIDADES NO BRASIL: Belo Horizonte, MG – Brasília, DF – Campinas, SP – Cuiabá, MT
Curitiba, PR – Fortaleza, CE – Goiânia, GO – Juiz de Fora, MG
Manaus, AM – Petrópolis, RJ – Porto Alegre, RS – Recife, PE – Rio de Janeiro, RJ
Salvador, BA – São Paulo, SP